中國學術思想 研究輯刊

七 編

林 慶 彰 主編

第 22 冊

阮元經學之研究（下）

楊 錦 富 著

花木蘭文化出版社

國家圖書館出版品預行編目資料

阮元經學之研究（下）／楊錦富 著 —— 初版 —— 台北縣永和市：
花木蘭文化出版社，2010〔民99〕
目 6+266 面；19×26 公分
（中國學術思想研究輯刊 七編；第22冊）
ISBN：978-986-254-181-4（精裝）
1.（清）阮元　2.傳記　3.學術思想　4.經學
127.6　　　　　　　　　　　　　　　　　　　99002301

ISBN - 978-986-254-181-4

中國學術思想研究輯刊
七 編　第二二冊　　　　　　　　ISBN：978-986-254-181-4

阮元經學之研究（下）

作　　　者　楊錦富
主　　　編　林慶彰
總 編 輯　杜潔祥
出　　　版　花木蘭文化出版社
發 行 所　花木蘭文化出版社
發 行 人　高小娟
聯 絡 地 址　台北縣永和市中正路五九五號七樓之三
　　　　　　電話：02-2923-1455／傳眞：02-2923-1452
網　　　址　http://www.huamulan.tw 信箱 sut81518@ms59.hinet.net
印　　　刷　普羅文化出版廣告事業
封 面 設 計　劉開工作室
初　　　版　2010年3月
定　　　價　七編24冊（精裝）新台幣40,000元

阮元經學之研究（下）

楊錦富　著

第五章　阮元之經學

概　說

　　阮元之學，要在訓詁。論其經學，亦莫非訓詁爲主。於戴皖學脈而言，不啻考證之總彙；其《揅經室集》所載，經學之道，《書》、《詩》、《禮》皆盡論列，且詳加考徵，而《爾雅》、《孝經》、《論》、《孟》，亦多所陳述，至於《易》與《春秋》則略略涉及耳。由是，循經以明道，因道以識聖人職志，蓋先生撰述之所由；雖所輯之文，稍顯冗散，唯分門別類，裒然摠合，仍足以見先生語經之脈絡。以小見大，先生學海之博浹，採撰之諸文，殆有以識之。

　　而諸經之中，先生用力最多者，厥爲《詩》、《書》，乃以《詩》、《書》爲宗孔、孟之道，此即〈序〉所謂：「萬世之學，以孟爲宗，孔孟之學，以《詩》、《書》爲宗；學不宗孔、孟，必入於異端；孔、孟之學，所以不雜者，守商、周以來《詩》、《書》古訓以爲據也。」故研思《詩》、《書》之古訓，即研思孔、孟之道也。孔、孟之道立，異端之說不入，釋、道之學即無由惑人，則蒸民秉彝，聿修厥德之道即無有不明。故《古訓》所引，乃總《論語》、《孝經》、《孟子》、《禮記》、《大戴記》、《春秋三傳》、《國語》、《爾雅》十經，合《詩》、《書》二者，得爲十二經，而此十二經，《易》、《周禮》、《儀禮》未列入，若合而爲之，則由此諸經訓義，覃研孔、孟之學，於堯、舜以來，周、孔道統，當有所知、亦有所明矣。今論述阮元之經學，以《詩》、《書》、《禮》之古訓爲主，而《論》、《孟》，則先生多以揭櫫義理爲主，另以專章析究，若其他經籍，止於校勘，或偶有論證，於前章（第三章）均已論及，不另贅述。

第一節 《詩》之古訓

一、著作述略

　　阮元《揅經室集》、及《詩書古訓》，言及《詩經》，厥有釋例之作，若〈釋磬〉、〈釋皷〉、〈釋頌〉諸篇，就中〈釋皷〉者，前已述之；成語釋例，若〈王欲王女解〉、〈進退維谷解〉、〈大雅文王詩解〉、〈咸秩無文解〉、〈詩有馥其馨馥誤椒記〉；以史證詩例，若〈十月之交四篇屬幽王說〉；以事證詩例，若〈天子諸侯大夫士金奏升歌笙歌間歌合樂表說〉；題記例，若〈馮柳東三家詩異文疏證序〉；及《詩古訓》四卷。而其中《詩古訓》著作之年月載道光十五年，乃確切可考，他之篇章則付諸闕如，故就年代考異言，欲論篇什之孰先孰後，多有為難，以是撰作之際，皆直就篇什涵蘊申述，於為文原委，則未考量其時之有無，蓋以本章所論，僅先生經學之抒發，所謂之考證，當重古訓之權引，於次序之編定，仍未便強釐先後，如有所分，則亦僅就卷數之後先傳述。

二、古訓撮要

（一）釋證例

　　《揅經室集》治經之道，在古訓，而古訓不外乎形、音、義，此三者可謂三位一體，未有字義不與形、聲有關，乃形、義亦與聲有關也。三者相互照應，密不可分，王念孫為〈說文解字注序〉云：「訓詁，聲音明，而小學明。小學明，而經學明」。段玉裁為〈廣雅疏證序〉亦云：「聖人之制字，有義而後有音，有音而後有形。學者之考字，因形以得其音，因音以得其義。治經莫重於得義，得義莫切於得音」，蓋即此義。

　　阮元《詩》、《書》之古訓，所引例證，大抵不出形、音、義三者，三者之中，又以聲訓較為特殊，此因聲訓之用，表音兼表意，可自同音語詞或同字體得其假借之關係，於訓詁之道，不失要塗。即以毛傳、鄭箋說，音近借字之例即多，譬《豳風·東山》「烝在桑野，」傳：「烝，寘也。」箋：「久在桑野有似勞，古聲、寘、填、塵同也。」又〈小雅·常棣〉：「烝也無戎。」傳：「烝、填，戎相也。」箋：「烝，久也，猶無相助者，古聲填、寘、塵同。」訓皆一致；亦知聲訓者，於詁訓詮釋，頗為緊要。朱駿聲〈說文通訓定聲凡例〉嘗云：

　　　訓詁之旨，與聲音同條共貫。共同為勇，稱自郎譚，咨觀為詢，釋

于叔豹。射言繹或言舍，禮經著其文，刑爲佴，即爲成，〈王制〉明
其義。嘉祉殷富，子晉談姒姓之初，考神納賓，州鳩說姑洗之愷。
孫爲奔諱，公羊之解經；散與渙同，孔子之序卦。枵名耗而魏名大，
述之邱明；忠自中而信自身，陳於叔肸。石癸表吉人之訓，行父傳
毀則之辭。究厥雅言，罔非古義堅通德，成國（劉熙）《釋名》；此
其愷也。故凡經傳及古注以聲爲者，必詳列於各字之下，標曰聲訓。

〔註1〕

則《揅經室集》之〈釋磬〉、〈釋頌〉、〈王欲王女解〉及〈進退維谷解〉皆可
以聲爲訓，又可分爲：同聲、雙聲、疊韻爲訓；聲轉、聲近，聲同、聲近，
及語根訓之。而聲轉、聲近之訓，又較爲阮元所常用。

1. 以聲轉為訓

〈釋磬〉云：

> 《說文》：「磬，樂石也。象懸虡之形。殳擊之，籀文省爲聲；古文
> 作硜，從巠。」元案：聲之爲字；「声」，象形：殳，指事，從石，
> 乃後人所加，其形象石之虛懸，物虛懸未有不空者，故磬又訓空，
> 從缶爲罄，器中空也。《爾雅·釋詁》：「磬，空盡也。」《說文》：「窒，
> 空也；從空，巠聲。」引《詩》「瓶之罄矣」證之，然則凡物懸空之
> 義，皆從此殸字之聲出矣。

則「磬」之字，爲「声」、「殳」合體，石爲後人所加，若去其「石」，必爲虛懸
之浮物，物虛懸未有不空，此「磬」又訓「空」也。而「磬」者，器徑切，徑
韻；空者，枯翁切，東韻；徑之與東，韻同聲異，所以同者，蓋聲近相同也。
此說本於錢大昕，其《潛研堂文集》除論雙聲可通轉外，更闡「聲近相轉」之
理，以聲之清、濁分聲轉及義轉二者，於聲轉處，雙聲相轉可通；而於義轉處，
則因義而轉聲，且均因聲之清濁相近而轉，譬「宗」與「尊」相近，故《春秋》
傳，「伯宗」或作「伯尊」；「臨」與「隆」相近，故〈雲漢〉詩以「臨」與「躬」
韻，此爲以聲轉者之例；又如「溱洧」之「溱」本當作「潧」，而毛詩作溱者，
讀「潧」如「溱」以諧韻耳；再以「增」之與「潧」皆「曾」聲也，毛傳於魯
頌「烝徒增增」云：「增增，眾也。」此《爾雅·釋訓》之正文，而於〈小雅〉
「室家溱溱」亦云：「溱溱，眾也。」文異而義不異；〔註2〕均可證聲近之相轉。

〔註 1〕 朱駿聲《說文通訓定聲》，〈聲訓凡例〉。
〔註 2〕 錢大昕《潛研堂文集》，〈問答〉，引自《清儒學案》，頁 1470。

故阮元之以「罄」爲「空」，而謂從「殸」出者，理亦在此。

2. 以聲近者相借

〈釋罄〉又云：

> 《爾雅・飾蟲》「蜆，縊女。」縊女所以名蜆者，蜆聲「声」聲相轉相假。（《詩》「倪天之妹。」韓詩作「罄天」，《詩》杕杜環環之假借爲煢煢，是其類也。）縊女縣于樹，所以名蜆，蜆聲如殸也。……古人鼻之所得，目之所得，皆可借聲聞以概之，故《詩・大明》曰：「倪天之妹。」《說文》「倪，弟二訓曰：一曰聞見。」此訓最確，與毛傳合，毛傳直訓曰：「倪，罄也。」……詩人言「倪天之妹」者，稱后妃爲天妹以神之，文王實有見聞其爲天妹者，故定祥親迎也；禮：娶惠先聘。《說文》：「聘，訪也。從耳甹聲。」「声」與「甹」同，然則「倪天之妹」，「倪」與聘義又相近矣。目得者，可概以聲聞，鼻得者，亦可概以聲聞，故《說文》曰：「馨，香之遠聞者。從香，殸聲。」殸，古文磬，又曰毄，從只，甹聲。讀如罄。……聲字與馨字音義相近，故漢〈衡方碑〉，亦借聲爲聲（海鹽吳東發云：〈衡方碑〉云：「克長克君，不虞不陽。維明維允，耀此聲香。」聲乃馨之假借字）。〔註3〕

〈釋頌〉亦云：

> 《詩》分風、雅、頌。頌之訓爲美盛德者，餘義也；頌之訓爲形容者，本義也。且頌字即容字。（頌，正字，容，假借字。〈詩譜〉頌之言容。《釋名》「頌，容也。」並以假借字釋正字。《說文》容訓盛，與頌字義別，後人專以頌爲歌功頌德字，而頌之本義失矣。）故《說文》「頌，皃也。從頁，公聲。」籀文作額，是容即頌。《漢書・儒林傳》「魯徐生善爲頌，即善爲容也。」（《說文》「皃」下云：「頌，儀也。」與此頌字爲轉注；籀文者，周宣王太史所作，頌即容貌字者，《史記・樂書》云：「物之頌也。」《漢書・儒林傳》云：「頌禮甚嚴。」又云：「孝文時，徐生以頌爲禮官大夫。」師古注，並云頌讀曰容）。〔註4〕

此「倪」之爲「罄」，「頌」之爲「容」，皆聲近而來；阮元謂「倪天之妹。」

〔註3〕《揅經室一集》卷一，頁7、8。
〔註4〕同上，頁15。

韓詩作「磬天」，皆自聲音而來，且而「俔」之與「聘」，聲之與「馨」義相近，亦皆聲近相借之致耳。即以「俔」字為說，《詩·大雅·大明》「大邦有子，俔天之妹。」意謂周文王妃「大姒」甚賢，尊崇之如天帝之妹也，此即阮元所謂「文王實有見聞其為天妹者，故定祥視迎也。禮娶妻先聘。……聘，訪也。」之意。《南史·后妃傳論》亦云：「宋氏因晉之舊典，聘納有方，俔天作儷，必四岳之後。」而「聘」者，譬性切，敬韻；《說文》之謂「訪」，《玉篇》云：「訪，問也。」《儀禮·聘禮》疏引鄭目錄云：「大問曰聘，諸侯使卿相問之禮；小聘使大夫。」《周禮》曰："凡諸侯之邦卜父，歲相問，設相聘也，世相朝也。"於五禮屬賓禮。」〔註5〕故「俔」、「聘」者，聲近而假也；是「磬、蜆、俔、聘」皆可通借，再以「馨」言，虛映切，敬韻，謂香之遠聞者，如《書·酒誥》云：「黍稷非馨，明德惟馨。」《君陳》：「至治馨香，感於神明。」其馨之遠聞，皆同聲之遠聞也，此乃有所謂漢人「聲、馨」每相假借之說也；由是「聲、磬、蜆、俔、聘、馨」皆可依聲近之借而互通也。

又以「頌」之為「容」，阮元並以「頌」為正字，「容」為假借字，且引《釋文》「頌，容也。」謂以假借字釋正字者也；籀文「頌」字作「額」，「額」即容貌之謂，故「頌」即是「容」，此亦聲近之借也；《漢書·儒林傳》：「而魯徐生善為傳。」師古注：「頌讀與容同。」蘇林曰：「漢舊儀有二：即為此頌貌威儀事。」又〈吳王濞傳〉：「它郡國吏欲來捕亡人者，頌共禁不與。」如淳注：「頌猶公也。」師古注：「頌讀曰容。」，此「頌共」連文，當以訓公為適，然亦知「頌」、「容」之通借矣。

3. 因聲近而抒義

〈釋頌〉之證，聲近相借之外，兼亦因聲而求義。

（1）「頌、容、養、羕」乃聲轉通借

阮元云：容、養、羕一聲之轉，古籍每多通借，今世俗傳之樣字，始于《唐韻》，即容字轉聲所借之「羕字」不知何時再加「才」旁以別之，而後人遂絕不知從頌、容、羕轉變而來，豈知所謂商頌、周頌、魯頌者，若曰商之樣子、周之樣子、魯之樣子而已，無深義也。何以三頌有樣而風、雅無樣也！風、雅但弦歌笙歌閒賓主及歌者，皆不必因此為舞容。

自注云：

凡樂縣並在堂下，惟琴瑟隨工而得升，笙則倚於堂。〈大射儀〉云：「籈」在建鼓之間。《禮記・禮器》云：「歌者在上，鮑竹在下，貴人聲也。」弦歌閒以笙者，如諸侯燕群臣及聘問之臣，升歌〈鹿鳴〉、〈四牡〉、〈皇皇者華〉，閒歌〈魚麗〉、笙〈由庚〉；歌〈南有嘉魚〉、笙〈崇丘〉；歌〈南山有臺〉、笙〈由儀〉；大夫鄉飲酒禮亦如之，並無所為舞容，他如《周禮》、《左傳》、《國語》所載，亦但曰歌曰詠。《左傳》季札觀樂，惟使工為之歌。《國語》叔孫穆子對晉侯云：「伶簫詠歌。」而亦絕不及舞容。〔註6〕

阮元以為「容、養、羕」古為一聲之轉，就切語言：容，魚龍切，冬韻：「養」，「矣兩切，養韻；「羕」，異亮切，漾韻，又矣兩切，養韻。此「魚」之與「矣、異」，蓋聲近而轉，乃阮元所謂「古籍每多通借之意」，而「容」字自「羕」字轉聲而來，是「頌」者，亦「羕」之音，若「樣」者，乃後增之偏旁，當非原字，故「頌」者，即指其樣，此商頌有商頌之樣，周頌有周頌之樣，魯頌有魯頌之樣，則謂之舞容者，與風、雅依弦、笙為歌者未同，此頌之本義。

（2）頌為舞容之狀

阮元云：三頌各章皆是舞容，故稱為「頌」。若元以後戲曲，歌者舞者與樂器全動作也；風、雅則但若南宋人之歌詞彈詞而已，不必鼓舞以應鏗鏘之節也。

自注云：

> 頌之舞容：《禮記・文王世子》適東序，釋奠於先老，登歌清廟，下管象，舞大武。注云：「象周王伐紂之樂也。」以管播其聲，又為之舞；〈明堂位〉，以禘禮祀周公於太廟，升歌清廟，下管象；〈祭統〉，夫大嘗禘升歌清廟，下而管象；〈仲尼燕居〉，升歌清廟，元德也，下而管象，示事也；〈詩序〉，維清奏象舞也，箋云：象舞，象用兵時稱伐之舞，武王制焉。又云：武奏大武也。箋云：「大武」，周公作樂所為舞也。〈樂記〉，鍾鼓管磬，羽籥干戚，屈申俯仰，綴兆舒疾，樂之文也。又云：執其干戚，習其俯仰屈伸，容貌得莊焉；行其綴兆，要其節奏，行列得正焉，猶之戲曲執持文武之器，手舞足蹈而口歌之，以應節奏也。

〔註6〕《揅經室一集》卷一，頁15。

阮元舉《禮記》及〈詩序〉之說爲例，以爲「頌」之爲「容」，乃因樂之屈申俯仰及節奏之綴兆舒疾，使行列得正，進退得實，而容貌因以莊焉，此舞容之狀與風雅之作，蓋有異焉。

（3）「頌」為象舞

阮元云：〈仲尼燕居〉。子曰：「大饗有四焉：下管象武，夏籥序興；象武武舞，用干戚也；夏籥文舞，用羽籥也。」

自注云：

> 文舞武舞，《禮記·內則》：「十三舞勺，成童舞象；二十舞大夏。」注：「謂先學勺，後學象。」文武之次，大夏，樂之文武備者也。勺，即〈周頌〉「酌」；象，即〈周頌序〉云：「維清奏象舞也，大夏則夏禹之樂也。」〈文王世子〉「春夏學干戈，秋冬學羽籥。」注云：「干戈萬舞，象舞也；羽籥籥舞，象文也。」《樂記》云：「干戚羽旄謂之樂。」注云：「干，盾也；戚，斧也，武舞所執。羽，翟也；旄，旄牛尾也，文舞所執。」〈郊特性〉：「諸侯之宮縣，而祭以白牡，擊玉磬，朱干設錫，冕而舞大武。」〈明堂位〉：「禘禮祀周公於太廟，朱干玉戚而舞大武，八佾以舞大夏。」《公羊·宣八年傳》：「夏六月壬午猶繹，萬入去籥。萬者何？干舞也。籥者何？籥武也。」《左傳·襄二十九年傳》：「季札請觀周樂，見舞象箾南籥，見舞大武，見舞韶濩，見舞大下，見舞韶箾。」周所存之樂，若大司樂所云：雲門大卷、大咸、大磬、大夏、大濩、大武，皆頌也。魯得其四，韶、箾、夏、濩等舞，季札俱及見之。

頌之表現，一爲武舞，一爲文舞，前者用干戚，後者用羽籥。而籥者，亦爲籥之舞，即季札觀樂所見之韶、箾、夏、濩等樂也，以是知「頌」者，當爲象舞也。

（4）「頌」為「夏」義

阮元云：《說文》：「夏從夊，從頁；從臼，臼兩手，夊兩足。」與頌字義同。周曰頌、古曰夏而已；故九夏皆有鐘鼓等器以爲容節。

自注云：

> 《詩·時邁》：「肆於時夏。」傳：「夏，大也。」箋云：「陳其功夏而歌之，樂歌大者稱夏。」《禮記》：「夏籥序興。」《正義》云：「夏籥謂大夏文舞之樂，以武次序更遞而興。」鄭氏康成注：「鐘師以九

夏爲樂之大歌。」《說文》夏訓中國之人也。從頁，即古文首字，頭爲容貌之首，古頌「兒」字故從頁；⿰字於六書屬象形，禮曰夏，詩曰頌，二而一者也。九夏者，鐘師所謂王夏、肆夏、昭夏、納夏、章夏、齊夏、族夏、祴夏、驁夏也。杜子春云：「王出入，奏王夏；尸出入，奏肆夏；牲出入，奏昭夏；四方賓客來，奏納夏；臣有功，奏章夏；夫人祭，奏齊夏；族人侍，奏族夏；客醉而出，奏祴夏；公出入，奏驁夏。」凡奏夏並以鐘鼓爲行步之節，金奏之例，皆在升歌前，如賓入門升堂後，金奏即開。

段玉裁注：「夏者，大也。」意同《詩》傳之以「夏」爲大，故樂歌之大者，蓋謂之「夏」也。至九夏者，乃行禮之時，奏「夏」並以鐘鼓爲行步之節，則「夏」爲禮之節文，於《詩》言，即所謂之「頌」也；此即阮元所云：「禮曰夏，詩曰頌，二而一者也。」故「夏」之與「頌」，於字義爲可通。

綜上所言，則「頌」爲「容」，爲「舞容之狀」，又爲「象舞」，於字義而言，並與「夏」同義，其爲「舞容」殆可知矣，此〈釋頌〉文末所云若：

《周禮·大司樂》：「凡曰奏，皆金也；曰歌，皆人聲也；曰舞皆頌也、夏也，人身之動容也。」

又：武舞曰萬舞者，萬，屬也；蹈屬，武舞也。

又：豳詩有頌者，此必有舞容在後也。

又：禮，君子趨行，賓出入，尸出入，皆奏夏，夏即人容，以金奏爲之節也。

又：《周禮·鐘師》于二南之詩亦稱奏者，彼此弓矢爲舞容，故有金奏，非舞不稱奏也。

又：鐘磬分笙鐘磬、頌鐘者，笙在東方，專應風雅之歌；頌在西方，專應夏頌之舞也。

然則頌爲舞容可知，亦阮元所謂「此乃古人未發之義也。」〔註7〕

（二）成語釋例

阮元《揅經室集》之成語，亦同〈釋證〉，皆自聲近、聲轉、通借之例以求，於字詞辨析，每有會於心，蓋一字之訛或一音之別，文詞皆得改易，尤以成語之證，毫釐之差，謬誤千里，甚而古人所言是者，今反爲非；故其字

〔註7〕《揅經室一集》卷一，頁15～18。

變而形訛，或聲變而義異者，於古書古語影響甚鉅，辨析不可不慎；此〈毛詩王欲玉女解〉、〈進退維谷解〉、〈咸秩無文解〉，乃至〈詩有馥其馨、馥誤椒記〉；與〈大雅文王解〉，乃在因文辨義者也。

1.「玉女即畜女」解

《詩・大雅・民勞》

> 民亦勞止，汔可小安。惠此中國，國無有殘。無縱詭隨，以謹譴蜷。
>
> 式過寇虐，無律正反。王欲玉女，是用大諫。

箋云：「玉者，君子比德焉。玉乎！我欲令女如玉然，故作是詩用大諫正女。」〔註8〕

言此「玉女」若如玉之女，文未有異。

林義光《詩經通解》謂：

> 玉女，謂財貨與女色也。《韓非子・難二篇》：「淫衍暴亂，身好玉女。」《呂氏春秋・貴直篇》：「淫色暴慢，身好玉女。」亦皆指玉女與女而言，好玉好女，則國政敗亂，不能息民以安國，其事亦相因也。〔註9〕

謂「玉女」乃玉與女而言，所謂之財貨與美色也。

按：二說皆牽強。

阮元引《說文》謂：「金玉之玉舞一點，其加一點者，解云：「朽玉也。從玉有點，讀若畜牧之畜，是玉與玉音義迥別矣。」

「玉」乃「畜」字，而「王」與「玉」字形近，故「玉女」訛為「玉女」，此「玉」與「玉」音義迥別矣。

阮元又云：

> 毛詩「王」字皆金玉之土，惟〈勞篇〉「王欲玉女。」「玉」字是加點之「玉」，後人隸字混淆，始無別矣。詩言「玉女」者，畜女也；畜女也；畜女者，好女也；好女者，臣說君也。召穆公言：「王乎！我正惟欲好女畜女，不得不用大諫也。」孟子曰：「為我作君臣相說之樂。其詩曰：「畜君何尤。」畜君者，好君也，孟子之畜君與毛詩召穆公之「玉女」無異也，後人不知「玉」為假借字，是以鄭箋誤解為金玉之「玉」矣。

〔註8〕《十三經注疏・詩經》，頁632。
〔註9〕林義光《詩經通解》，頁222。

毛傳、鄭箋所以誤「玉」爲王，蓋未解召穆公之「玉女」乃「玉女」，乃假借
字也，且以形近，加一點爲「玉」，少一點爲「王」，是爲「畜女」之「玉」
遂爲「金玉」之玉矣。

至「玉女」之與「畜女」，阮元復云：

> 蓋玉、畜、好、丂、九，古音皆同部相假借。《淮南・說林篇》曰：
> 「白璧有考」〈氾論篇〉曰：「夏后氏之璜，不能無考。」考即丂；
> 丂，即玉。謂玉之釁也，玉有釁即是有孔。故〈考工記〉、《爾雅》
> 皆以璧之孔爲好；好，即玉也。《呂覽・適成篇》；「民善之，則畜也。」
> 注：「畜，好也。」《說苑》尹逸對成王曰：「民善之，則畜也。」此
> 畜字即玉女王字也。《說文》：「畜，媚也。」孟康注《漢書・張敞傳》
> 云：「北方人謂媚好爲詡畜。」畜與嬌通也。《禮記・祭統》云：「孝
> 者，畜也。」《釋名》云：「孝，好也。」愛好父母，如所說好也，
> 是愛於君親者，皆可云畜也。畜即好也，即玉也；畜與旭同音，故
> 詩「驕人好好。」《爾雅》作「旭旭」，郭璞讀「旭旭」爲「好好」，
> 凡此皆王字加點之「玉」字，與畜好相通、相同之證也。〔註10〕

玉之同畜，而畜有好之意，故玉之爲好可知；同理，考、九亦皆訓好，則「玉、
畜、好、考、九」訓意相通，此蓋同部相借之例也，以是「玉女」非如玉之
女，亦非財貨與美色，當如召穆公所言：「王乎！我正惟欲好女畜女，不得不
用大諫也。」之意也。屈萬里先生亦以阮說爲是，且謂：「阮元以爲此即加點
之玉，玉女即畜女，亦即好汝也。」〔註11〕其言乃得之矣。

2.「維谷乃維善」解

《詩・大雅・桑柔》

> ……瞻彼中林，甡甡其鹿。朋友已譖，不胥以穀。人亦有言：「進退
> 維谷」。

毛傳：谷，窮也；鄭箋云：前無明君，卻迫罪役，故窮也。正義云：谷謂山
谷，墜谷是窮困之義，故云「谷窮」。〔註12〕

毛傳、鄭箋皆訓「谷」爲「窮」，阮元辯之，以爲二者爲「望文生義」，
且云：

〔註10〕《揅經室一集》，頁67。
〔註11〕屈萬里《詩經詮釋》，頁50。
〔註12〕《十三經注疏・詩經》，頁656。

谷乃穀之假借字，本字爲穀。(《爾雅·釋天》：「東風謂之谷風。」

郭注：「谷之音穀。」《書·堯典》：「昧谷。」《周禮·縫人》注作「柳

穀。」)

谷，姑屋切，音穀，屋韻；，姑屋切，音谷，屋韻。「谷、穀」同部同韻，此穀爲本字，谷爲假借字也。

阮元又云：

「進退維穀」，穀，善也。此乃古語，詩人用之，近在「不胥以穀」

之下，嫌其二穀相並爲韻，即改一假借之「谷」字當之，此詩人「義

同音變」之例也。此例三百篇中往往有之，元始稱之，前人無言之者。

「穀」訓爲「善」，《爾雅·釋詁》云：「……穀、攻、穀、介、徽，善也。」郝懿行《爾雅義疏》謂：「穀者，張弓之善也。射也至於穀，猶學必至於善，故穀有善義；穀、穀古音同，《論語》云：不至於穀。孔安國注：穀，善也。《釋文》：穀，公豆反。則與穀同。《釋言》云：穀，生也。又云：穀，祿也。《廣雅》云：祿，善也。是展轉相訓，其義又同矣。」〔註13〕是「穀」爲「善」亦爲「谷」，此即「義同字變」之例。

阮元又云：

或曰：毛公訓詩古矣，今訓爲善有據耶？元曰：漢人訓詩，究不如

周人訓詩之爲有據也。《晏子春秋》叔向問晏子曰：「齊國之德衰矣，

今子何若？」晏子對曰：「嬰聞事明君者，竭心力以沒其身，行不逮

則退，不以持祿；事惰君者，優游其身以沒其世，力不能則去，不

必諫持危，且嬰聞君子之事君也，進不失忠，退不失行，不苟合以

隱忠，可謂不失忠；不持利以傷廉，可謂不失行。叔向曰：善哉！

《詩》有之曰："進退維谷"此之謂歟！」

《韓詩外傳》：田常弒簡公，乃盟于國人曰：「不盟者死及家。」石

他曰：「古之事君者，死其君之事，舍君以全親，非忠也；舍親以死

君之事，非孝也，他則不能。然不盟，是殺吾親也；從人而盟，是

背吾君也。……《詩》曰："進退維谷"，石先生之謂也。」〔註14〕

阮元以爲二書者，一爲叔向之言；一爲魯哀公時齊人之言；其人引《詩》之意，皆謂處兩難善全之事，以求其善，故言善也，非嗟窮也；善乃訓谷。再以段氏

〔註13〕郝懿行《爾雅義疏》，頁38。

〔註14〕《揅經室一集》卷四，頁91、92。

《說文》注，謂「進退維谷」之「谷」，為「鞠」之同音通假；《爾雅》言：「鞠，窮也。」之說，阮元則以「鞠、谷同部，聲相近，究非如谷、穀之同聲」為駁之；又《左傳》言「深山窮谷」，谷亦有窮義。阮元則謂：「谷皆通川之名，義近于"通"，不近于"窮"。」因之，謂「窮谷」為「谷之有窮」義，乃變義，非常義。則「進退維谷」乃「進退為穀」，亦即「進退維善」之意。

3.「咸秩無文」解

「無文」者，蓋「無詩」也。

阮元云：

> 《書·洛誥》曰：周公曰：「王肇稱殷禮，祀于新邑，咸秩無文。」又曰：「稱秩元祀。」此兩言無文者，謂「無詩」也。古人稱之入樂者曰「文」，故子夏《詩大序》曰：「聲成文謂之音。」又曰：「主文而譎諫。」鄭康成曰：「聲謂宮商角徵羽也。」聲成文者，宮商上下相應，「主文」主與樂之宮商相應也。孟子曰：「不以文害辭。」趙岐曰：「文，詩之文章。」然則周公祀明堂之時，但秩序祀禮仍用禮，而樂則殷樂詩不可用，周樂詩又未敢遽作，故曰：「咸秩無文也」。〔註15〕

謂之「咸秩無文」者，孫星衍《尚書今古文注疏》云：

> ……《尚書》「咸秩無文」，王者報功以次，秩之無有文也。則「咸秩」謂遍序其尊卑；無文，謂禮質無文。何休注《公羊》，鄭注《王制》，皆云春秋變周之文，從殷之質，此言無文者，用殷禮祀之。〔註16〕

孫氏之說，概就質文為言，與阮元之言「文」為「詩」者異；惟孫氏僅就禮文申敘，未言及變箋，阮氏則就詩變之文言敘，以為秩序祀禮之外，並以樂詩相應，故言「主文」者，在樂與宮商之諧和；言「文」者，又為詩之文章，此詩、樂之相符相成，乃能得其相應也。至於周公所謂「咸秩無文」者，當如阮元所作云：周公祀明堂之時，秩序祀禮用殷禮，樂則殷樂詩不可用，周樂詩又未敢遽作，苦於兩難，乃不得不謂之「咸（皆）秩無文」，則此說較孫氏之言合誼也。

4.「詩有馥其馨、馥誤椒記」

《詩·周頌·載芟》

〔註15〕《揅經室一集》卷一，頁18。
〔註16〕孫星衍《尚書今古文注疏》卷十九，頁301。

……爲酒爲醴，烝畀祖妣，以洽百禮，有飶其香，邦家之光。有椒
其馨，胡考之寧。匪且有且，匪今斯今，振古如茲。

阮元以爲「馥其馨」作「椒其馨」，蓋形誤也。且云：

《詩‧周頌‧載芟》「有椒其馨。」「椒」字乃「馥」字之誤。陸氏
《釋文》云：「沈作俶，尺叔反；云作椒者誤也。」

元案：不但椒誤，俶亦誤也。此經文古作「馥」字，《隸釋》卷八
〈冀州從事張表碑〉，引作「有馥其聲」。《隸續》卷十一〈膠東令
王君廟門斷碑〉，亦作「有馥其聲」。是漢之經文作「馥」明矣。晉
左九嬪納揚后贊曰：「有馥其聲」（見《藝文類聚》十五）。傅咸答
潘尼詩曰：「有馥其馨」（《藝文類聚》三十一）。是晉猶作「馥」矣。

「馥其馨」爲漢、晉人之說法，阮元已述之於先，然則以爲「椒其馨」者，
蓋字之誤也；阮元又以爲「馨」、「馥」字，互有差異。《說文》：「馨，香之遠
聞者。」凡從「聲」之字，皆有外遠之義，故「聲、馨」皆遠聞也；與香氣
濃郁之「馥」有別。

阮元又云：

《釋文》沈重作「俶」，尺叔反（馥字切音，《廣韻》、《集韻》皆以
「房」爲雙聲，尺字疑是房字之訛）。且云：作椒者誤也。此不知康
以前何時寫書者損減「馥」字，又損「房」爲尺；又誤叔爲「俶」，
又由「俶」形與「俶」近而誤爲「椒」。陸氏《釋文》元無故改爲「俶」，
而不知俶「乃馥」切，音字之誤冒也。

按：此辨陸氏之誤也。

阮元又云：

毛傳：「椒，猶飶也。」當作「馥」，猶「飶」也：此蒙上有馨其香
而言。飶香與「馥」同，若是握椒、椒檈之椒，傳箋皆不容無解椒
之辭，而椒猶飶也，爲不辭矣。古祭物食物，似未以椒爲用，此經
文明是「馥」字之本證，然非漢、晉四證，則此字無由臆造，永不
知其誤而誤矣。……元又謂「飶、芬」同必，義同馥，音亦同馥，
所以毛傳曰：「馥猶飶也」。「馥」與「飶」同，此亦詩「義同字變」
之例也。〔註17〕

「馥」之爲「飶」，乃「義同字變」之例。如「虙義」、「伏義」之例亦如此。

〔註17〕《揅經室一集》卷一，頁42。

5. 「大雅文王詩」解

《詩・大雅・文王》

文王在上，於昭于天。周雖舊邦，其命維新。有周不顯，帝命不時。
文王陟降。在帝左右。亹亹文王，令聞不已。陳錫哉周，侯文王孫
子。文王孫子，本支百世。凡周之士，不顯亦世。世之不顯，厥猶
翼翼。思皇多士，生此王國。王國克生，維周之楨。濟濟多士，文
王以寧，穆穆文王，於緝熙敬止。假哉天命，有商孫子。商之孫子，
其麗不億。上帝既命，侯于周服。侯服于周，天命靡常。殷士膚敏，
裸將于京。厥作裸將，服黼冔。王之藎臣，無念爾祖？無念爾祖，
聿修厥德。永言配命，自求多福。殷之未喪師，克配上帝。宜鑒于
殷，駿命不易。命之不易，無遏爾躬。宣昭義問，有虞殷自天。上
天之載，無聲無臭。儀刑文王，萬邦作孚。

毛傳：「〈文王〉，文王受命作周也。」

鄭箋：「受命，受天命而王天下制立周邦。」

孔疏：「作文王詩者，言文王能受天之命而造立周邦，故作〈文王〉之詩
以歌述其事也。」〔註18〕

則傳、箋、疏皆以文王爲受天命而立周。阮元則以爲「文王在上」爲稱
美之辭，非受天命而立周也。故云：

「文王在上」，乃宗祀明堂。指文王在天上，故曰「於昭于天」，非
言初爲西伯在民上時也。〔註19〕

以〈周頌・桓篇〉相觀：

綏萬邦，婁（屢）萬年，天命匪解。桓桓武王，保有厥土，于以四
方，克定厥家，於昭于天，皇以閒（代）之。

孔疏引王肅之言謂：「於乎周道，乃昭見於天，故用美道代殷定天下。」〔註20〕
則贊武王「於昭于天」，乃即溢美之讚辭，是知文王所在，亦即昭昭乎之天，本
無滋意受之天命，此阮元以爲「傳、箋皆非」也。

而所謂「周雖舊邦，其命維新」者：

毛傳：「乃新在文王也。」

〔註18〕《十三經注疏・詩經》，頁531。
〔註19〕《揅經室一集》卷一，頁27。
〔註20〕同註18，頁754。

鄭箋：「大王聿來胥宇，而國於周王跡起矣而未有天命；至文王而受命言新者，美之也。」

孔疏：「言文王初為西伯，在於民之上也。於呼可歎美哉！其時已施行美道，有功於民，其在於民上也。」

則傳、箋、疏必以文王為民上者，為受天命之新王，非周公宗祀明堂之「文王」。此阮元以三者為非是。

「周雖舊邦，其命維新。」言周之建邦雖舊，迨宗祀明堂基命定命之後，天命又新，非言新于文王在時也。

至「有周不顯，帝命不時。」句，阮元未解。毛傳云：「有周，周也；不顯，顯也；顯，光也；不時，時也。」而「時」也者，馬瑞辰《毛詩傳箋通釋》云：「時，讀為承。時、承乃聲之轉。」譬《大戴禮·少閒篇》：「時天之氣，即承天之氣。」〈楚策〉：「仰成甘露而飲之。」《新序·雜事篇》「承作時」；此「時、承」古通用可證。故「不顯不時」，猶〈清廟〉言「不顯不承」亦《尚書》言「丕顯丕承」也。再者，時亦有持久之意。「有周不顯，帝命不時。」言有周之光明，帝命之持久也；持久為「持立」之引伸義，「時、持、峙」古並同音，「時」音轉為「承」；《墨子·尚賢篇》引〈周頌〉「若山之承，不坏不崩。」是「承」為持久意，字亦變作「烝」；毛傳〈東山〉云：「烝，實也。」鄭玄讀「實」為塵，讓久也；「烝」與「承」古同音，〈文王有聲篇〉「文王烝哉！」「烝」亦當讀「不顯不承」之承也。〔註21〕

而「文王陟降，在帝左右。」句，阮元云：

> 此言文王在明堂，陟則天上，降其庭止也。至于在帝左右，更是明言上帝之事，豈有文王生前，而謂其陟降在帝左右者乎！

馬瑞辰亦云：「古者言天及祖宗之默佑，皆曰陟。降敬之詩曰：〝無曰高高在上，陟降厥士，日監在茲。〞閔予小子詩曰：〝念茲皇祖陟降庭止。〞訪落詩曰：〝庭上下，陟降厥家。〞此言祖宗之陟降也。天陟降，文王之神亦隨天神為陟降，故曰：〝文王陟降在帝左右。〞」〔註22〕是「文王陟降，在帝左右。」者，當言天之甚愛下民，以文王陰陟之，此非生前之事可知。以是毛傳、鄭箋之言「文王為西伯有功於民」之作，殆未為是也。然則詩作究何時耶？

阮元云：

〔註21〕林義光《詩經通解》卷二三，頁189。

〔註22〕馬瑞辰《毛詩傳箋通釋》，頁24，《皇清經解續編》卷四百三十九，頁1467。

此周公所以示成王及周士、殷士之詩也。

此即「周公宗祀明堂以後之事。」非文王之作明矣。再者，所以以「文王」
爲《大雅》之始，阮元云：

> 「亹亹文王，令聞不已」者，亦言文王令聞至宗祀時猶不已，非生
> 前也。
> 「穆穆文王，於緝熙敬止」者，言文王穆穆陟降，祭者敬其庭止也。
> 周士與文王孫子能同百世，故文王在天亦寧也。
> 「殷士祼將于京」，此指宗祀明堂臣多遜之後，又至京助祭也。
> 「王之藎臣」，此王指成王；藎臣，兼周士、殷士言之也。
> 「殷之未喪師，克配上帝。」此言「明堂」本是殷禮，殷本宗祀先
> 王配上帝，惟因喪師，故今文王在明堂配上帝也。
> 「儀刑文王，萬邦作孚。」言宗禮克敉，惟以文王之德爲儀型，萬
> 邦始心服，萬邦心服，始可謂久新天命也。〔註23〕

則上天之載，雖無聲無臭之可尋，然在帝左右之文王，其儀型萬方作孚，則
赫赫在上，乃能「於昭于天」。而此宗祀之禮，阮元〈孝經郊祀宗祀說〉亦曾
詳言：

> ……周公監東國之五年，與召公相謀，就洛營建新邑，洪大誥治，周
> 陟配天之殷禮，祀天與上帝，以后稷文王配之，后稷文王爲人心所服，
> 庶幾各諸侯及商子孫殷士皆來和會，爲臣助祭多遜，始可定爲紹上帝
> 受天定命也。……成王於是復冬祭文王武王，但二騂，不祀上帝，又
> 入明堂太室祼，士賓亦咸格，使人共見無疑，仍即歸鎬，命周公後于
> 洛，守其地，保其民，是成王但烝祭文武，而未祀天于郊，祀上帝于
> 明堂也，此孔子所以舉配天專屬之周公其人。〔註24〕

由是「文王」之詩，乃即「周公所以示成王及周士、殷士」，非如毛傳所謂「文
王受命作周也」。亦非如鄭箋所云「受天命王天下而制周邦」之謂，必周公宗
祀文王，以其德配上帝之作也。

（三）以史證詩例

「十月之交四篇屬幽王說」

《詩·小雅》篇什，〈十月之交〉外，若〈節南山〉、〈正月〉、〈雨無正〉、

〔註23〕《揅經室續集》卷一，頁28。
〔註24〕《揅經室續集》卷一，頁19、20。

〈小旻〉，魯詩、鄭箋皆以「周厲王」時作；〈詩序〉引毛亨說，謂「周幽王」時作，然以毛詩晚出，其說甚孤，公卿大儒多從魯說；且以株守鄭義，毛說遂爲未彰，阮元則自詩文援政，以爲言「厲王」之說者，理頗牽強；謂「幽王」者，意稍契合，而謂魯詩、鄭箋或有不是，蓋爲翻案之論也。今請先言諸詩之時：

1. 〈節南山之什訓詁傳第十九〉

　　陸（德明）曰：從此至〈何草不黃〉凡四十四篇，前儒申毛，皆以爲幽王之變小雅；鄭以〈十月之交〉以下四篇是厲王之變小雅；漢興之初，師移其篇次，毛爲訓詁，因改其第焉。〔註25〕

2. 〈十月之交〉

　　鄭箋：當爲刺厲王作。訓詁傳時，移其篇第，因改之耳。「節」刺師尹不平亂，靡有定；此篇譏皇父擅恣，日月告凶；「正月」惡褒姒滅周；此疾豔妻煽方處。

　　又：「刺幽王」，毛如字，鄭改爲刺厲王，從此至「小宛」四篇皆然。

　　〔註26〕

3. 〈雨無正〉

　　鄭箋：亦當爲刺厲王。王之所下教令甚多而無正也。〔註27〕

4. 〈小旻〉

　　鄭箋：所刺列於「十月之交」，「雨無正」爲小，故曰：「小旻」亦當爲刺厲王。〔註28〕

以上爲魯詩及鄭箋之說，皆以〈十月之交〉以下四篇爲「厲王」時作。阮元則揚毛說而抑魯說，且謂：「今攷毛說之命者有四，魯說之不合者亦有四。」

　　（1）《詩》言〈十月之交〉「朔月辛卯，日有食之。」交食至梁隋而漸密，至元而愈精，梁虞鄺、隋張冑元、唐傅仁均一行、元郭守敬，並推定此日食在周幽王六年建酉辛卯朔日入食限，載在史志。今以雍正癸卯上推之，幽王六年十月辛卯朔，正入時限，此命者一也。

〔註25〕《十三經注疏‧詩經》，頁393。
〔註26〕《十三經注疏‧詩經》，頁405。
〔註27〕同上，頁409。
〔註28〕同上，頁412。

（2）《詩》「百川沸騰，山冢崒崩，高岸爲谷，深谷爲陵。」此姦異之大者；《國語》「幽王二年，西周三川皆震，岐山崩，十一年，幽王乃滅。」《史記・周本紀》幽王二年事正相同，此命者二也。

若厲王在位，殊無此變，《詩》不應誣言百川騰諸事，此不合者二也。

（3）豔妻實襃姒也。毛傳曰：「豔妻襃姒，美色曰豔。」此受子夏之說，故毅然斷之如此，曰妻者：此詩作於幽王六年未廢申后以前，襃姒尚在御妻之列，且〈正月篇〉曰「襃姒滅之。」揆之熵處，正復同時。（子夏以二詩相連爲篇弟，非毛公作訓詁時所得移改，鄭箋説，非也。）證之《國語》、《史記》、《大雅》時事，更朗然可案，其命者三也。若厲王時，惟聞弭謗專利而已，使有豔姓之妻爲内寵熾盛如此。《詩・大雅・板蕩》以及《國語》周秦諸子史子，不容無一語及之者，此不合者三也。

（4）皇父卿士，乃南仲之裔孫，周宣王時卿士、命征淮徐者；故《大雅・常武》曰：「王命卿士，南仲大祖、大師皇父。」皇父爲老臣，幽王不用之，任尹氏爲大師卿士，任虢石父爲卿，廢申后，去太子宜臼，故人雖頌皇父之聖，實怨其安於退居，是尹氏、虢石父，不在卿士皇父司徒番，（鄭箋以幽王時司徒乃鄭桓公友，非此篇之所謂番，以詩周屬王之證；但今以《史記・鄭世家》考之，鄭桓公爲卿士在幽王八年，其六年曰〝食時〞，爲司徒者實番也。）諸休退老臣之列，此合者四也。

若厲王時，用爲卿士專利者，榮夷公也；其爲正臣諫王者，召公芮良夫也；皇父等七人，考之彼時，無一驗者，其不合者四也。〔註29〕

依上所論，阮元以爲子夏之序，乃親受於孔子，其說宜從；日食推步，既得十月辛卯朔，其說亦宜從。至於鄭箋從魯詩，概據緯書以〈十月之交〉以下四詩爲刺厲王，今推驗爲不合；又謂毛作訓詁傳時，移其篇第，言亦無徵；且以數詩中解詁因厲王而多失，故爲辨鄭。

再者，〈十月之交〉爲厲王或幽王之作，上述諸點，仍有可議之處，謹再申敘：

1. 依曆數為言

毛傳：「周之十月，夏之十月也。八月朔，日月交會而日食，陰侵陽，侵君之象。」

孔疏：「毛以爲幽王之時，正在周之十月，夏之八月，日月之交會，朔月辛卯之日，以此時而日有食之，此其爲異，亦甚之惡也，何則！日食者，月掩之也；月食日爲陰侵陽，臣侵君之象，其日又是辛卯，辛是金，卯是木，金常勝木，今木反侵金，亦臣侵金之象；臣侵君，逆之大者，一食而有二象，故爲亦甚惡也。」

又云：「鄭唯厲王時爲異。」〔註30〕

此毛、鄭之異，惟二者皆自緯書以言，蓋即漢時陰陽五行之災異也。至所謂「十月之交，朔月辛卯，日有食之。」之句，孔疏亦補云：「交者，日月行相逮，及交而會聚，故云交會也。日月交會謂朔日也；此言十月之交，即云朔月辛卯，〝朔月〞即是之交爲事也。」又云：「古歷緯及周髀皆言周天三百六十五度、四分度之一，日月皆右行於天，日日行一度，月日行十三度十九分度之七，是月行疾、日行遲二十九日有餘，而月行天一周，追及於日而與之會，是會之交也。每月皆交會，而月或在日道表，或在日道裏，故不食其食，要於交會，又月與日同道乃食也。」〔註31〕然則孔疏仍未能印證交會之食，究爲幽王、爲厲王也。

阮元則以清曆上推，〈補箋〉云：

> 雍正癸卯，上距周幽王六年積二千四百九十八年，依今日推日食法，推得建酉月辛卯朔，太陰交周初宮一十二度八分三十五秒二十九微八食限。

而所謂「雍正癸卯」者，乃「雍正元年」即西曆一七二三年，距周幽王六年所積爲二千四百九十八年，此亦阮元所云：

> 雍正癸卯，距魯僖公五年，積二千三百七十八年，算上經中所推，久有定數；今據《史記》魯僖公五年距周幽王六年，積一百二十一年算外並之，得自雍正元年癸卯，距所求之周幽王六年，共二千四

〔註30〕《十三經注疏・詩經》卷 405、406。
〔註31〕同上。

百九十九年，減一年，得積年二千四百九十八。

又云：

> 《授時術議》云：「幽王六年十月辛卯朔，泛交十四日五千七百九分
> 入食限。」蓋自來推步家未有不與緯說異者；本朝時憲書密合天行，
> 爲往古所無，今遵後編法，推幽王六年十月朔，正得入交，從魯詩
> 說，謂厲王時事者，斷難執以爭矣。〔註32〕

以曆法推算，幽王六年十月初一日，即日食之時，阮元所推，概依時憲曆爲
之，所得結果當吻合科學之理則，與鄭玄、孔穎達之依緯書立斷者，顯然有
別，是言「厲王」者，所論斷難成立。

2. 依史事爲言

「百川沸騰，山冢崒崩」

孔疏：〈周語〉曰：「幽王三年，西周三川皆震。」伯陽父曰：「周將亡矣。」
昔伊洛竭而夏亡，河竭而商亡；今周若二代之季，其川源必塞必竭。夫國必
依山川，山崩川竭，亡國之徵；是謂三川竭。此言百川沸騰，與彼三川震不
同也，何者？此有沸出相乘，水盛漫溢而已，非震之類也。彼幽王之時云若
二代之季，若厲王時已百川皆震，不當遠比二代之末，以此知「沸騰」非震
也；彼云「三川震」，此云「百川沸」，又知此詩非幽王時也。鄭以爲當刺厲
王，於義未妥。

阮元云：

> 《史記》幽王二年云：云是涇、洛、渭三川先震而後竭，岐山亦崩；
> 震與竭爲二事，〈周本紀〉之言，明白可案。此詩因六年日食之變而
> 作，並溯及二年川震之事，故曰「沸騰」。孔沖遠意爲沸騰與竭不同，
> 非是。

又注云：

> 今本《國語》訛作「幽王三年」，非是；《說苑·辨物篇》亦作二年，
> 與《史記》同。

言「沸騰」者，毛傳謂「出」也；陳奐《詩毛氏傳疏》引《采叔傳》言：「䨋
沸泉出貌」。是「沸」亦爲出也，與「浡」聲義相近；至於「騰」讀爲「滕」，
乃假借字，爲「桀」也；「桀」與「陵」義相近；《三家詩》「沸騰爲踊溢」，

與毛詩「踊出襄陵」同。故所謂「三川震」,「沸騰」而後竭,與孔疏之言「沸騰與竭不同」異也;而云「幽王二年」之歲,陳氏之意與阮元同,必以謂:「川竭山崩在幽王二年,與《史記‧周本紀》合,非即此詩〝百川沸騰,山冢崒崩〞也。〈本紀〉言見納褒姒在三年,其立后尚在三年之後,至六年遇日食之變而作此詩。〈劉向傳〉云:『天變見於上,地變動於下,水泉沸騰,山谷易處』;劉子政以此詩上二章(〈節南山〉、〈正月〉)爲天變,此章爲地變,則陰陽不和、天地易位之徵,皆當在幽王六年中,而子政以爲幽厲之際,連類相及耳。孔仲達亦知沸騰非震,而即以爲非幽王時,未知審也。」〔註33〕則孔疏之以此詩爲厲王之時者,或爲非也。

3. 以故實爲言

「皇父卿士、番維司徒、家伯維宰、仲允膳夫、棸子内史、蹶維趣馬、楀維師士」諸人

孔疏引毛傳云:「毛以爲當刺幽王時。皇父爲卿士之官,謂卿之有事兼擅群職也;其番氏維爲司徒之卿;家伯維爲家宰之卿;仲允爲膳夫;棸氏之子爲内史;蹶氏維爲趣馬;楀氏維爲師氏之官。此七人於豔妻有寵,熾盛方甚之時,並處於位;由褒姒有寵,私請於王,使此七人朋黨於朝,言王政所以亂也。」

又:「鄭以爲厲王時豔后爲非幽王之褒姒,說與毛傳有異。」

毛氏以「皇父卿士」等七人爲幽王時之寵臣,豔后爲褒姒;鄭氏則以諸人爲厲王之臣民,此爲毛、鄭不同之見。

阮元云:

> 箋:以皇父爲厲王時人,故以司徒番等七子,皆厲王妻黨,女謁權寵,相連朋黨於朝,此說固不合;即王肅皇甫謐以此詩爲幽王時事,亦以皇父等與豔妻同視爲佞嬖,亦不合矣。

此阮元以鄭箋及王肅之說爲不合,亦辨古之非也。

故云:

> 〈大雅‧常武〉之詩,乃宣王征淮夷時事。其詩曰:「王命卿士,南仲大祖,大師皇父。是皇父爲大臣之字,宣王時爲大師卿士,命征淮徐,與召虎、尹吉甫同時者明矣。」

幽王爲宣王子,則皇父爲先朝老臣,宜倚用之,乃幽王嬖褒姒,任

〔註33〕陳奐《詩毛氏傳疏》卷十九,《皇清經解續編》,頁 794。

尹氏爲大師卿士、虢石父爲卿,而退皇父(《史記‧周世家》云:「幽王以虢石父爲卿用事,國人皆怨。石父爲人佞巧善諛好利,王用之,廢申后、去太子,是廢后易嫡皆虢石父之惡,尹氏尸位,不諫而已」)。故詩人一則曰:「抑此皇父,豈曰不時;胡爲我作,不即我謀,」言告皇父此生尚非不辰,何不就我謀政事!再則曰:「皇父孔聖,作都於向。」言其甚聖哲,今不用之,皇父亦安於退居采邑,不以國家爲憂怨責之也;三則曰:「不憖遺一老,俾守我王。」言不留此一老成人以衛王,一老,即皇父也。

再者,阮元亦舉七事,言「皇父」者,非嬖倖之人,與傳聞之皇父有別,且謂:

1. 如以皇父與常武皇父爲兩人,則前後二、三十年間,不應同官者復同字,其不合一也。

2. 如以皇父爲女謁權佞,不應不居王都,反退居於向,讓尹氏爲太師,其不合二也。

3. 幽王六年,尹氏爲大師卿士,如皇父在朝爲權寵,豈二人並居此一官,並不合者三也。

4. 詩曰不憖遺一老二句,在擇三有事擇有車馬之間,如是貪淫,則語極不順,其不合者四也。

5. 〈節南山〉之尹氏,《史記》之虢石父,皆不在伯仲允之列,忠佞判然,其不合五也。

6. 《墨子‧所染篇》:「幽王染於傅公夷、蔡公穀。」《呂氏春秋》錄墨子之說,作「染於虢公鼓祭公敦」,而皇父以下七人,無一人列名其中,明非佞臣,其不合者六也。

7. 《大雅》〈民勞〉、〈板〉、〈蕩〉、〈抑〉、〈桑柔〉,皆刺厲王,反覆於厲階貪人,與《國語》芮謗專利合,無一語及於煽處權黨;至幽王,《大雅》〈瞻卬〉、〈召旻〉,即言哲婦傾城,亦無一言及於皇父七人之權黨,其不合七也。〔註34〕

此七事,明指皇父爲賢臣,然自漢以來,皆視其人爲姦佞之首徒,即鄭玄亦以他之六人爲「權寵相連」,〔註35〕蓋以此詩與豔妻同舉故耳。阮元評列此詩,

---

〔註34〕《揅經室一集》卷四,頁 83、84。

〔註35〕《十三經注疏‧詩經》,頁 408。

以為「其實此章不過臚舉朝臣，未言豔妻煽方處，自是貶詞。」阮氏之意，必以所貶乃在豔妻之褒姒，朝臣諸人為虛詞耳。故皇父卿士、番維司徒、家伯維宰（俗本訛作家宰）、仲允膳夫、聚子內史、蹶維趣馬、楀維師氏，但舉官爵名字，未嘗少有褒貶，詩人不言在位之尹氏石父，而言退居之皇父卿士，則番維司徒、家伯等以類相從，是皆良臣，民所屬望、王所屏棄者可知。且阮元之所以不厭其煩言「皇父」之事者，蓋以故實證史事之未顯，而藉諸人之事，使經傳之穿鑿得以復其本真，故「自魯詩誤以七人為女謁權黨，漢儒靡然從之，《漢書》人物表至列入下下，沈冤千載矣，不可不力辨之。」則阮元之言「皇父」，亦在辨其沈冤，至《竹書紀年》謂「王錫大師尹氏皇父命」，謂皇父即尹氏，以尹氏為尸位之人，與賢如皇父者不合，當知其偽也。再以「番維司徒」言，鄭箋據幽王司徒為鄭桓公，因之，謂「番」為屬王之司徒，阮氏並以為誤；馬瑞辰則以為「番」當為「樊」字；且謂：

> 番與蕃、藩同，藩又通「樊」；〈青蠅〉詩：「止於樊」。《漢書·戾太子傳》引作「止於藩」，《爾雅》：「樊，藩也。」是其證也；樊與繁亦通用，《左傳》「敏繁以朝」；《周官》、《禮記》並作「樊纓」，讀如鞶帶之鞶，是其證也；《廣韻》「周宣王封仲山甫於樊，後因氏焉。」鄭箋以番為氏；《韓詩》作繁，疑番與繁皆樊氏之音轉爾。〔註36〕

此亦證「番維司徒」乃即「樊維司徒」，為仲山甫之後，或即鄭桓公之友也。阮元〈補箋〉云：

> 幽王八年，始命鄭桓公有為司徒，是封後三十三年，為司徒當為幽王八年矣。此詩作於幽王六年，故司徒仍是「番」，而據鄭箋司徒為鄭桓公，謂「番」為屬王司徒，誤矣。

阮元未言「番維」即「樊維」，然必以「番維」非鄭箋之鄭桓公，其為「司徒」當在幽王八年，即《國語》韋昭注所云：「幽王八年為司徒」也。然則「皇父」、「番維」及以下諸士，皆非屬王時人可知，則魯詩、鄭箋言「七子皆屬王妻黨」，固為不合，亦知阮元之不全然信古，實乃疑古而不惑於古者也。

（四）以歌樂證詩例

「天子諸侯大夫士金奏升歌笙歌合奏表」

阮元以為古之禮儀，蓋皆詩、樂相合，天子、諸侯、大夫、士，用禮皆

〔註36〕馬瑞辰《毛詩傳箋通釋》卷二十，《皇清經解續編》，頁 1396。

未同，即金奏、升歌、笙歌及合樂，所用器亦未同，一一列舉，當能明禮之用，亦能證詩與樂之相合，而於鄭玄之論有不合者，間亦與出，又爲便言說，乃先表後述，皆在明詩、禮與樂之大用，於古宮庭儀節是能彰顯，此亦見先生之微意。至於表列部份，《揅經室集》〔註37〕已概述，此不再贅言，而其詮釋之處，阮氏語之甚詳，歸約如下：

    1. 古之歌詩成樂，自天子至大夫，其「升歌」于堂也；「笙歌」于
       階也；間歌于堂階也，堂階合作也。

此謂樂歌各有其行處，古皆以賓之入門用金奏，而以鐘鎛爲之；其於堂上用琴瑟，所謂「升歌」者，乃正歌之始；於堂階之間，則以笙歌之，所謂「笙歌、間歌」者；即正歌之中也；而云堂階合作者，乃即所謂正歌之備。

    2. 詩不同而分爲四節則同也。若夫詩之用于此四節，則有：天子饗
       諸侯、諸侯燕大夫、士之別；大夫、士相見之樂爲〈鹿鳴〉，諸
       侯之燕大夫也，亦用〈鹿鳴〉；然則兩君相見之樂爲清廟，天子
       之饗諸侯也亦用清廟，兩兩相比，其例相同矣。至于《周南》〈關
       雎〉、〈葛覃〉、〈卷耳〉；《召南》〈鵲巢〉、〈采蘩〉、〈采蘋〉不在
       此內者，諸侯、大夫、士或用爲合樂，合鄉樂者是也。

〈小雅‧鹿鳴〉：「呦呦鹿鳴，食野之苹。我有嘉賓，鼓瑟吹笙，吹笙鼓簧，承筐是將。人之好我，示我周行。……」陳奐以爲：「鹿鳴實野草，以興君燕群臣。」又引〈鄭駁異義〉云：「君有酒食，欲與群臣嘉賓燕樂之，如鹿得苹草以爲美食，呦呦鳴呼以款誠之意，盡於此耳。」〔註38〕蔡邕〈琴操〉亦云：「鹿鳴者，周大臣之所作也；王道衰，大臣知賢者幽隱，故彈絃風諫。」〔註39〕則〈鹿鳴〉一詩，要皆養賢之意，至於謂「周大夫」所作者未知何據，然於君臣相燕之意則始終如是也。至〈周南〉、〈召南〉諸篇爲房中之樂，故不取。〔註40〕

    3. 又有金奏，……皆是賓入門奏鐘鎛爲樂，賓升堂之後，金奏即闋，
       與升歌之用琴瑟、間歌之用笙，迥不相涉也。若以鄭氏《詩小雅

〔註37〕《揅經室一集》卷四，頁70。

〔註38〕陳奐《詩毛氏傳疏》卷十六，《皇清經解續編》，頁749。

〔註39〕《文選‧琴賦注》引

〔註40〕《儀禮》，頁173，鄭注云：「〈周南〉、〈召南〉……；王后、國君夫人、房中之樂歌也。〈關雎〉言后妃之德；〈葛覃〉言后妃之職；〈卷耳〉言后妃之志；〈鵲巢〉言國君太夫人之德；〈采蘩〉言國君夫人不失職也；〈采蘋〉言鄉大夫之妻能脩法度。」

　　譜》論之，其辭曰：「其用于樂，國君以〈小雅〉，天子以〈大雅〉；
　　然而饗賓或上取，燕或下就，天子饗元侯，歌〈肆夏〉，合〈文
　　王〉；諸侯歌〈文王〉，合〈鹿鳴〉；諸侯于鄰國之君，與天子于
　　諸侯同，天子諸侯燕群臣及聘問之賓，皆歌〈鹿鳴〉，合鄉樂。」

鄭氏以天子、諸侯相見，皆歌〈文王〉、〈鹿鳴〉；且諸侯乃歌〈小雅〉，天子
惟歌〈大雅〉。此阮元於鄭說則未以為是，且云：

　　元竊謂鄭說不盡然也。《左傳·襄四年》叔孫穆子不拜工歌〈文王〉，
　　〈文王〉兩君相見之樂也，使臣不敢及。《國語》曰：「夫歌〈文王〉、
　　〈大明〉、〈綿〉，則兩君相見樂也，非使臣之所敢聞也。」此明云諸
　　侯用〈大雅〉，而鄭云用〈小雅〉，非矣。

依《左傳》、《國語》事言，則周之諸侯相見，樂仍用〈大雅〉，必非鄭氏所云
之〈小雅〉也。

　　4.〈仲尼燕居〉曰：「兩君相見，揖讓而入門，入門而縣興；揖讓
　　而升堂，升堂而樂闋。」入門而金作，示情也；升歌〈清廟〉，
　　示德也。據此，明是金奏〈肆夏〉與升歌〈清廟〉區為二事；升
　　歌者，〈頌〉之首篇〈清廟〉也，而鄭氏云天子用〈大雅〉，天子
　　饗元侯歌〈肆夏〉，非矣。

鄭注引《春秋傳》曰：「穆叔如晉，晉侯享之金奏、肆夏三，不拜；工歌〈文王〉
之三，又不拜：歌〈鹿鳴〉之三，三拜曰："三夏，天子所以享元侯也，使臣
不敢與聞肆夏與〈文王〉、〈鹿鳴〉俱稱三，謂其三章也，以此知肆夏詩也。"」
國語曰：「金奏肆夏、繁遏渠。」子所以享元侯肆夏、繁遏渠，所謂「三夏」矣。
呂叔玉云：「肆夏、繁遏渠，皆周頌也。肆夏，時邁也；繁遏，執競；渠，思文；
肆，遂也；夏，大也。」言遂於大位，謂王位也。此鄭氏以肆夏為遂王位也，
此天子饗元侯之歌當不誤，惟如以升歌為示天子之德，阮元以為非用〈大雅·
文王〉，宜用〈周頌·清廟〉，蓋〈清廟〉者，乃周公成洛邑，率諸侯以祀文王
之樂歌，其於穆深遠與〈肆夏〉別為二事，說較鄭氏合誼。

　　5. 諸侯燕群臣及聘問之賓，皆升歌〈鹿鳴〉，見於〈燕禮〉；若燕勤
　　王之大夫，始于入門時用金奏〈肆夏〉，見于〈燕禮記〉；若天子
　　燕群臣、天子卿大夫爵，與諸侯同，當用〈頌〉與〈大雅〉，而
　　鄭云同諸侯燕群臣歌〈鹿鳴〉合鄉樂，非矣。

《儀禮·燕禮》：「小臣納工，工四人，二瑟。小臣左何瑟，面鼓，執越內弦；

右手相入，升自西階北面，東上坐；小臣坐，授瑟，乃降。工歌〈鹿鳴〉、〈四牡〉、〈皇皇者華〉……」賈公彥疏：「工歌，乃獻之賤者，先就事也者，歌詩是事先，施功勞，乃始獻之，是賤者就事對，工以上，不就事而得獻也。」而「工〈鹿鳴〉、〈四牡〉、〈皇皇者華〉」者，鄭注云：「三者皆〈小雅〉篇也。〈鹿鳴〉：君與臣下及四方之賓宴講道脩政之樂歌也。此采其已有旨酒，以召嘉賓，嘉賓既來，示我以善道，又嘉賓有孔昭之明德可則傚也；〈四牡〉：君勞使臣之來樂歌也。此采其勤苦王事，念將父母懷歸傷悲，忠孝之至，以勞賓也；〈皇皇者華〉：君遣使臣之樂歌也。此采更是勞苦，自以為不及，欲自謀於賢知而以自光明也。」〔註41〕此為鄭注、賈疏之意，阮元以為不同者，蓋以燕勤王之大夫，始入門時用鐘鎛奏〈肆夏〉，於燕群臣時用〈頌〉與〈大雅〉，此當有別；而鄭則以燕諸侯、燕群臣皆歌〈鹿鳴〉合鄉樂，少有別異，是以非之；實則如依鄭注所言，天子燕諸侯、燕群臣，工歌〈鹿鳴〉諸歌亦當時儀節，合鄉樂而歌亦尋常禮儀，刻意區分，亦無必要。無論如何，阮元所欲證者，乃金奏用鐘鎛，升歌用琴瑟，金奏先，升歌後，且天子于諸侯，升歌用〈清廟〉；諸侯燕大夫，升歌用〈鹿鳴〉；諸侯之相見，升歌用〈清廟〉；如此，條理有致，乃即所謂之禮也。

　　以上直就《揅經室集》、《續集》關於《詩》古訓者加以析論，厥在闡述阮元古訓之微意，亦知聲轉，聲近及字變之訓，於《詩》之探究當有裨益；再以覃研經籍者，易堅守傳、箋而不移，先生則舉實例證毛、鄭亦有非是之處，此謂之尚古而疑古；疑古而不泥古，不株守一家之言，於學術之道，能立之，亦能破之，其中謹嚴，尤其可見。篇章之外，若《詩書古訓》攸關《詩》之故訓，皆於典籍中求之，限於篇幅，僅於〈十月之交〉略敘耳，至於論及馮登府（柳東）《三家詩異文證》序，所重亦在「由形聲而得訓詁；由訓詁而得義理。」〔註42〕同於「訓詁明則義理明」之說，即不再贅述。

第二節　《書》之古訓

一、著作述略

　　《揅經室集》，一如上節，言《詩》之古訓，間亦析《書》之古訓。《詩書古訓》凡六卷，計《詩》四卷，《書》二卷；《書》卷五上、下引《尚書

〔註41〕《十三經注疏・儀禮》，頁172。
〔註42〕《揅經室續集》卷一，頁49。

今文》，卷六則爲《尚書逸文》，所論當如《禮記‧經解》所言「疏通知遠」，亦
如孔叢子論《書》之意。孔子曰：「書之於事也，遠而不闊，近而不迫；志盡而
不怨，辭順而不謟。」而其微言，仍當自古訓解之；次以《書》之地理，乃「知
遠」之引據，地理未明，「疏通」之道即未能彰顯，必得地勢理圖得所清晰，而
後纔知其遠、明其通；故〈禹貢東陵考〉、〈浙江圖考〉、〈雲南黑水圖解〉皆依
此而作，乃在求其源流之正確與否；再以天文、曆法之勘定星象，爲《書》之
涵義所寄，故辨〈堯典四時東作南僞西成朔易解〉於歲時節令之紓解，乃有所
知悉；於古聖賢觀天象、察地理之用心，乃可明其一、二；此外，《疇人傳》所
舉諸賢如王錫闡、梅文鼎諸人，其尚「周流日月」，且以近世科學之見探研天宇
星辰者，亦一併提出，使知《書》之經訓，非止於政教誥令而已。

二、古訓撮要

（一）《書》之古訓例

阮元《書》古訓，分《尚書今文》上下及《尚書逸文》，前者按今文篇章，
逐條陳述；後者雖名爲「逸文」，仍以《古文尚書》主之，摘錄逸文不過數條。
而二篇之釋，大抵以古、今文區別，所舉篇什，非五十八篇皆臚列，乃依所
取篇章之句式而定，故研探是篇，仍須持《書》之原文相勘，使篇籍之間，
不致因尋章之摘句而有所割裂。今謹依《今文》、《逸文》所舉，摘要敘論：

1. 篇章辨析

以伏生《今文》二十九篇（後衍爲三十三篇）言，阮元訓辭，有言訓之
章，亦有未訓之章，分別提出：

（1）言訓之章：若〈堯典〉、〈大禹謨〉、〈皋陶謨〉、〈益稷〉、〈禹貢〉、〈甘
誓〉、〈湯誓〉、〈高宗肜日〉、〈微子〉、〈牧誓〉、〈洪範〉、〈大誥〉、〈康
誥〉、〈酒誥〉、〈梓材〉、〈召誥〉、〈洛誥〉、〈無逸〉、〈君奭〉、〈顧命〉、
〈呂刑〉、〈文侯之命〉、〈費誓〉、〈泰誓〉二十一章。

（2）未訓之章：若〈皋陶謨〉、〈盤庚〉、〈西伯勘黎〉、〈金縢〉、〈多士〉、
〈立政〉、〈康王之誥〉八章。

《尚書逸文》亦有言訓之章與未訓之章：

（1）言訓之章：若〈大禹謨〉、〈五子之歌〉、〈胤（允）征〉、〈仲虺之命〉、
〈湯誥〉、〈伊訓〉、〈太甲〉、〈咸有一德〉、〈說命〉、〈周書‧泰誓〉、
〈武成〉、〈旅獒〉、〈蔡仲之命〉、〈周官〉、〈君陳〉、〈畢命〉、〈君牙〉，

計十七章。

（2）未訓之章：若〈舜典〉（舊作九共九篇）、〈益稷〉、〈冏命〉諸篇。

是《書》言訓與未訓之章，阮元僅取諸章故訓，未言篇目之數，故其篇目仍宜說述。如以撰作篇章論，孔子定《尚書》爲百篇，鄭玄謂〈書序〉篇目，以爲〈虞夏書〉二十篇，〈商書〉四十篇，〈周書〉四十篇。《史記・儒林傳》曰：「秦時焚書，伏生壁藏之，其後兵大起，流亡。漢定，伏生求其書，亡數十篇，獨得二十九篇，即以教於齊魯之間。」又曰：「孔氏有古文《尚書》，而安國以今文讀之，因以起其家，逸書得十餘篇。蓋《尚書》滋多於是矣。」《史記》作者司馬遷生西漢之初，親從安國問故，說《尚書》當以《史記》爲準繩，是阮元《書》之古訓篇目乃有取於此也。至於《尚書逸文》，除上之所舉，載於〈書序〉者尚復諸篇，亦阮氏未提及者，一併指出。此若：〈汩作九共槁飫〉、〈帝告釐沃〉、〈湯征〉、〈女鳩女方〉、〈夏社〉、〈疑至臣扈〉、〈典寶〉、〈明居〉、〈伊訓、肆命、徂后〉、〈太甲〉、〈沃丁〉、〈咸乂〉、〈原命〉、〈仲丁〉、〈河亶甲〉、〈祖乙〉、〈高宗之訓〉（鄭云「高宗之訓亡」）、〈分器〉、〈旅巢命〉、〈歸禾〉、〈嘉禾〉、〈成王政〉（鄭云「成王政亡」）、〈將蒲姑〉、〈賄肅慎之命〉（鄭云「賄肅順之命亡」）、〈亳姑〉、〈秕誓〉諸篇，[註43] 此當可補先生說之未足。至於〈書序〉者，阮元雖未言及，然自《今文》、《逸文》分途，則古文、今文之殊，已寓其間，故〈書序〉之語，仍宜探究。

段玉裁《古文尚書撰異》〈書序〉第三十二，於古今文辨析甚詳：

> 按〈書序〉亦有古文今文之殊。《漢志》曰：「尚書古文經四十六卷。」此蓋今文二十八篇，爲二十八卷，又逸篇十六卷，併〈書序〉得此數也。伏生教於其魯之間，未知即用書序否。而太史公臚舉，十取其八九，則漢時〈書序〉盛行，非俟孔安國也。假令孔壁有之，民間絕無，則亦猶逸篇十六卷，絕無師說耳。馬、班安能采錄？馬、鄭安能作注？以及妄人張霸安能竊以成百兩歲？《孔叢子》及《連叢子》皆爲書也，「臧」與「安國」書曰：「聞《尚書》二十八篇，取象二十八宿，何圖古文乃有百篇耶？」學者因此語疑百篇育至安國乃出，然則其所云，弟素以爲〈堯典〉雜有〈舜典〉，今果如所論，豈可信乎？其亦惑矣！[註44]

〔註43〕范文瀾《經學概論》，頁68、74。

〔註44〕段玉裁《古文尚書考異》，〈書序〉三十二，《皇清經解》卷五九九，頁2476。

則百篇《尙書》非自孔安國出乃知，即〈書序〉是否安國作？段氏亦頗質疑，然此亦無礙今、古文之別也。再者，亦有謂孔子作〈書序〉之論，如《史記·孔子世家》載：「孔子因史文，次《春秋》，紀元年，正時日月，蓋其詳哉。至於〈序尙書〉，則略無年月，或頗有，然多闕不可錄，故疑則傳疑，蓋其愼也。」又云：「孔子序書，上紀唐虞之際，下至秦繆，編次其事。」馬融、鄭玄則直言：「〈書序〉孔子所作。」《漢書·藝文志》亦稱：「書之所起遠矣，至孔子纂焉，上斷於堯、下訖於秦，凡百篇而爲之序，言其作意。」則史、漢，馬、鄭皆謂〈書序〉孔子所作，然《漢書·儒林傳》載張霸所獻一百零二篇《尙書》亦有〈書序〉，則《熹平石經》殘石亦載〈書序〉，則必以孔子作〈書序〉，於史料終嫌未足。范文瀾引程廷祚《晚書訂疑》即云：

> 古書古有百篇之説，而其名不皆傳。後之作序者，或一事而製數篇，或一篇而分數卷，但欲增益篇題，以盈其數，不知舉成數者，無擇於多寡，而胡競競以百爲也。且《左傳》有〈夏訓〉、〈伯禽之命〉、〈康誥〉、〈大傳之序〉有摔誥；《戴記》有〈尹告〉；《墨子》有〈禹誓〉、〈禹之總德〉、〈湯之官刑〉；《逸周書》有〈祭公之顧命〉（《禮記》引「祭公」作「葉公」）諸篇，書之所有，而序之所無者，尚復不少，孰謂盈百之數，遂足以誇書之多哉？此篇出於諸僞書之前，好古者有所不忍棄，後儒謂之小序，而反以孔安國之僞序爲大序，顚倒其矣！〔註45〕

由是〈書序〉是否孔子所作，或孔安國作序，以及《尙書》是否確爲百篇，舊說雖云然，要不足以深信無疑，程氏之說，允可觀矣！則阮元之《今文》、《逸篇》之取序，亦可知矣。

2. 古訓釋義

《孔叢子》論《書》引子夏問：子夏讀書既畢，而見於夫子，夫子謂曰：「子何爲於《書》？」子夏對曰：「《書》之論事也，昭昭若日月之代明，離離然若星辰之錯行；上有堯、舜之道，下有三王之義。」〔註46〕則阮元之《書》古訓亦爲發揚「堯、舜之道」、「三王之義」，此道與義，乃即聖賢治國平天下之義也。故研議古訓之道，仍宜自此入手。

（1）聖美之德

〔註45〕范文瀾《經學概論》，頁 74、75。
〔註46〕《詩書古訓》卷五上，頁 279。

　　阮元引《孔叢子》云：「子曰：“吾於帝典，見堯、舜之聖焉。”」又云：「故帝典可以觀美。」此言「聖」言「美」之旨，於〈堯典〉篇首可見之。

　　如「曰：放勳，欽明、文思、安安。」〔註47〕

　　阮元注云：

　　　　《孟子・滕文公上》放勳曰：「勞之來之，匡之直之，輔之翼之，使自得之，又從而振德之。」

　　　　《白虎通・爵》：「何以知帝亦稱天子也，以法天下也。」中侯曰：「天子臣放勳。」

　　　　《中論・智行》：「《書》美唐堯，欽明為先。驩兜之舉共工，四嶽之薦鯀，堯知其行，眾未知信也，若非堯，則裔士多凶族，兆民長愁苦矣，明哲之功也如是。」

按：孫星衍《古文尚書疏證》注云：「馬融曰：“威儀表備謂之欽；照臨四方謂之明；經緯天地謂之文；道德純備謂之思。”鄭康成曰：“節用謂之欽；照臨四方謂之明；經緯天地謂之文；慮深通敏謂之思；思一作塞，安安一作晏晏。”」〔註48〕則堯之照臨四方，經緯天地；道德純備，寬容覆載其質乃為之聖也。

　　又如「克明俊德，以親九族。」

　　阮元注云：

　　　　《禮記・大學》帝典曰：「克明峻德，皆自明也。」

　　　　《白虎通・宗族》：「族者何也？族者湊也，聚也，謂恩愛相流湊也；生相親愛，死相哀痛，有會聚之道，故謂之族。《尚書》曰：“以親九族。”所以九何？九之為言究也，親疏恩愛究竟也，謂父族四，母族三，妻族二。」

　　　　《漢書・宣帝紀》：「紹曰：“蓋聞堯親九族，以和萬國，朕蒙遺德，奉承聖業，惟念宗室，屬未盡而以罪絕，若有賢材，改行勸善，其復屬，使得自新。”」

　　　　又〈平當傳〉：「昔者帝堯南面治，先克明峻德，以親九族，而化及萬國。」

「九族」有二說：《書疏》引異義，取夏侯、歐陽等說，言九族者，父族四，

母族三，妻族二，皆據異姓有服，此一說也；《春秋左氏・桓六年傳》引古尚書說，謂九族者，從高祖至元孫凡九，皆同姓，亦馬、鄭所同，此二說也。然則夏侯、歐陽說爲異姓者，蓋因堯德光被自家及外族，此今文之見也；馬、鄭則以《周禮・小宗伯》掌三族之列名，〈喪服小記〉說服之義曰：「親親九族者，據己以上至高祖，下至元孫。」此古文之說也；未知孰是。

又如：「平章百姓」

阮元注云：

> 《白虎通・姓名》：「姓，生也。人所稟天氣所以生者也。《詩云》〝天生烝民。〞《尚書》曰〝平章百姓。〞姓所以有百何？以爲古者聖人：吹律定姓，以記其族。人含五常而生，聲有五章：宮、商、角、徵、羽，轉而相雜，五五二十五，轉生四時，故百而異也，氣殊音悉備，皆殊百也。」

「平章」者，《史記・索隱》云：「今文作辨章。」；「百姓」者，《周語・富辰》曰：「百姓兆民。」注：「百姓，百官也。」則「平章百姓」者，爲辨明百官也。阮元此句僅取《白虎通》之言，未加詮解。

又如：「協和萬邦」

阮元注云：

> 《史記・高祖功臣候年表》：「《書》曰：〝協和萬國。〞遷于夏商，或數千歲，蓋周封八百，幽、厲之後，見于《春秋》；《尚書》有唐、虞之候伯，歷三代千有餘載，自全以蕃衛天子，豈非篤于仁義，奉上法哉！」

孫星衍曰：

> 注云：史遷「協合萬邦」，邦作國；「協」一作叶，變一作蕃，一作卞。

> 疏云：史公說協爲合者，鄭注《周禮》云：「協，合也。」……邦作國者，《漢書・宣帝紀》及〈地理志〉諸書，多作「國」，段君玉裁据《白虎通》、蔡邕《石經》有「國」字云：「漢人詩書不諱，不改經字。」《宋書・禮志》：「禮部太常寺語漢邦法：邦之字曰國，盈之字曰滿；止是讀曰邦讀曰滿，本字見於經傳者，未嘗改易。司馬遷《史記》：「先王之制，邦內畿服，邦外侯服。」又曰：「盈而不持則傾。」於邦字盈字皆不改易，此說蓋非無見，是也；後人遇國字，

> 即疑漢人避諱，因改爲邦耳。萬國者，〈地理志〉云：「昔者黃帝方
> 制萬理，畫埜分州，得百里之國萬區，故《易》稱先生建萬國，親
> 諸侯。」《書》云：「協和萬國」，此之謂也。〔註49〕

故此「萬邦」者，萬國也，唐、虞之盛，當如《春秋傳》所云：「禹會諸侯於
塗山，執玉帛者萬國。」言執玉帛，則是惟中國耳。而此協和中國者，非篤
於仁義何能！

又如：「黎民於變時雍」

阮元注云：

> 《漢書・成帝紀》：「詔曰：〝昔在帝堯，立義、和之官。命以四時之
> 事，令不失其序。〟」故《書》云：「黎民於蕃時雍。」明以陰陽爲
> 本也。今公卿大夫，或不信陰陽，薄而小之，所奏請多違時政，傳
> 以不知，周行天下，而欲望陰陽和，豈不謬哉，其務順四時月令。

「於變」，《漢書・成帝紀》陽朔元年詔，引作「於蕃」；注：應劭曰：「黎，
眾也；時，是也；雍，和也；言眾民於是變化，用是大和也。」韋昭曰：「蕃，
多也。」《潛夫論・考績篇》云：「此堯舜所以養黎民而致時雍也。」則堯舜
之養黎民而致時和，當爲仁愛之極致也，賢聖如此，云何不美！

（2）政事之義

《孔叢子》論《書》，於大禹、陶謨、益稷，見禹、稷、皋陶之忠勤功勳焉。
又謂：〈大禹謨〉、〈禹貢〉可以觀事；〈皋陶謨〉、〈益稷〉可以觀政。

以是由「觀政」、「觀事」可以見賢聖之忠勤功勳焉。

（1）觀政：

〈皋陶〉「曰：若稽古皋陶」

阮元注云：

> 《白虎通・聖人》：「何以言皋陶聖人也？以目篇曰：〝若稽古皋陶。〟」
> 聖人而能爲舜陳道，朕言惠，可底行，又旁施象刑維明。」

《白虎通・聖人篇》云「稽古」者，如《泰誓》云：「正稽古立功立事。」此
皋陶稽古之象，立功立事，故班固以爲亦聖人也。

又如：「慎厥身，修思永。」

阮元注云：

〔註49〕孫星衍《尚書今古文注疏》卷一，頁6。

《漢書・元帝紀》:「自今以來,公卿大夫其勉思天戒;愼身修永,

以輔朕之不逮;直言盡意,無有所諱。」〔註50〕

「愼」者,《釋詁》云:「誠也,靜也。」鄭注《中庸》云:「治也。」「愼厥
身,修思永。」即「愼身修永」;意乃誠敬其身,修其職業者也。

又如:「惇敍九族」

阮元注云:

《漢書・平帝紀》:「詔曰:〝蓋聞帝亡以德撫民,其次親親以相及也。
昔堯睦九族,舜惇敍之。〞」

此「惇敍九族,庶明勵翼,邇可遠在茲。」當如鄭康成所謂:「惇,厚也;
庶眾也;勵,作也;敍,序也;次序九族而親之以眾明,作羽翼之臣。此政
由近可以及遠也。」〔註51〕言爲得之矣。

又如:「知人則哲,能官人。」

阮元注云:

《漢書・五行志》《書》云:「知人則哲,能官人。」故堯、舜舉群
賢而命之朝,遠四佞而放諸野。

〈薛宣傳〉:谷永上疏曰:「帝王之德,莫大於知人,知人則百僚任
職,天工不曠,故皋陶曰:〝知人則哲,能官人。〞」

〈王莽傳〉:於是公乃白內,故泗水相豐、黎令邯、與大司徒光、車
騎將軍舜,建定社稷,奉節東迎,皆以功德,受封益士,爲國名臣。
《書》曰:「知人則哲。」公之謂也。

《後漢書・楊秉傳》:秉復上疏諫曰:「聞先生建國,順天制官,太
微積星,名爲郎位,入奉宿衛,出牧百姓,皋陶誠虞,在於官人。」

〔註52〕

知人,則能器使;安民,則眾民思歸之也。此民爲眾民,人謂官人也。下文如
「能哲而惠,何憂乎驩兜?何遷乎有苗?」與「無教逸欲有邦,兢兢業業,一
日二日,萬幾。」及以下之句,皆言皋陶之政也,然則以政觀人,庶幾有得。

（2）觀事:

〈禹貢〉「奠高山」

〔註50〕《詩書古訓》卷五,頁294。
〔註51〕孫星衍《尚書今古文注疏》卷二,頁58。
〔註52〕《詩書古訓》卷五上,頁296、305。

阮元注云：

> 《孔叢子》論《書》：子張問：「《書》云：〝奠高山，何謂也？〞」孔
> 子曰：「高山五嶽，定其差秩，祀所視焉。」〔註53〕

孫星衍注云：

> 史遷說奠爲定。大傳說高山大穿五嶽四瀆之屬。馬融曰：「定其差秩，
> 祀禮所視也。」

「所視者」，謂其牲幣、粢盛、籩豆、爵獻之數，非謂尊卑，此言事之道也。」

又云：「海物惟錯」

阮元注云：

> 《孔叢子・廣訓》：「海物惟錯，錯，雜也。」

孫星衍注云：

> 鄭康成曰：「海物，海魚也。於種類尤雜。」

疏云：

> 鄭注見《史記集解》，以海物爲海魚者，《爾雅》「岱岳生魚鹽。」
> 《周禮・職方》「兗州，其山鎮曰岱山。」其利蒲魚，故據以爲說
> 也。〔註54〕

言「海物惟錯」者，應與上句「厥貢鹽絺」連結。《爾雅・釋地》云：「中有岱岳，與其五穀魚鹽生焉。」《春秋左氏・昭廿一年傳》云：「海之鹽蜃，祈望守之。」《管子・地員篇》云：「齊有渠展之鹽。」……《史記・貨殖列傳》：「太公望封于齊，其地瀉鹵。」通魚鹽則人物歸之，以此見其盛況也。

又如：「九州攸同，四隩既宅，九山刊旅，九州滌源，九澤既陂，四海會同。」

阮元注云：

> 《國語・周語下》：「其後伯禹，念前之非度，釐改制量，象物天地，
> 比類百則，儀之于民，而度之于群生，共之從孫，四岳佐之，高高
> 下下，疏川導滯，鍾水豐物，封崇九山，決汨九川，陂障九澤，豐
> 殖九藪，汩越九原，宅居九隩，合通四海。」〔註55〕

「九州攸同」，攸同逌，所也；同，和也，平也。「四隩既宅」，《說文》云：「隩，

〔註53〕《詩書古訓》卷五上，頁296、305。
〔註54〕孫星衍《尚書今古文注疏》卷三，頁111。
〔註55〕《詩書古訓》卷五上，頁306。

四方土可居也。」《周語》云：「宅居九隩。」注云：「隩，內也。」九州之內，皆可宅居也。「九山刊旅」，《周語》云：「封崇九山。」謂九州之中山川藪澤也。「九州滌源」，《漢書集注》云：「條，達也。滌源者，謂疏達其水原也」。「九澤既陂」，「陂」者，障也，防也。「四海會同」，《周語》云：「合通四海。」注云：「使同軌也。」是疏川導滯，鍾水豐物，厥在合通四海。句式亦同「東漸于海，西被于流沙，朔南暨，聲教訖于四海。」而此四海又爲《爾雅・釋地》所云：「九夷、八狄、七戎、六蠻」之謂，於此則「禹錫元圭，告厥成功」。乃舜帝者錫禹元圭，告成功于天下，則禹之事成矣，其忠勤當昭明於日月，而互古彌新。

（3）觀度成文：

《孔叢子》論《書》：「〈洪範〉可以觀度。」

阮元云：「吾於〈洪範〉，見君子不忍言人之惡，而質人之美也；發乎中而見乎外以成文者，其唯〈洪範〉乎！」

故「觀度成文」，發中見外者，乃〈洪範〉之教也。而〈洪範〉之意，究爲何者？阮元未解，今引孫星之說以述之。

孫星衍釋〈洪範〉云：

> 洪範者，《釋詁》云：「大也，法也。」禹得洛書，傳于箕子，爲武王陳之也。《史記・宋微子世家》云：「箕子者，紂親戚也，紂爲淫佚，箕子諫不聽，乃被髮伴狂而爲奴，武王既克殷，訪問箕子。」
>
> 〈殷本紀〉云：「箕子伴狂爲奴，紂又囚之，周武王伐紂，釋箕子之囚。」案：訪洪範時有三祀，故史公〈宋世家〉述洪範畢云，於是武王乃封箕子於朝鮮而不臣也。
>
> 《漢書・五行志》云：劉歆以爲禹治水，賜雒書法，而陳之洪範是也。聖人行其道而寶其眞，降乃於殷，箕子在父師位而典之，周既克殷，以箕子歸，武王親虛己而問焉。案：此以武王訪問洪範，爲在箕子釋囚，未封朝鮮之前故也。《書》疏引孔安國傳云：武王釋箕子之囚，箕子不忍周之釋，走之朝鮮，武王聞之，因以朝鮮封之，箕子既受周之封，不得無臣禮，故於十三祀來朝武王，因其朝而問洪範，此今文說也。
>
> 《書》序亦云武王勝殷殺受，立武康，以箕子歸，作〈洪範〉；《書》疏云：朝鮮去周，路將萬里，問其所在，然後封之，受封乃朝，必歷年矣，不得仍在十三祀也，宋世家得其實也。案：〈周本紀〉云：

武王已克殷後二年，問箕子殷所以亡，箕子不忍言殷惡，以存亡國，
宜告武王亦醜，故問以天道。又考〈周本紀〉，武王十一年十二月，
師渡孟津，二月朝至於商郊牧野，是十二年也，已而命召公釋箕子
之囚，乃罷兵西歸，封諸侯，箕子之去朝鮮，因而封之，疑在此時；
又云武王徵九牧之君，箕子亦以此時來朝，故在武王克殷後二年，
是十三年也。〔註56〕

依孫氏之說，則武王十一年克殷，言「十有三祀」者，乃克殷後之二年也。
而所謂「觀度成文」者，乃即所謂「彝倫攸敘」者也，此「彝倫攸敘」者，
蓋即「定經常之道理」，亦所謂之「度」，此「度」字，爲立後世之大本大法，
故阮元以爲此乃《書》之微言也。

（1）觀度：

〈洪範〉云：「初一曰五行；次二曰敬用五事；次三曰農用八政；次四曰
協用五紀；次五曰建用皇極；次六曰乂用三德；次七曰明用稽疑；次八曰
念用庶徵；次九曰嚮用五福，威用六極。」

阮元注云：

《漢書・五行志》：初一曰五行；次二曰羞用五事；次三曰農用八政；
次四曰協用五紀；次五曰建用皇極；次六曰乂用三德；次七曰明用
稽疑；次八曰念用庶徵；次九曰嚮用五福，畏用六極。凡此六十五
字，皆《雒書》本文，所謂「天迺錫禹大法，九章，常事所次也。」

〈藝文志〉五行者，五常之形氣也。《書》云：初一曰五行，初二曰
羞用五事；言進用五事，以順五行也。

〈孔光傳〉光對曰：「臣聞日者眾陽之宗，人君之表，至尊之象，君
德衰微，陰道盛強，侵蔽陽明，則日蝕應之；《書》曰羞用五事，建
用皇極，如貌、言、視。聽、思，失大中之道，不立，則咎徵萬臻，
六極屢降。」

〈谷永傳〉：「臣文災異，皇天所以譴告人君過失，猶嚴父之明誡，
畏懼敬改，則禍銷福，忽然簡易，則咎罰不除，饗用五福，畏用六
極。」〔註57〕

〔註56〕孫星衍《尚書今古文注疏》卷十二，〈洪範十二〉，頁212。
〔註57〕《詩書古訓》卷五上，頁305。

《釋文》引馬融曰：「從五行已下至六極，洛書文也。」《永樂大典》引鄭康成曰：「行者順天行氣。」而此「行」者，即《白虎通・五行篇》云：「五行者，謂金、木、水、火、土也。」故觀度者，亦觀乎五行天行之義也；五事者，謂「貌、言、視、思、心」也，敬用五事，以順五行；五事失，五行之序即亂；再以「農用八政」者，即以食為八政之道，八政（食、貨、司空、司徒、司寇）無食不得順，亦無由協用五行，皇極亦爲不立；此必〈藝文志〉所云「進用五事，以順五行」之義也。

又云：「五行：一曰水，二曰火，三曰木，四曰金，五曰土。」

阮元注云：

　　《尚書・大傳・周傳》：「水火者，百姓之所飲食也；金木者，百姓

　　之所興作也；土土者，萬物之所資生，是爲人用。」

此蓋連下文「水曰潤下；火曰炎上；木曰曲直；金曰從革；土爰稼穡。」以及「潤下作鹹；炎上作苦；曲直做酸；從革作辛；稼穡作甘。」前者敘五行之性質；後者闡發五行之功用，意義頗大。蘇東坡《書傳》云：「五行之作，不可勝言也。可言者聲、色、臭、味而已。人之用是四者，惟味爲急，故舉味以見其餘也。」蔡沈《書集傳》亦云：「鹹、苦、酸、辛、甘者，五行之味也。五行有聲、色、氣、味，而獨言味者，以其切於民用也。」蘇、蔡二賢之言爲得之矣。

又云：「貌曰恭；言曰從；視曰明；聽曰聰；思曰睿。」

阮元注云：

　　《漢書・五行志》傳曰：「貌之不恭，是謂不肅。」又曰：「言之不

　　從，是謂不艾。」又曰：「視之不明，是謂不悊。」又曰：「聽之不

　　聰，是謂不謀。」又曰：「思心之不容，是謂不甚。」〔註58〕

此即「恭作肅；從作乂；明作哲；聰作謀；睿作聖。」之意。阮元注「睿作聖」云：「《說苑・君道》尹文對曰：〝人君之事，無爲而能容下。夫妻寡易從，法省易因，故民不以政獲罪也。〞」其他之語，阮氏則未言；胡渭《洪範正論》言之則甚切，謹擇要述之：「君子正其衣冠，尊其瞻視，則可謂恭則肅矣。」「《書》曰：聖有謨訓，明徵定保。……《易》曰：君子居其室，其言善，則千里之外應之，此所謂從作乂也。」「皋陶之稱帝堯曰：知人則哲，能官人。

───────────

〔註58〕《詩書古訓》卷五上，頁317。

何憂乎驩兜？何憂乎有苗？何畏乎巧言令色孔壬？其作哲之功乎？」「《詩》曰：謀夫孔多，是用不集。諺曰：築舍道旁，三年不成，以聽之不聰。故爾聽既聰矣，則將如舜之好問好察，執其兩端，用其中於民，何謀之不獲哉！故曰聰作謀。」〔註59〕乃具啟益之效也。

又云：「皇極，皇建其有極。」

阮元注云：

　　《漢書·五行志》傳曰：「皇之不極，是謂不建，厥咎眊，厥恆陰，厥極弱，時則有射妖，時則有龍蛇之孽，時則有馬廄，時則有下人伐上之痾，時則有日月亂行，星辰逆行。」

孫星衍云：

　　《漢書·五行志》傳曰：「皇之不極，是謂不建。」皇，君也；極，中；建，立也；人君貌言視聽思心五事皆失，不得其中，則不能立萬事，是「萬極」為君道之中，皇建有極，為君立其中也。〔註60〕

阮元以為「度」之法則，五行居其始，皇極歸其終，故五事（貌、言、視、聽、思）、八政（食、貨、祀、司空、司徒、司寇、賓、師）及五絕（歲、月、日、星辰、曆數）者，先生皆以「皇極」歸之；惟此皇極之解，阮、孫之說竟未同；阮氏僅言〈五行志〉意，孫氏則以「君」釋「皇」，「中」釋「極」，意乃明晰；實則「皇極」之意，壹在「中」字！宋楊時云：「《書》一言以蔽之：〝中〞而已矣。……夫所謂中者，豈執一之謂哉，亦貴乎時中也；時中者，當其可之謂也。」〔註61〕此說即孔疏所謂：「施政教治下民，當使大得其中，無有邪僻。」則「大中至正」者，乃即「觀度」之旨意也。

（2）成文：

「皇極」之至，為大中至正，然須有所為，始能領袖群倫，會歸臣民，是「道」之出，非得君王之足，當在得其民也，所謂「得民者昌，失民者亡。」而其言語所在，即所謂「成文」也，此如：

「無偏無陂，遵王之義；無有作好，遵王之道；無有作惡，遵王之路。」

阮元注云：

　　《荀子·修身篇》：君子貧窮而志廣，隆仁也；富貴而體恭，殺勢也；

〔註59〕胡渭《洪範正論》卷二。

〔註60〕孫星衍《尚書今古文注疏》洪範十二下，頁223。

〔註61〕欽定《書經傳說彙纂》綱領一引，《四庫全書》八集一冊。

安燕而氣血不惰，柬理也；勞倦而容貌不枯，好交也；怒不過奪，喜不過予，是法勝私也；《書》曰：無有作好，遵王之道，無有作惡，遵王之路。此言君子之能以公義勝私欲也。

《天論篇》：有後而無先，則群眾無門；有詘而無信，則貴賤不分；有齊而無畸，則政令不施；有少而無多，則群眾不化；《書》曰：無有作好，遵王之道；無有作惡，遵王之路，此之謂也。

《呂氏春秋・貴公》：嘗試觀於上志，有得於天下者眾矣；其得之以公，其失之必以偏，凡主之立也生於公。故〈洪範〉曰：無偏無黨，……無偏無黨，……遵王之路。〔註62〕

此與「無偏無黨，王道蕩蕩；無黨無偏，王道平平；無反無側；王道正直；會其有極，歸其有其。」句同。孔疏云：「更言大中之體：爲人君者當無偏私，無陂曲；動循先王之正義，無有亂爲私好，謬賞惡人；動循先王之正道，無有亂爲私惡，濫罰善人；動循先王之正路，無偏私、無阿黨，王家所行之道，蕩蕩然開闢矣。無阿黨，無偏私，王者所立之道平平然辯治矣。所行無反道、無偏側，王家之道正直矣。所行得無偏私皆正直者，會集其有中之道而行之，若其行必得中，則天下歸其中矣。言人皆謂此人爲大中之人也。」〔註63〕言爲君者無有亂爲私好而謬賞惡人，亦無有亂爲私惡而濫罰善人，所行皆正直，則王家之道得其正矣。若人皆如此，則必爲大中之人，爲大中之人，又何有偏乎，此必至於治也。

又云：「天子作民父母，以爲天下王。」

阮元注云：

《尚書大傳・周傳》：聖人者，民之父母也。母能生之，能食之；父能教之，能誨之；聖王曲備之者也，能生之，能食之，能教之，能誨之也。爲之城郭以居之，爲之宮室以處之，爲之庠序學校以教誨之，爲之列地制畝以飲食之。故《書》曰：作民父母，以爲天下王，此之謂也。

《白虎通・爵》帝王之德有優劣，所以俱稱天子者何？以其俱命於天，而主治五千里內也。《尚書》曰：天子作民父母，以爲天下王。

《漢書・刑法志》：上聖卓然，先行敬讓博愛之德者，眾心說而從之，

〔註62〕《詩書古訓》卷五下，頁319。
〔註63〕《十三經注疏・尚書》，頁173。

從之成群，是爲君矣，歸而往之，是爲王矣。〈洪範〉曰：天子作民
父母，爲天下王。〔註64〕

吳闓生《尚書大義》云：「皇極之義，必使人人皆進于德，所由致然者，亦在黜
之明也。……由黃極而嬗爲民極，最見古人大同之精義，古之人君，皆以爲民
也。民俗愚陋，故非皇無以建極，而皇之旨，在敷錫庶民。及其終也，天下之
民皆歸至善。則皇極之名，亦不復存在，而遂爲庶民矣。天子作民父母，以爲
天下王，猶曰爲倡導者耳。佑古之制治者，壹是以民爲本也。」〔註65〕此以民
爲本之思，乃即民本思想之發揚，使天下之民皆歸至善，則皇極即不復存在，
亦人文化成之極至，大同之義端在於斯，君同庶民，所謂「止於至善」者，即
成文之教也。

（3）規矩周圓：

《尚書·大傳·周傳》引孔子之云：「吾于〈洛誥〉也，見周公之德，光明
于上下，勤施四方，旁作穆穆，至于海表，莫敢不來服，莫敢不來享，以勤
文天之鮮光，以揚武王之大訓，而下治。故曰："聖之與聖也，猶規之相周，
矩之相襲也。"」

此周圓之規矩，蓋即追念文、武之功，而宣揚周公成德之美也。

阮元引《尚書·大傳·周傳》云：

《書》曰：「乃女其悉自學功，悉，盡也；學，效也。」傳曰：「當
其效功也，於卜洛邑，營成周，改正朔，立宗廟，序祭祀，易犧牲，
制禮作樂，一統天下，合和四海，而致諸侯，莫不依紳端晚，以奉
祭祀者，其下莫不自悉以奉其祭祀者，此之謂也。廟者貌也，……
天下諸侯之悉來，進受命周公，而退見文、武之尸者，千七百七十
三諸侯，皆莫不磬折玉殞者，金聲玉色，然後周公與升歌而弦文、
武，諸侯在廟中者，仮然淵其志、和其情，愀然若復見文，武之身，……
故周人追祖文王而宗武王也，是故《周書》自〈大誓〉就〈召誥〉，
而盛于〈洛誥〉也。故其書曰：揚文武之德烈，奉對天命，和恆四
方民，是以見之也。」〔註66〕

然則周公之盡天下諸侯之志，效天下諸侯之功者，其規矩周圓，最能稱是。

〔註64〕《詩書古訓》卷五下，頁320。
〔註65〕參見李振興《尚書流衍及大義探討》，頁224。
〔註66〕《詩書古訓》卷五下，頁338。

孫星衍云：「武王既崩，周公乃營洛邑，如武王之志，居攝反政，不從武王兄弟相後之命，仁之至，義之盡也。」〔註67〕此「仁至義盡」者，一在如武王之志，一在居攝返政，未有廓公大懷者，恐無以任之，此乃見周公胸臆之寬廣矣！

〈洛誥〉云：「周公拜手稽首。」

阮元注云：

> 《白虎通·姓名》：必稽首何？敬之至也；頭至地何？以言首謂頭也；
> 所以拜手後稽首何？名順其文質也。《尚書》曰：「周公拜手稽首。」

此殷、周禮制之別。殷禮稽首後拜手，周禮先拜手後稽首；殷之禮拜，先稽首後拜，其喪拜，則先拜手而後稽首；周之禮拜，拜手後稽首，其喪拜，則稽顙而後拜，文質之異也。

又云：「朕復子明辟。」

阮元注云：

> 《漢書·王莽傳》：成王加元服，周公則致政。《書》曰：「朕復子明
> 辟。」周公常稱王命，專行不報，故言我復子明矣。

陳喬樅《今文尚書經說攷》云：

> 《韓詩外傳》曰：武王崩，成王幼，周公承文、武之業，履天子之
> 位，聽天子之政，抱成王，朝諸侯。成王壯周公致政北面事之。
> 《漢書·王莽傳》：羲和、劉歆與博士諸儒七十八人皆曰：「居攝之
> 義，所以統立天功，興崇帝道，成就法度，安輯海內也。昔成湯既
> 歿而太子蚤夭，其子太甲幼少不明，伊尹放諸桐宮而居攝以興殷道；
> 周武王既歿，周道未成，成王幼少，周公屏成王而居攝以成周道，
> 是以殷有翼翼之化，周有刑錯之功。」〔註68〕

《後漢書·桓帝》詔曰：「遠覽復子明辟之義。」注云：「復，還也；子，謂成王也；辟，君也。」謂周公攝政已久，還明君之政於成王也。故與殷相較，伊尹有翼翼之化，周公則有刑錯之功矣。

又云：「王肇稱殷禮，祀于新邑。」

阮元注云：

〔註67〕孫星衍《尚書今古文注疏》，頁 295。
〔註68〕陳喬樅《今文尚書經說考》二十一，《皇清經解》，頁 1231。

> 《白虎通·禮樂》：王者始起，何用正民，以爲且用先王之禮樂，天
> 下太平，乃更制作焉。《書》曰：「肇修稱殷禮，祀新邑。」此言太
> 平去殷禮。

孫星衍《尚書今古文注疏》注云：

> 鄭康成曰：王者未制禮，恆用先王之禮樂。伐紂以來，皆用殷之禮
> 樂，非始成王用之也。周公制禮樂既成，不使成王即用周禮，仍令
> 用殷禮者，欲待明年即政，告神受職，然後班行周禮，班訖，始得
> 用周禮故告神且用殷禮也。

疏云：

> 周公制禮既成者，《大傳》云：「周公攝六年，制禮作樂，七年致政
> 成王。」若然，則此時致政矣。而鄭又云欲待明年即政者，此篇末
> 云：「王在新邑烝。」《漢書·曆律志》引其文，以爲十二月戊辰晦，
> 周公反政。是周公反政在是年年終，則成王即政，在明年歲首，故
> 云「明年即政」也。〔註69〕

周公欲成王仍肇殷禮者，必若鄭康成所謂「不使成王即用周禮，仍令用殷禮
者，欲待明年還政，告神受職，然後班行周禮。」則周公反政當於六年十二
月戊辰，爲是年年終，明年歲首，成王即政，祀新邑，即「太平去殷禮」之
謂，則周公於是時，功成名退，周圓適洽，當如孔子所贊：「周公之德，光明
于上下，勤施四方，旁作穆穆，至于海表。」而美德永厺矣。

（二）地理考辨例

清學所重在實證，地理之考辨爲清學者一緊要課題。於輿地察考概出之以
精確，若〈禹貢〉之考，覃研者不乏其人，此如《四庫全書》載：宋毛晃《禹
貢指南》四卷、程大昌《禹貢論》五卷、《後論》一卷、傅寅《禹貢說斷》四卷
及清朱鶴齡《禹貢長箋》十二卷、胡渭《禹貢錐指》二十卷、《圖》一卷、蔣廷
錫《尚書地理今釋》一卷、徐文靖《禹貢會箋》十二卷；就中胡、蔣之作亦載
於《皇清經解》，胡氏之作則合圖文爲二十一卷，再者《經解》尚載程瑤田《禹
貢三江考》三卷；而《續皇清經解》則載：焦循《禹貢鄭注釋》二卷、丁晏《禹
貢錐指正誤》一卷、陳澧《禹貢圖》一卷、何秋濤《禹貢鄭氏略例》一卷、倪
文蔚《禹貢說》一卷、成蓉鏡《禹貢三義疏》三卷；諸作於地理考辨，均甚精

〔註69〕孫星衍《尚書今古文注疏》卷五下，頁301。

詳，而胡渭之《錐指》、程瑤田之《三江考》，於阮元之〈東陵考〉、〈浙江圖考〉、〈雲南黑水解〉諸文，皆具裨補之效。至於阮氏諸文，所以撰作，旨意所屬，厥在：正用名之訛、辨古注之非、考舊說之實，茲略述如下：

1. 正用名之訛

地理名詞，自昔以來，皆相沿成襲，少有訾議；然一、二地名，雖為約定成俗，仍有不符其實之事，故必須有所辨明，此即阮元端正地名之所由，而此正名之作，〈禹貢東陵考〉可以見之。論及〈東陵考〉之作，當自〈浙江考〉（下文述之）而來，阮元之意，蓋以〈東陵〉之名，雖江水順九江而至之地，然其位置或有差異，昔言〈禹貢〉者，皆未嘗語其是非，阮元則以為「東陵」乃「廣陵」之訛，特加辨正。

《尚書‧禹貢》載：

> ……嶓冢導漾，東流為漢，又東為滄浪之水，過三澨，至于大別，南入于江；東匯澤為彭蠡，東為北江，入于海。岷山導江，東別為沱，又東至于澧，過九江，至于「東陵」東迆北會于匯，東為中江，入于海。

而「東陵」者，屈萬里先生引蔡沈《書集傳》謂：「東陵，巴陵也。今岳州巴陵縣也。」蓋即今湖南之岳陽縣也。〔註70〕

孫星衍疏「過九江，至于東陵」云：

> 〈地理志〉：「廬江金蘭西北，有東陵鄉。」《水經》禹貢山水澤地所在云：「東陵在廬江金蘭縣西北。」《水經注》：「江水又西北，逕下雉縣。江水又東，右得蘭溪水口；又東左得青林口。江水左傍青林，湖水出廬江郡之東陵鄉，江夏有西陵縣，故是言東矣，《尚書》云：〝江水過九江，至於東陵者也。〞西南流水積為湖，湖上有青杜山。」「下雉」在今湖北興國州東南。《水經‧決水注》云：「灌水導源廬江金蘭縣西北東陵鄉大山。」錢氏坫曰：「大蘇山即東陵，在今河南固始縣南」〔註71〕

屈氏引蔡沈說，謂「東陵」為今湖南之岳陽縣；孫氏引錢坫說，謂「東陵」為今河南之固始縣南，同為地名，說者不一。阮元則依經歷所至，以為「東陵」，非湖南之東陵，亦非河南之東陵，乃揚州屬，廬州府之舒城縣也。

〔註70〕屈萬里《尚書今註今釋》，頁44。
〔註71〕孫星衍《尚書今古文注疏》，頁143、144。

所據之理：

（1）嘉慶十二年間，予在墓廬爲卜葬之事，西上治山，見所謂廣陵者矣。十三年，由汴梁過臨淮，逾清流關嶺，更見廣陵者矣。十八年，由江寧溯江至池州西江，乃曉然于〈禹貢〉「至于東陵東迆」六字，爲何不易。

（2）「廣陵」即東陵，後人誤之久矣。晉以後，誤解北會於匯之匯爲彭蠡，勢不得不在湖口彭澤以上求東迆、求東陵。不知大江之勢，自武昌至彭澤，皆正東流，惟過彭澤，由望江向安慶池州蕪湖，以至江寧，皆東北流，此禹所以稱爲北江也。

（按：地球度數由西南向東北斜角，歷南北經度，將及三度，非比由武昌至彭澤，自正西至正東，緯度平行也。且名曰東陵，自應在九州之東，若在彭蠡以上，則荊州界內，不當云東矣。）

（3）東迆之處，即在池州古石城，由石城而趨震澤，實是正東流。（由池州至震澤，正循緯度平行而東）〈禹貢〉于東迆之上，書曰「至于東陵。」是以東陵定東迆之地，後人既見東迆之地，即當于相近之地，求所謂東陵者，晉人誤以東迆在彭蠡之上，歲失東陵之名，不知《漢書·地理志·廬江郡下》班氏自注云：「金蘭西有東陵，淮水出，屬揚州廬江，出陵陽東南，北入江。（由江之北岸入江，故曰北。）」此乃漢人之說，最爲明白可據者也。

阮元以爲今之「東陵」，乃晉以後人誤以江之匯彭蠡，而往上東迆，不知大江之勢乃自彭澤正東流，此一朝偏北，一朝正東，則地之確鑿所在，乃不知所從矣。而取班氏之言，必以漢人之說較晉人可信，故謂「最爲明白可據」者也。

（4）計東陵之大，非一、二邑所可盡，陵之爲形，乃長山之形，其脊棱棱然，綿延而行，水分兩地而流，方稱其名，今廬州府舒城縣應即是東陵之首，過此以東爲滁州清流關，嶺脊最高，再東則六合天長，以至揚州甘泉江都，始爲東陵盡處。試觀此陵綿延數百里，其脊分南北，脊南之水，皆入于江脊北水，皆入于淮，界限分明，雖起伏高低，或有平衍之處，而以分水之法測之，則瞭然可見也。

（5）予出揚州西門，至古井寺、陳家集橫山、冶山，見一路皆有
　　嶺脊之形，問之農夫，皆言嶺脊雨水，南則入江，北則入湖，
　　再由冶山至棠山以上，直接滁山皆然，滁之清流，其形最顯，
　　此揚州之所以名曰「廣陵」。

謂「東陵」即「廣陵」，阮元一則親登嶺脊，一則詳問野老，以爲印證，所求乃在實情，此當非紙面訴說者可比；最後之結，得揚州名「廣陵」之由來，語意乃堅定而明確。

（6）……予讀《爾雅》各陵矣，注者唯以西隃雁門爲北陵可攷，餘
　　皆不能確有所指。予十至年至山西，稽問西隃雁門之陵，橫互
　　塞門數百里，是非一、二邑地所可盡，與東陵同。「東陵」二
　　字，見于《爾雅》，又見于〈禹貢〉，必非舒廬之間一山所能當
　　此，此非今由廬州至滁洲、揚洲之「廣陵」而何？《爾雅》曰：
　　「東陵阨」。「阨」之一字迷失數千載，乃吾鄉大山之主名，北
　　江之北，東陵之東，吾所居也。〔註72〕

先生以所居之地，指出廣陵所在，以廬州至滁州，揚州之地爲〈禹貢〉之東陵，此足更正晉以來用名之訛，且因於親身察考，當能糾蔡氏、錢氏之失，使「迷失數千載」之地，一朝得其正名。

2. 辨舊注之非

「浙江」一詞，《初學記》引僞鄭康成書注、韋昭《國語》注、酈道元《水經注》、庾仲初《吳都賦注》皆以浙江爲「漸江穀水」，〔註73〕阮元則以爲此「浙江」即岷江，且特引圖說，證〈禹貢〉三江之主流乃今之岷江，舊說或有誤也。

〈禹貢〉云：「淮海惟揚州，彭蠡既豬，陽鳥攸居，三江既入，震澤底定。」

「彭蠡既豬，陽鳥攸居。」

孔穎達疏云：

　　「彭蠡」是江漢合處。下云：導瀁水南入于江，東匯爲彭蠡是也。

〔註72〕《揅經室一集》卷四，頁 65、67。
〔註73〕〈地理志〉舊以「浙江」爲「漸水」，外名「漸江」以其江流曲折如之字，故
　　　又曰「之江」，又曰「曲江」。有二源：北源曰新安江，南源爲蘭江，二在建
　　　德縣城東南相合，北流乃稱浙江。阮元則以此說爲非是，而以岷江爲是，且
　　　引圖證之。

而「三江既入，震澤底定。」句

孔安國傳云：

> 「震澤」，南大湖名，言三江已入，致定爲震澤。

> 又：「三江」，韋昭云：「謂吳松江、錢塘江也。」《吳地記》云：「松江東北行十里，得三江口，東北入海爲婁江；東南入海爲東江；并松江爲三江。」

孔穎達疏云：

> 〈地理志〉云：「會稽吳縣，故周泰伯所封國也。」其區在西，古文以爲震澤是吳南大名，蓋縣洽居澤之東北，故孔傳言南，志言西大澤畜水南方，名之曰「湖」；三江既入此湖也，治水致功，今江入此澤，故致定爲「震澤」也。下傳云：「自彭蠡，江分爲三，入震澤，是爲北江而入海。」是孔意：江從彭蠡爲三，又共入震澤，從震澤復分爲三，乃入海。

> 鄭云：「三江分於澎蠡爲三孔，東入海。」其意言三江既入海耳，不入震澤也。〔註74〕

又：「……過三澨，至於大別，南入于江，東匯爲彭蠡，東爲北江，入于海，岷山導江，東別爲沱，又東至于澧，……東爲中江，入于海。」

孔穎達疏云：

> 正義曰：鄭云：「東迤者爲南江。〈地理志〉云："南江，從會稽吳縣南，東入海；中江，從丹陽蕉湖縣西，東至陽羨縣東入海；北江，從會稽比陵縣北，東入海。"」

則「三江」之名，始於此也；而阮元之亟欲探討者，乃在鄭注所謂「三江既入，入海耳，不入震澤也。」之言，究爲是，亦或非也。

阮元云：

> 元案：三江之名，自〈禹貢〉始，〈職方氏〉、《國語》之三江，即〈禹貢〉之三江也。兩漢之解三江者，若班氏《漢書・地理志》、桑氏《水經》、許氏《說文解字》合；以《左氏傳》、《史記》諸書證之，無不合。鄭氏《尚書注》，世已殘闕，見諸《正義》所引者，正合於班氏之說。其注「三江既入」云：「三江分於彭蠡爲三孔，

〔註74〕《十三經注疏・尚書》，頁182。

東入海。」云分於彭蠡，則非分於震澤，後之以松江、婁江、東江為三江者，不得附之也。且云：「分於彭蠡為三孔」，則非合於彭蠡而為一孔，後之以合漢為北江，合彭蠡為南江者，不得托之也。且云：「東入海」，則非三江入震澤，亦彭蠡與漢入三江。孔傳以「既入」為入震澤，固殊鄭氏之恉，蘇軾以豫章江入彭澤入為南江，尤非鄭氏之恉也。〔註75〕

阮元以為孔傳言「既入」，為「入震澤」且以鄭注同班氏說，三江乃分於彭蠡，為三孔，東入海。而以孔、鄭說或為非是。又以蘇軾之以豫江入彭澤，入海，乃非鄭氏之說，則必蘇氏之說亦非也。至於三江之關健，別異所在，厥在南江，因江之匯流出入，引出古今異說，此即阮元所以辨析之由。

又云：

鄭氏注東迤，北會于匯，云東迤者為「南江」，言「東迤」者，則鄭氏讀「〈禹貢〉東迤」為句也。三江之中，惟南江之勢，北會于具區，所謂會于「匯」也；若彭蠡在江之南，無所謂北匯矣。……〈禹貢〉有中江、北江，無南江之名。「南江」始見於《班志》，鄭注東迤者為南江，用班氏「南江」之名，與中江北江為三江也。《班志》「南江」分自石城，「中江」分自蕪湖，石城、蕪湖在彭蠡東，故曰：「分自彭蠡。」亦所以釋經言「三江於彭蠡既豬之下也。」分自彭蠡，則彭蠡以西猶未分，知以「漢」入「江」為北江，鄭必不作此說也。江水自「石城」分為南江，正是東迤，南江自吳縣入具區，具區在北，正是北會于「匯」；《班志》曰：「南江在南」，鄭注云：「東迤者為南江。」其義一也。《班志》言「北江至江都入海，中江至陽羨入海，南江至餘姚入海。」即鄭云：「三孔入於海也。」……《正義》雖主《偽孔傳》，乃引〈地理志〉以證三江，與漢儒所說固無悖耳。〔註76〕

依阮氏之言，則：一、偽孔傳與〈漢志〉、鄭說無悖；皆以三江為北、中、之江，言「南江」者，蓋以江在「彭蠡」（鄱陽湖）之東，即鄭注所謂「東迤」也；又以江自「石城」而南，蓋所謂之南江也。而此「東迤為南江者」，孫星衍引〈地理志〉云：丹陽郡石城分江水，東至餘姚入海，會稽郡吳縣；南江在南，東入海。《水經・沔水注》水東至石城縣分為二：其一東北流，注云：

〔註75〕《揅經室一集》卷十二，頁251。
〔註76〕《揅經室一集》卷十二，頁252。

〈地理志〉曰：江水自石城東出，逕吳國南爲南江，江水自石城東入爲貴口，東逕宣城之臨城縣南，又東逕安吳縣，又東逕寧國縣南，安吉縣北，又東北爲長瀆，歷湖口南江，東注於具區，謂之五湖口，據此，則鄭以會于「匯」爲入於具區也。〔註77〕孫氏之說，當同《漢志》與鄭注。阮元又云：

> 元案：兩漢之說三江者，無有異；惟三國時吳韋昭注《國語》「三江環之」，以三江爲松江、浙江、浦陽江。《水經注》及宋庠《補立本》皆作「浙江」，此《釋文》及《史記》索隱作「錢塘江」，蓋唐初人已不辨浙之非「漸」，因其時稱錢塘江爲浙江，遂改稱爲「錢塘」耳，顧夷與庾仲初同爲晉人，其說酈道元已駁破之，郭景純生韋昭之後，而其說「三江」，則仍班氏舊說，以爲岷江、松江、浙江，惜其書不存，不知其詳耳（庾仲初、郭景純之說，並見《水經注》）。

「三江」之說，漢、晉以來，互有異說：兩漢以後，晉之郭璞、魏之酈道元、唐之孔穎達，皆本《班志》，謂「三江」者，乃以岷江爲北江，松江爲中江，浙江爲南江；而韋昭、庾仲初則謂「三江」，乃吳松江、錢塘江、浦陽江，後宋蔡沈《書集傳》宗韋、庾之三江，而《班志》之三江遂矣。至蘇軾《書傳》宗《班志》，而北、中、南三江之說復顯矣。

蘇軾《書傳》曰：

> 三江之入，古今皆不明，予以所見攷之，自豫章而下，入於彭蠡而東至海，爲南江；自岷山至於九江、彭蠡以入於海，爲中江；自番導漾，東流爲漢，過三澨大別以入於江，東匯爲彭蠡，以入於海，爲北江，此三江自彭蠡以上爲二，自夏口以上爲三江，江漢合於夏口，而與豫章之江皆匯於彭蠡，則三江爲一，過秣陵（江寧縣，約今南京市近郊）京口以入於海，不復爲三矣。〔註78〕

此蘇氏以「三江」者，爲南江、中江、北江之三水，爲先分而後合，終則匯於秣陵（南京近郊）京口，入於海；

〔註77〕孫星衍《尚書今古文注疏》，頁144。

〔註78〕《揅經室一集》卷十二，引蘇軾《書傳》論「三江之入」，頁254。

而三江中，其南江者，乃自豫章（南昌）而下，入彭蠡（鄱陽湖）而東至海。

胡渭《禹貢錐指》亦贊蘇氏之說，謂：

> 蘇氏三江之說，人或疑之，及閱徐堅《初學記》引鄭康成書注以證三江曰：「左合漢爲北江，右會彭蠡爲南江，岷江居其中，則爲中江。」故《書》稱東爲中江者，明岷江至彭蠡與南北合，始得稱中也。始知蘇氏所說，東漢時，固已有之。〔註79〕

以圖爲證：（見 268 頁圖）

依圖，「江漢合流」，江爲中江，漢爲北江，而贛水名豫章水，是爲南江。此胡氏同蘇氏，亦與鄭氏無異。阮元則以此乃僞鄭注，而未以爲是：

> 元案：取爲鄭注以證蘇氏之說，實始於此。《初學記》並稱鄭元、孔安國注，胐明則專稱鄭康成注，後人不深攷，遂以眞鄭注矣。《初學記》所引《漢書・地理志》與今《漢書志》全異，其說以岷江爲大江，至九江爲中江，至徐陵爲北江，徐陵當是廣陵（揚州），亦合三江爲一江，是班志、鄭注、孔注皆同於蘇氏矣。幸而班志全在，不然不亦將與鄭氏同枉乎！知引班志之非班，即知引鄭注之非鄭矣。
> 〔註80〕

以徐堅《初學記》、並言鄭元、孔安國注云：左合漢爲北江，會彭蠡爲南江，岷江居其中，則爲中江，故《書》稱東爲中江者，明岷江至彭與南北合，始得稱中也，此謂南北中三江，分於彭蠡以下，鄭、孔大意如此，即蘇說亦如此，胡渭承諸氏之說，以圖爲言，說復如此；阮元則引王鳴盛《尙書後案》以爲「三江實一江」，又以胡氏之言，或有疵誤，而有所批駁：

胡渭云：

> 《漢志・丹陽石城縣》下云：分江水，首受江東至餘姚入海，過郡二千二百里（石城縣故城在今池州府貴池縣西七十里）。此即南江之源委，過郡二，謂丹陽、會稽也；其在吳縣南首，即吳松江，乃中江之下流。班氏不知分江水至餘姚入海者，即古之「南江」，遂誤以松江當之耳；《水經》沔水與江合流，又東過彭蠡，又東北出居巢縣南，又東至石城縣，分爲二：其一過比陵縣北爲北江，其一爲南江（《地理志》曰：江水自石城東出，逕吳國南爲南江。按志以分江水

〔註79〕胡渭《禹貢錐指》卷三十三，《皇清經解》，頁 1442。

〔註80〕《揅經室一集》卷十二，頁 258。

繫石城、南江繫吳縣，至酈道元始貫穿爲一）。南江東與貴長池水合，又東逕宣城之臨城縣南，又東合涇水（韋昭云：派水出蕪湖），又東與桐水合，又東旋谿水注之。

又東北爲長瀆歷湖口。

自注云：

南江東注于具區，謂之五湖口。按：經文此下有東則江出焉，江水分謂之三江口，蓋注也、而混入于江，何以知之？南江既入太湖而東爲松江，則無更從餘姚入海之理，故知酈道元曲爲此說以應《漢志》；南江在吳南之交也。

又：東至會稽餘姚縣，東入於海。

自注云：

今餘暨之南，餘姚西北，浙江與浦陽江同會歸海，但水名已殊，非班固所謂「南江」也。郭景純曰：三江者，岷江、松江、浙江也。然浙江出南蠻中，不與岷江同，作者述誌，多言江水至山陰爲浙江，今南江枝分，歷烏程縣南，通餘姚縣，則與浙江合，故闞駰《十三州志》曰：江水至會稽與浙江合也。按：餘杭乃姚字之誤，班固所謂「南江」者，實「松江」也。或以爲北江大謬。〔註81〕

阮元於胡氏之說，則未以爲然，語亦駁斥：

元案：三江原委，莫詳於《班志》，所云「揚州川」，即〈職方氏〉之說，亦即〈禹貢·揚州〉「三江既入」也。胡朏明（渭）《禹貢錐指》謂「南江」在吳縣南者，自爲松江之下流，與分江水由餘姚入海者二；又謂分江水爲南江，在吳南者爲中江，斥班氏爲誤。朏明所謂分江水者，乃據《水經》所云「由烏程（今浙江吳興縣）合浙江之枝流」，然酈道元引《地理志》則通之云「江水自石城（今浙江紹興縣）東東出，逕吳國南，爲南江。」是謂石城之水即東南之水，而不以烏程之水南江之水，奈何拾酈氏所謂南江枝流者，而以爲南江，且據以詆酈氏而斥班氏耶！〔註82〕

阮元以爲胡渭所云之南江，爲烏程之地，合浙江之支流，「烏程」者，即今浙江吳興縣；酈道元所云之南江，爲石城東出，逕吳國南。「石城」者，即今浙

〔註81〕 胡渭《禹貢錐指》卷三十三，《皇清經解》，頁 1443。
〔註82〕 《揅經室一集》卷十二，頁 260。

江紹興縣，二者位置不同，則胡氏詆班志、酈道元之失，終究不宣。然則南江如何而流？胡氏與班氏、酈道元，何者爲是？

阮元云：

> 夫班氏於〈湔氏道〉（四川首）記江水所出，且江都入海；與記分江水受江於石城，至餘姚（浙江紹興縣東北）入海之文同。……岷江自九江至江寧，爲自西南至東北，自江都（江蘇儀徵東北）至海門入海，又爲自西北至東南，廣陵國江都，地接高郵，疆界甚廣，故於毗陵記北江在北，所以明江至江都曲而東南，非由江都直而東北也，「南江」自石城至安吉（浙江武康縣西北），爲由西而少東北；自太湖至錢塘，爲自北而少西南；由錢塘至餘姚入海，又爲自西至東。

又云：

> 石城水原可直至餘姚入海，如酈氏所敍南江支流，逕由烏程（吳興）、餘杭，故於吳，記南江在南；所以明江至餘姚入海者，爲由太湖折而西南，又由錢塘折而東南，非自石城直注錢塘也；惟江至江都而曲，故廣陵之江曰「曲江」；惟江至吳南而折，故餘姚入海之江曰「浙江」，曲則還曲之義，折則方折矣。……班氏詳於南江、北江，而於中江則僅云「陽羨（江蘇宜興縣南）入海」，……故敍北江止於毗陵，敍中江止於陽羨，且曰南江在南，則中江必不在吳縣之南，曰北江在北，則中江必毗陵之北，而中江必在昆陵之南、吳之北，可知；北江以曲而詳，南江以折而詳。則中江必自陽羨直貫太湖，由婁縣（江蘇崑山縣東北）之地入海，又可知，此班氏之不詳而詳者也。漢時去禹二千年，太湖以東，尚荒斥如此，在禹之初，三江未入湖海之交，可想而知也。自湖水北洩於北江，南歸於南江，中注於中江，而後湖水底定，讀班氏之書，而禹功益彰。胡朏明謂江之不明，誤自班固始，余謂：三江得班氏而明，班志之不明，則誤自朏明始也。〔註83〕

阮元謂胡渭爲誤，實則亦謂蘇軾以上，乃至鄭康成、孔安國爲誤也。阮元之意，謂同王鳴盛「三江實一江」之言，則依江水圖（列後），必以此江爲岷江也，所謂三江者，當爲自岷江而分，此即〈浙江圖考〉所謂「北江者，

〔註83〕《揅經室一集》卷十二，頁262。

岷江由江寧、鎮江、丹徒、常州之北入海，即今揚州南大江也；中江者，岷江由高淳過五霸至常州府宜興縣入海者也；南江者，岷江由安徽池州府過寧國府、會太湖、過吳江石門，出仁和縣臨平半山之西南、折而東、而北、由餘姚北入海也。」且此與《漢書》、《說文》、《水經》之漸江（水）、穀水亦未同，實則漸江，乃酈道元《水經注》之「新安江」、穀水乃「信安江也。」〔註84〕故所謂之「浙江」非漸江，亦非穀水，當指岷江而言，而此岷江者，又爲南江之匯北江、中江。而爲一江也。此意與胡氏、鄭說當有別矣。今再觀《揅經室》所舉諸圖：

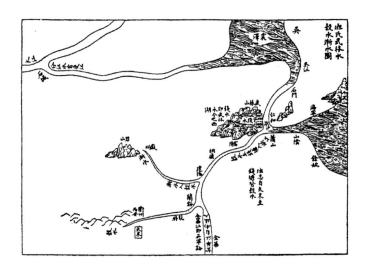

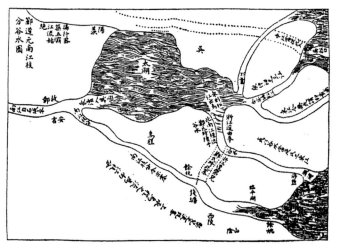

〔註84〕《揅經室一集》卷十二，頁 280、282。

此則班氏、酈道元之圖。惟阮元尙以酈道元爲有誤，其〈酈道元浙江穀水誤注圖〉列：

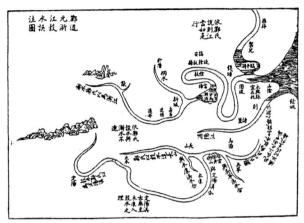

依此，則班氏之見，當先生所本，與胡氏之圖，必爲不同，雖其〈浙江圖考上〉贊《班志》等爲是，言《初學記》引僞鄭康成等爲非，〔註85〕實則乃駁胡渭也。至於程瑤田《禹貢三江考》之〈奉答阮中丞寄示浙江圖考書附及水地管見就正〉亦同阮元之見，以「漸江」非「浙江」，而以酈道元之說有值商榷；〔註86〕若夫「三江實一江」之說，程氏雖言及鄭注三江分于彭蠡爲三孔，東入海，爲未當，然於阮元之說，亦未必相信確鑿。〔註87〕無論如何，阮元之於古今注疏，見其得失，辨其正誤，而自有己見，其治經之不泥於古，可見一斑。

3. 考舊說之實

向之說經者，有以傳注解經，有以經解經，亦有以類書、方志解經者，阮元則以爲以經解經，以經文定經文，於經書理義較能發明，〈雲南黑水圖考〉即由此立意。

〔註85〕同上，240，阮元云：「班孟堅《漢書》、許叔重《說文》、孔疏所引眞鄭康成《書》注，桑欽《水經》諸說是也；《初學記》引僞鄭康成《書》注、韋昭《國語》注、酈道元《水經注》、庾仲初〈吳都賦〉注，諸說非也。以其說是者證之《禹貢》、《周禮》、《左傳》、《國語》、《越絕》、《史記》諸書，及各府縣地勢，無不合也；以其說之非者，證之諸書及今地勢，無不謬也。」惟此中先生必以《水經注》爲謬，而非以《水經》爲謬，則以地理水勢圖觀之，《水經注》固未嘗全謬也，先生「三江」之圖，概亦有取於酈氏矣。」

〔註86〕《皇清經解》卷五四四，頁2182。

〔註87〕同上，頁2161。

〈禹貢〉「黑水」有二：一在雍州，一在梁州，名同而地異（甘肅黑水相隔遠阻，斷不能通）。蓋黑水亦晦黑之義（非黑色）。海，晦也，故四海之稱，皆荒遠晦黑之義。〈禹貢〉之黑水，亦皆荒遠晦海之水之通名也。〈禹貢〉曰：「華陽黑水惟梁州。」此以東北華山、西南黑水，定梁州之域，此句經文，顯明可據，故梁州之域，必遠包滇池黑水以南，始合經文，若以今瀘水當之，則梁州祇有四川，不包雲南矣（淮海、揚州，一海字，遠包閩越，猶此黑水二字，遠包雲南也）。且瀘水即金沙江，即江水之上游，導江雖自岷山，岷山以上，禹時未曾別名黑水，猶之導河自積石，積石以上，未文不名河而別有名也。故華陽黑水惟梁州之黑水，集是導黑水入南之黑水，此水近在滇池之南，梁州之域可見矣。

又云：

〈禹貢〉曰：「導黑水，至于三危，入於南海。」此經文三句，朗如日星，求入南海之水于滇之南，今有三焉：南盤江由粵東入海；禮社江由交阯入海；瀾滄江由南堂入海，此三大水既南海，安得不謂之黑水反以不入南海之瀘當之乎！

又云：

吾固曰：「求導水之黑水不可得，當于入南海之水求之；求三危不可得（雍州三危與導水三危，亦名同地異），當于入南海之水上游求之。求華陽黑水之黑水不可得，即于經文入南海之黑水合之。然則今滇南入南海三上游之間（廣南、開化、臨安、普洱、順寧、永昌六府），非所謂三危歟！」〔註88〕

胡渭云：「導水九章，唯黑水原委杳無蹤跡；弱水自合黎以北、流沙以西亦難窮究，紛紛推測，終無確據，不如闕疑之為得也。」〔註89〕以黑水蹤跡杳無，故即以胡氏之究心〈禹貢〉者，亦以「闕疑」二字作結。阮元則以道光六年丙戌（1826，時年六十三）由兩廣總督調任雲貴總督，走馬上任之際，於滇、黔地理乃有所措意，故〈黑水考〉與駁李翱復性論之〈塔性說〉皆同時之作，駁〈塔性說〉撰於道光七年〔註90〕則〈黑水考〉作於此時無疑。再以「黑水」

〔註88〕《揅經室續集》卷一，頁34、35。
〔註89〕胡渭《禹貢錐指》卷二十七，《皇清經解》，頁1325。
〔註90〕《雷塘庵主弟子記》卷六，《阮元年譜》，頁156，阮福載庭訓云：「……塔性

原委，即精勘〈禹貢〉如胡氏者，皆有所闕疑而未深論，先生則詳考潛研，
以經而解，其意概因舊說以得其實。

　　阮元云：「〈禹貢〉「黑水」有二。」

　　〈禹貢〉云：「華陽黑水惟梁州。」

又云：「黑水西河惟雍州。」

　　就梁州「黑水」言，其載華陽黑水者，華陽，但仍華山之南；黑水，即
金沙江之謂。《禹貢錐指》言「黑水」，雖以隱然稱之，仍依地勢而尋其名，
故云：「梁州之黑水，漢時名瀘水，唐以後名金沙江。」蓋言梁州之域，北至
華山之陽，西南至黑水也。〔註91〕以其圖（一）例：

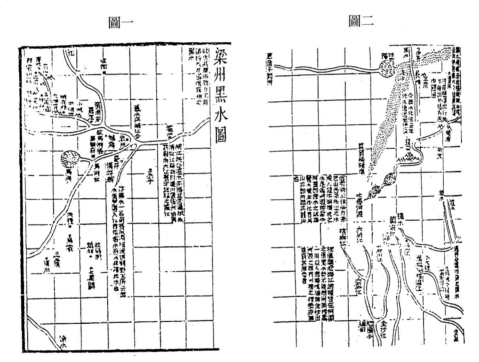

圖一　　　　　　　　　　　　　　圖二

　　再就雍州「黑水」言（見圖二），其載西河黑水者，《禹貢錐指》引傳曰：
「西距黑水，東據河，龍門之河在冀州西。」又引《正義》曰：「河在雍州之
東，而謂之西河者以冀州西界故。」胡渭則云「黑水」者：「《水經注》云：〝出
張掖雉山，南流至敦煌，過三危山，南流于南海。〞《括地志》云：〝源出伊

之說，本應載入〝性命古訓〞之後，…此筆也，非文也，更非古文也，將來
　姑收入〝續集〞而已。」
〔註91〕　《禹貢錐指》卷三十六，《皇清經解》，頁1498。

州伊吾縣北百二十里，南流絕。三危山在沙州敦煌縣東南四十里。〞二說未知孰是。」〔註92〕屈萬里先生引程發軔先生，《禹貢地理補義》謂此黑水，即今甘肅之黨河，而謂之西河者，乃今山西、陝西間黃河南北流之一段，〔註93〕則程氏之言地理位置當較胡氏為清晰。因之，就二圖言之，當如阮元所言，梁州黑水不同於雍州之黑水。

今者，再以「黑水」相論，阮元之「雲南黑水考」，關鍵所在，在於：《禹貢》曰：「導黑水，至于三危，入于南海。」者也。
孫星衍《尚書今古文注疏》引鄭康成注曰：

> 《地理志》：益州滇池有黑水祠，而不記此山水所在。地記曰：三危山在鳥鼠之西南，而南當岷山，又在積石之西南，當黑水祠，黑水山其南脅，今中國無也。

疏云：

> 「黑水」，《書》疏引酈道元《水經》：「黑水出張掖雞山，南流過敦煌，過三危山，南流入于南海。」《太平御覽》地部引張掖記曰：「黑水出縣界雞山，亦名元圃……即黑水也。」《史記正義》引《括地志》云：「黑水源出伊吾縣北百二十里，又南流二十里而絕。」「三危山」在河州敦縣東南四十里。案〈地理志〉有張掖縣，屬武威，《水經》所云張掖及張掖記，皆指郡境也，即今甘州府治。……三危山在敦煌，即今甘肅敦煌縣，黑水經此入南海即居延海之屬。《史記·大宛傳》索隱引太康地記云：「河北得水為河，塞外得水為海也。」故〈地理志〉「羌水谷」亦云：「北至武威入海，不謂大海也。」

此中所謂之「海」者，非大海之海，乃塞外之得水為海也，若以「海」為陸地外之大海，則失之矣。疏又云：

> 孔氏《書》疏以為「越河入海。」張守節以「南海」為揚州東大海，謂黑水合從黃河而行，合得入于南海俱失之矣。鄭氏亦謂中國無此河泥，地說三危在鳥屬西南，不用敦煌有三危之說也。考〈地理志〉張掖郡䩺得羌谷水，出羌中東北，至居延入海，其水逕甘州府城東北與山丹河合，又西北逕高臺縣東北，又東北流一千五百餘里入流沙，匯為二澤：東北為居延澤，疑羌谷水，即《水

〔註92〕同上，卷三十七，《經解》，頁 1519。
〔註93〕屈萬里《尚書今註今譯》，頁 40。

經注・張掖記》之所稱黑水也。《括地志》所云「伊吾縣」，今爲
「哈密」，出美瓜，《左傳》所謂瓜州允姓之戎所居，正三苗所竄
之「三危」，故《楚辭・天問》云：「黑水原趾，三危安在？」設
辭以問天，非竟不知其處也。

〈地理志〉與《括地志》之黑水，一記居延澤，一記伊吾縣，皆遠至新疆之
地，此與鄭康成所云：「益洲滇也」，到底不合。疏又云：

《書》疏云：「益州顛池有黑水祠」者，《地理志》益洲滇地有黑水
洞，求黑水之入南海，故及之，又以三危在鳥鼠之西南者，《漢書・
司馬相如傳》注引張揖曰：「三危山在鳥鼠之西，與岷山相近，黑水
出其南陂。」引此經，是與鄭說同也。云疑中國無此水者，甘肅之
黑水亦在塞外，鄭亦知絕遠，不足當雍梁黑水矣。〔註94〕

依上之說，則雍梁之黑水，非甘肅之黑水，亦非鄭氏所謂之黑水也。故圖二
所載之黑水，亦必非雲南之黑水，此「黑水」者，或如胡渭所言，渺而難知，
以是闕疑可也。今如依圖一觀之，則「梁州黑水圖」所繪之瀘水，阮元以爲
禹時未別名爲黑水，以其導江自岷山以上，禹雖未即時命名，然以江所涵之
域言，此「瀘水」者，實足以當之。再者，名「三危」者，阮元亦注云：「雍
州三危，與導水三危，亦名同地異。」則與鄭氏之三危有異；鄭氏所謂「三
危山，在鳥鼠之西南。」考「鳥鼠」者，《史記集解》引地理志謂「鳥鼠同穴」
之山，即今甘肅渭源縣西也。其南當岷山之地，即孫氏疏引張揖說：「三危山
在鳥鼠山之西，與岷山相近，黑水出其南陂。」之謂。而阮元之「三危」乃
在「今滇南入南海三水上游之間。」即注所云：「廣南、開化、臨安、普洱、
順寧、永昌六府」之地，與鄭氏、胡氏、孫氏之說，顯爲不同，且以爲「瀘
水」雖或爲「黑水」或爲經爲之別名，以其未入滇地，且未入南海，仍不得
稱「黑水」，而若「盤江」、「禮社江」、「瀾滄江」者，一由粵西入南海；一由
交阯入南海；一由南掌入南海（圖三），故皆謂之南海也。此爲阮氏之創舉，
與《禹貢》之黑水，明爲有異，和諸氏之說亦有別，是非也者，固難以定論，
由是先生於舊說掌故，實地詳考，且繪圖之證，〔註95〕信必有所穫！惟其說
是否必能推翻《禹貢》以來舊說，則又難言。

〔註94〕孫星衍《尚書今古文注疏》禹貢三下，頁137。
〔註95〕《揅經室續集》卷一，頁36。

圖三

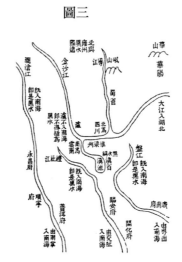

（三）天文曆象例

　　阮元之《書古訓》，致力於闡言故訓，考究輿地，之外，兼亦研及天文曆象。曆象即曆數，以之計歲令節氣，於曆法運作乃能得明確之見；雖《揅經室集》中，若此類撰作未多，所見僅《續集》載〈堯典四時：東作、南偽、西成、朔易解〉、〈日有食之不宜有解〉、〈與曾勉士（釗）論日月爲易書〉諸篇而已，後之二篇，抒論所寄，與〈堯典〉若有相符，仍宜歸之〈堯典〉，故所得者，僅〈堯典四時〉之作耳。篇章雖少，先生於此仍用力甚勤，細論此篇，再取《疇人傳》相關曆數互輔，則先生天文曆象之觀，亦能有所申述，乃能見先生之上窮天文，下至地理，包涵閎富。至於析論本節，不擬預設綱目，而逐段解析，且引昔賢之論以爲比較，今請先述〈堯典〉之作。

《尚書》〈堯典〉原文：

> 乃命羲和，欽若昊天；曆象日月星辰，敬授人時。乃命羲仲，宅嵎夷，曰暘谷。寅賓出日，平秩東作；日中、星鳥，以殷仲春。厥民析；鳥獸孳尾。申命羲叔，宅南。交平秩南訛；敬致。日永、星火，以正仲夏。厥民因：鳥獸希革。分命和仲，宅西，曰昧谷。寅餞納日，平秩西成；宵中、星虛，以殷仲秋。厥民夷；鳥獸毛毨。申命和叔，宅朔方，曰幽都。平在朔易；日短、星昴，以正仲冬。厥民隩：鳥獸氄毛。帝曰：「咨！汝羲暨和。期三百有六旬有六日，以閏月定四時成歲。」允釐百工，庶績咸熙。

此文當爲阮元〈堯典〉說之所自，然阮氏所言，非〈堯典〉全數之段落，乃

斷其中章句而言之。此即：

1.「分命羲仲，宅嵎夷，曰暘谷。寅賓出日，平秩南訛。」
2.「申命羲叔，宅南交。平秩南訛。」
3.「分命和仲，宅西，曰昧谷。」
4.「申命和叔，宅朔方，曰幽都。平在朔易。」

合而言之，即阮元所謂：

> 〈堯典〉宅嵎夷，曰暘谷。寅賓出日，平秩東作；宅南，交平秩南訛。
> （鄭康成本作僞）敬致宅西，曰昧谷。寅餞納日，平秩西成；宅朔方，
> 曰幽都。平在朔易。按此經文，春十四字，夏九字，秋十三字，冬十
> 字。有互文見義者，有變文見義者，有省文者，不必定相齊比。

〈堯典・乃命羲和〉，為散文句式，本即無互文、變文、省文之意，此或阮元
勉強之說耳。

又云：

> 經文於夏秋著宅南宅西之字，不言宅東宅北；秋則「西」字兩見，
> 春則「東」字一見；夏則「南」字兩見，冬無北字而兩著「朔」字；
> 夏言「交」言「致」，冬言「朔」言「易」，三時（春、夏、秋）皆
> 言「平秩」，而冬獨言「平在」。

「平秩」之平與「伻」同義，使也；「秩」謂程課，猶言「治理」；「平在」之
「在」，《爾雅・釋詁》云：「在，察也。」是「平秩」平察、二者意為相近。
阮元謂三時言平秩，冬言平在，猶察治「春分」、「夏至」、「秋分」、「冬至」
之節令，由此分釐，則阮元曆象之意，即有所明。

1.「春分」解

(1) 謂之「嵎夷」、「暘谷」者

孔傳：「東表之地，稱嵎夷。暘，明也，日出於谷而天下明，故稱暘谷。
暘谷、嵎夷一也。」孔穎達疏：「嵎音隅，馬曰：海嵎也。夷，萊夷也，《尚
書考・靈耀》及《史記》作〝禺銕〞。……馬云：暘谷，海嵎夷之地名。」傳、
疏之述，僅云「嵎夷」、「暘谷」為地名，未知當於何處。

孫星衍云：

> 《書》疏云：「使居東方嵎夷之地。」又引王肅云：「皆居京師而治之，
> 亦有時述職。」俱非也。史公說宅為居者。《釋言》云：「嵎為郁者，
> 聲之緩急。」暘谷為湯谷者，《史記索隱》云：「《史記》舊本作湯谷，

今並依《尚書》字，則後人改爲暘谷也。」……《説文》云：「喁夷
在冀州陽谷，立春日，日值而出。」「暘」《説文》作「崵」，云：「崵
山在遼西，一曰喁夷，暘谷也。」案：《史記・夏本紀》「喁夷既略。」
索隱云：「按文尚書及帝命驗，並作〝歔鐵〞，在遼西。」則今文以此
喁夷之地在遼西。《後漢書・東夷傳》說「夷」有九種，云：「昔帝堯
命羲仲宅喁夷，曰暘谷。蓋日之所出也，亦以爲遼海之地；崵谷即首
陽山谷，今永平府是其地，與馬說青州之喁夷異也。」〔註96〕

孫氏引《後漢書》言「喁夷」，於遼海之地，意較言「遼西」者切當；惟謂「暘
谷」爲首陽山，《清一統志》謂《説文》之首陽山在今河北省盧龍縣東南，則
「喁夷」、「暘谷」爲二處，與「宅喁夷，曰暘谷」之意顯不合。

胡渭《禹貢錐指》「喁夷既略」云：

蓋謂石之功畢，禹即東行至遼東，經略喁夷，然後渡海而南治濰淄
二水也。〔註97〕

胡氏言「喁夷」遼海之地，此爲日出之處，似較宜。

屈萬里先生則謂：「喁夷，地名，在東海濱。暘谷，地名。」〔註98〕雖未
確定「喁夷」之處，然言東海濱，則近胡渭之說，至言「暘谷」爲地名者，
意當與孫氏近，則日出於海喁可知。

（2）謂之「寅賓出日，平秩南訛」者

阮元云：

平秩者，謂日躔分節氣，而次弟出于東，次弟交于南，次弟入于西。

自注云：

……《大戴記》孔子言曆有順逆，「順逆」即南北朝言盈縮之法，
亦即西洋言高卑之法，二分二至漸爲次弟，一月有一月之盈縮次
弟，一節有一節之高卑次弟，一日有一日之交易次弟，所以辯秩也。

〔註99〕

阮元云：「此爲辯秩之法最古者。」然細觀之，實亦無以知其意之所在。而注
疏中若：孔傳云：「寅，敬；賓，導；秩，序也。」歲起於東而始就耕，謂之

〔註96〕孫星衍《尚書今古文注疏》，頁10。
〔註97〕《皇清經解》，頁1410。
〔註98〕屈萬里《尚書今註今譯》，頁4。
〔註99〕《揅經室續集》卷一，頁2。

東作。〔註100〕

孫星衍注云：

> 史遷「寅賓」作敬道，平秩作便程，下同。馬融曰：「賓，從也；苹，
> 使也。」鄭康成曰：「謂春分，朝日作生，平一作辨，秩一作豐。」
> 〔註101〕

劉逢祿亦云：

> 《釋文》寅，以眞反，又音夷，下同。賓，如字，音殯；平，如字，
> 馬作苹。又云：《說文》「豐」部，豐（音秩）爵之次弟也，從豐從
> 弟。〈虞書〉曰：「平豐東作。」謹案：《史記》作「敬道日出，便程
> 東作。」索隱《尚書大傳》曰：「便秩東作。」〔註102〕

屈萬里先生云：

> 寅，敬。賓，與儐同義，引導也。此謂晨時向育敬禮。以引導其升
> 出。平與伻同義，使也。秩，謂程課；猶言治理。按：五行家以東
> 方配春：東作即春作，謂春日之農作也。此言使民治其春作。〔註103〕

眾說以屈氏之言最簡易。「寅賓出日，平秩東作。」爲人君敬謹迎接旭日升天，
使民人戮力春之農作耳。本無難處，眾說引據過多，意反晦澀。再者，鄭康
成云及「春分」之說，謂「朝日作升」，則此中當有眞意。

（3）謂之「日中星鳥以殷仲春」者

阮元云：

> 如東作、西成、南僞，但言農事，則覘星務農，愚夫婦人皆能之，
> 何用義和遠出乎！農事別有稷官，豈義和之職乎！

則阮元以爲義和之官非關農事，而主天象也。然「日中、星鳥，以殷仲春」
之說，阮氏僅一語帶過，未嘗明言。

觀「日中」者：

> 馬融曰：「日中宵中者，日見之漏，與不見者其也；古制，刻漏晝夜
> 百刻，晝長六十刻，夜短四十刻，夜長六十刻，晝中五十刻，夜亦五
> 十刻。」鄭康成曰：「日中宵中者，日見之漏，與不見者齊也。」

〔註100〕《十三經注疏‧尚書》，頁21。
〔註101〕孫星衍《尚書今古文注疏》，頁10。
〔註102〕劉逢祿《尚書今古文集解》，頁1，《皇清經解續編》，頁261。
〔註103〕屈萬里《尚書今註今譯》，頁4。

孫星衍疏云：

> 日中者，〈月令〉：「仲春之月，日夜分開。」《開元占經》引張衡《渾儀注》云：「春分秋分，日在黃赤二道之交，中去極俱九十一度少強，出卯入酉，晝行地上，夜行地下，俱一百八十度半強。」……以漏刻分晝夜者，《後漢書·律曆志》云：「孔壺爲漏，浮箭爲刻，下漏數刻，以考中星，昏明生焉。」〈樂記〉云：「百度得數而有常。」注云：「百度，百刻也。言日月晝夜，不失正也。是『漏刻』本古制也。……〈月令〉疏引鄭注《尚書》云：「日月之漏，五十五刻；不見之漏，死四十五刻。」與《詩》疏異者，〈月令〉疏云：「馬據日出日入爲限。」〔註104〕

中，爲均等之意，日中，即日夜之長均等，當如馬、鄭所言：「日見之漏，與不見者齊也。」此指春分時言，云刻漏之度，乃漢計時之法。

盛大令《尚書釋天》云：

> 《欽定協紀辨方》書日出入之早晚、晝夜永短所由分也。而早晚之故，一由於人居之有南北，蓋日行黃道與赤道斜交二分，日行正當交點，與地平交於卯西，地平上下之度相等，故晝夜適均，所謂日中、宵中也。〔註105〕

引圖爲示：

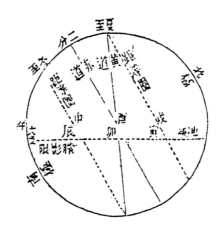

此即「黃道與赤道斜交二分，日行正當交點，與地平交於卯西，地平上下之度相等，故晝夜適均，所謂日中、宵中」之意，亦即春分、秋分也。

〔註104〕孫星衍《尚書今古文注疏》，頁11。
〔註105〕盛大令《尚書釋天》，《皇清經解》卷四百六十八，頁201。

又觀「星鳥以殷仲春」者：

> 史遷：「仲」作中，下同。

> 馬融、鄭康成皆曰：「星鳥星火。」謂正南方，春分之昏；七星中，仲夏之昏，心星中，秋分之昏；虛星中，冬至之昏，昴星中，皆舉正中之星，不爲一方盡見，舉仲月以統一時。

> 《詩・七月》疏引鄭康成曰：「星鳥，鶉火之方。殷，中木，春秋言溫涼也。」

孫星衍疏云：

> 經言星鳥者，「鳥」謂朱雀南方之宿。《大傳》云：「主春者，張昏中。」又云：「天子南面而視四星之中。」故說經者，知是昏中于南方也。……高誘注《淮南・主術訓》云：「三月昏張，其星中于南方。」「張」，南方朱鳥之宿也。〈月令〉「季春之月，昏七星中。」七星者，《天官書》云：「七星頸，即鳥之頸。」經云：「星鳥昏中，爲仲春。」〈月令〉爲春季。仲春昏弧中者，〈月令〉疏云：「弧星近井。」如鄭康成之意；南方七宿，總爲鳥星，井星即鳥星之分，故云星鳥，與此同也。春分之昏，斗指卯，角亢在卯，則井星、柳星、張，鄭在南方也。……以星鳥爲七星者，柳七星即鳥之體，在七星中，故曰：「正中」。〔註106〕

孫氏之解「仲月」及「鶉火」，以其與本章無關，故省。由是，亦知謂爲「鳥」者，乃南方七宿之總名。「星鳥」者，即春分初昏時，鳥之七宿畢見。言「殷」者，蓋求其定準之意；因之，謂「日中、星鳥，以殷仲春。」即以日中及星鳥，以定準仲春時節。而盛大令之「春分」圖，猶是一證也。

2. 「夏至」解

「宅南交，平秩南訛」

阮元云：

> 今《尚書》作南訛，乃東晉人所改，漢《尚書》作「南爲」，或作「南僞」，「僞與爲」同，故《漢書・王莽傳》作「南僞」，《史記》索隱本作「南爲」，今本《史記》作「南訛」者，後人同晉本，訛而遷就改之也。南僞者，創爲此曆法於南方也。……但以「僞」字而論，

〔註106〕孫星衍《尚書今古文注疏》，頁10。

是爲即《爾雅》作「造爲」也之爲，而非「詐僞」之僞，訛誤之訛。〔註107〕

則「南訛」之「訛」，當爲「作爲」之爲也。而「宅南交」者：

孫星衍疏云：

> 「南交」者，《書》疏引《書緯》言春夏相與交，秋冬相與互，謂之母成子，子助母。又云：春盡之日，與立夏之初，時相交也，東方之南，南方之東，位相交也。四時皆舉仲月之候，言其不統季孟，於此言交，明四時皆然。《大傳》云：「中祀大交。」注云：「中，仲也。」古字通春爲元，夏爲仲。……南交稱大交，《書》曰：「宅南交」也。……《史記索隱》云：「東嵎夷，西昧谷，北幽都。」三方皆言地，而夏獨不言，或古文略舉一字，名地南交，則是「交趾」不疑。

盛大令亦云：

> 地理今釋南交，今安南國。林之奇《尚書解》云：「南交即交趾也。」《史記·五帝記》世：「黃帝之地，北至於幽陵，南至於交趾。」則交趾之對幽都，其來舊矣。〔註108〕

屈萬里先生則謂：

> 舊說謂南方交爲南方交趾，恐非是。〔註109〕

屈先生謂南非交趾，以孫氏、盛（百二）詩之說爲非，然亦未言「南交」爲何處，姑存疑。

「平秩南訛」：

孫星衍疏云：

> 《釋詁》云：「訛，動也。」「訛」蓋「吪」之誤。《漢書·王莽傳》：「東巡勸東作，南巡勸南僞。」《群經音辨》引《書》「平秩南僞。」「僞」即爲也。《淮南·天文訓》云：「禾不爲，菽麥不爲。」與稻、昌相對成文。《漢書·天文志》注：孟康曰：「爲，成也。」〔註110〕

南訛之訛，阮元已言作爲之「爲」，是「訛」當讀爲「爲」，即作也。此「南訛」者，乃夏日耕作之意。

〔註107〕《揅經室續集》卷一，頁1。
〔註108〕《皇清經解》四百八十六卷，頁2014。
〔註109〕屈萬里《尚書今註今譯》，頁4。
〔註110〕孫星衍《尚書今古文注疏》，頁13。

再以「日永、星火，以正仲夏」言：謂「日永」者：

馬融：「日長則晝漏六十刻，夜漏四十刻。」

鄭康成曰：「日長者，日見之漏，五十五刻，於四時最長也；日不見之漏，四十五刻。」

孫星衍疏云：

永者，《釋詁》云：「長也。」《白虎通・日月篇》云：「日所以有長短合？陰陽更相用事也。」故夏節晝長，夏日宿在東井，出寅日戌，凡十二時，日見有其八，故極長也。〈月令〉：「仲夏之月，日長至。」〈夏小正〉「五月，時有養日。」……日長晝漏六十刻者，日長出寅日戌。鄭注考「靈燿」云：「五日增減一刻，計春分至夏至九十二日，當增十刻，春分晝漏五十刻，則夏至六十刻矣。」……《周禮》挈壺氏疏云：「鄭與馬義異，以其馬云春秋分晝夜五十刻，據日見之漏，若兼日未見日沒後五刻，晝五十五刻，夜四十五刻。若夏至，晝六十刻，通日未見日沒後五刻，則晝六十五刻，夜三十五刻，一年通閏有三百六十五日、四分日之一，四時之間，九日有餘，較一刻爲率云，是也。」〔註111〕

此「永」者，蓋言其長也。以夏節晝長，日宿在東井，出寅（晨三時）入戌（午九時），凡十二時，則夏日甚長，謂之永也。而馬、鄭言刻漏者，當如高誘注《呂覽》云：「晝漏水上刻六十五，夜漏水上刻三十五，各不同者，日自長之漸長，日增刻數，各據一月上中下旬也。」以是知，晝之刻漏越多，時日越長也。

謂「星火以正仲夏」

史遷「仲」作中。鄭康成曰：「星火，大火之屬，司馬之職，治南岳之事，得夏氣和，夏至之氣，昏火星中」

孫星衍疏云：

〈夏小正〉「五月初，昏大火中。」傳曰「大火者，心也。」是星火即大火，亦即鶉火也。云司馬之職治南嶽之事者，司馬，夏官：南嶽即霍山。《大傳》云：「中祀大交霍山。貢兩伯之樂焉，有夏伯、羲伯之樂。」注云：「夏伯，夏官司馬也。」……是南岳及霍山也。

〔註111〕孫星衍《尚書今古文注疏》，頁13。

> 夏至，火星未中。〈月令〉疏引鄭志，總舉一月，則夏至在五月上旬，
> 加十五日小暑，又十五日大暑。〔註112〕

夏曆五月上旬爲夏至，「火」即大火，星名，亦東方七宿之一。云星光者，謂初昏時，「大火」在正南方。此夏至之現象，爲曆象者，即爲之「致」，所謂「致」者，即夏日中午時，祭日而記其影之長短者。故「日永、星火，以正仲夏」句上有「敬致」之辭，當爲此意。今以圖證之。〔註113〕

仲春中星圖　　　　　　　　　仲夏中星圖

3. 「秋分」解

「宅西曰昧谷，寅餞納日，平秩西成。」此句阮元未解。

言「宅西」者：《史記集解》引鄭康成曰：「西者，隴西之西，今人謂之兌山。」《集解》引徐廣云：「今天水之西縣也。」亦甘肅之天水也。

言「昧谷」者：

孫星衍疏云：

> 《史記集解》引徐廣云：「一作柳谷：」《書・疏二》引夏侯等書「昧谷爲柳谷。」《大傳》「谷作穀」者，〈虞傳〉云：「秋祀柳穀。」注云：「柳聚也。」按《說文》有「穀」字云日出之赤，則「穀」當是假借字。《漢書・郊祀志》云：「東北神明之舍，西方神明之墓也。」注：張晏曰：「神明，日也。」日出東北舍謂陽谷，日沒於西，故曰「墓」，「墓」，蒙谷也。

〔註112〕同上。
〔註113〕張亨嘉等纂輯《欽定書經圖說》上，頁58、62。

言「寅餞納日」者：

孫星衍注云：

史遷「寅」作敬，納作入。

馬融曰：「餞，滅也；滅，沒也。」鄭康成曰：「謂秋分夕月。」〔註114〕

言「平秩西成」者：

屈萬里先生云：

成，謂收成。西成，謂秋收。

「宵中，星虛以殷仲秋。」

孫星衍注云：

史遷「宵」作夜。又注：史遷「殷」作正，「仲」作中；鄭康成曰：「虛，元武中虛宿也。」

然則「宵中」，乃即夜長日長相當之意。「虛」，星名，北方七宿之一（見下之「秋分」、「冬至」圖）。星虛，謂初昏時虛宿在正南方，此秋分之現象。

4.「冬至」解

「宅朔方，曰幽都。平在朔易。」

阮元云：

經文於夏秋著宅南宅西之字，春冬不言宅東宅北，秋則西字兩見；春則東字一見，夏則南字兩見；冬無北字而兩著朔字，夏言交言致，冬言朔言易，三時皆言平秩，而冬獨言平在。元謂「在朔易」三字，主合朔，即包「日食」言之。〔註115〕

又云：

何以明「平在朔易」之為「主合朔」，言日食也。「朔」者，月死盡而未初生，與日但同經度相逆而不同緯度，若同經度而又同緯度，日月人目三者相直，則必日食，日為月食，以臣近君之象，逆莫甚焉。此「朔」字，造字從「逆」之初意。

又云：

若解字，當云：「朔，從月從逆，逆亦聲。」月逆食日之日也。許氏說一日始蘇，此後義也。月至三日始生明，若朔日同在緯度，即使子

〔註114〕孫星衍《尚書今古文注疏》，頁 14。
〔註115〕《揅經室續集》卷一，頁 1。

時合朔，亥時亦祇相離十二度，斷不能蘇生明也。又案：古人既造從逆從月之「朔」字，即造從「亡月壬」之望字，專言日與月相對望也。

望者，月亡，即言月食也，日為地隔，月不得光，有亡象焉。〔註116〕

所謂「宅朔方」者，即居北方；「幽都」即《淮南》所謂之「幽州」（今河北、遼寧部份）；「平在朔易」者，言使民省察冬日治田之事也。阮元未自冬日治田之事言，乃自「合朔」之日食言，又言「朔」者，月逆食日之日也。盛百二（大令）則謂：「朔之為言始也。北為正子，萬物之所從始也。天一生水，為五行始之始，一陽來富，氣候之始，子牛為日纏之始，子時為一日之始。朔方冬至，畫極短而偏長，故曰幽都也。朔易更始而改易也。」〔註117〕則以朔為「始」，又為一說。

然則「日食」之意何謂？阮元僅云：「月死盡而未初生，與日但同經度，相逆而不同緯度，若同經度而又同緯度，日月人目三者相直，則必日食。」而何以如此，則未明言。

戴震〈原象〉說則謂：

日兆（照）月而月有光，人自地視之，惟於望得其光之盈；朔則月之兆月，其光向日下，民不可得見；餘以側見而闕。日月之行，朔而薄於交道，日為月所折則日食。日高月卑，其間相去蓋遠，故其實分淺深，隨地之方所見者不同。望薄交道而月入闇虛，則月食。〔註118〕

則「朔」而薄於交道，日為月所折則日食；又「望」薄交道而月日闇虛，則月食。是阮元謂「朔」者，從月從逆，意即在此。然戴震之以朔而薄於交道之言，似又較阮氏為明也。如以今之天文圖為言，則：

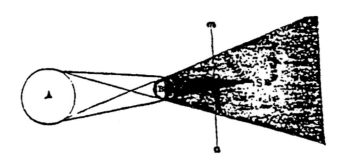

〔註116〕《揅經室續集》卷一，頁3。
〔註117〕《皇清經解‧尚書類彙編》，頁2019。
〔註118〕《戴震文集》卷五，頁94。

依此圖，知日食、月食，即日月蝕也。月繞地球，地球繞日、如朔、望日適遇黃道、白道相交，則日、月、地同在一直線，在朔則月居地、日之間，月體蔽日，因生日食（蝕）；在望則地居日、月之間，地影蔽月，因生月食（蝕）。若朔、望而黃、白道不值交切，或黃、白道相交而不值朔。望時，則均不能相蝕。此蓋日食、月食之景也，戴、阮二氏所以不厭其煩陳述日月食者，蓋亦以此正朔、望之意。故雖言說略有稍晦者，然依圖引證，當可知曉。

又「日短，星昴以正仲冬。」

孫星衍疏云：

> 《白虎通·日月篇》云：「冬節夜長，冬日宿在牽牛，出辰入中，凡十二時，日見有其四，故極短也。」又引鄭康成曰：「昴，白虎中宿也。」〔註119〕

日短，謂冬日最短。「昴」，星名，鄭氏謂「白虎中宿」者，即西方七宿之一（下圖可證）。「星昴」，言初昏時昴星在正南方，此冬至之象也。

仲秋中星圖　　　　　　仲冬中星圖

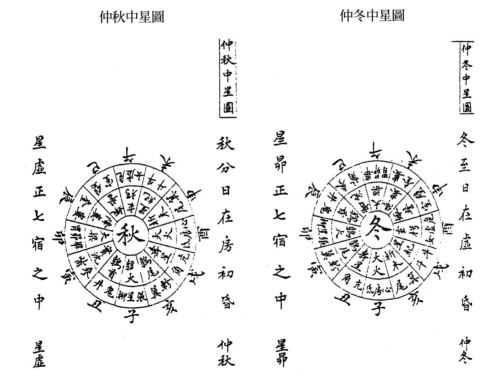

〔註119〕孫星衍《尚書今古文注疏》，頁94。

上列之述，爲阮元《書》之古訓，於輿地、曆象之說，覃研甚切。惟古訓之外，攸關曆數者，尚有《疇人》之說，亦宜言及。綜《揅經室集》所舉之例，如〈疇人利瑪竇傳論〉、〈疇人湯若望傳論〉、〈疇人蔣友仁傳論〉諸西洋教士之學，亦求其「達用」之意。以論要旨所在，亦以實學爲根抵，如：

1. 天文算數之學，吾中土講明切究者，代不乏人，自明季空談性命，不務實學，而此業遂微。

2. 若吳江王（錫闡）氏、宣城梅（文鼎）氏，皆精於數學，實能盡得西法之長，而匡所不逮。至休寧戴東原先生，發明五曹孫子等經，〔註120〕而古算學明矣；嘉定錢竹汀先生著《廿二史考異》，詳論三統四分〔註121〕以來諸家之術，而古推步學又明矣。

綜上之論，則阮元天象、曆數，循實以解，蓋有自矣。

第三節　《禮》之古訓說

一、著作述略

張舜徽先生《揚州學記》〈總敘揚州學術的精神〉云：

> 揚州學者治學的特點，首先在于能「創」，像焦循的研究《周易》，黃承吉的研究文字，都是前無古人，自創新例；其次在于能「通」，像王念孫的研究訓詁，阮元的研究名物制度，汪中的辨明學術源流，都是融會貫通，確能說明問題，這都是吳、皖兩派學者們所沒有，而是揚州諸儒所獨具的精神和風格。〔註122〕

〔註120〕鮑國順先生《戴震研究》，頁 443，云：「李淳風所注釋之十部算經，爲《九章算經》、《孫子算經》、《五曹算經》……五季紛亂，而算學書亦多散逸。」則「五曹孫子」乃即隋唐以來相傳之算經也，至其內容爲何，先生則未言述，蓋以言其史實之流傳也。

〔註121〕錢辛楣〈大昕〉氏《廿二史考異》所言「三統四分」者，以「三統」言，即西漢武帝太初元年所制定之曆書。以立春爲年初，每十九年間有七次閏月，即十九年七閏法也，並以十九年爲一章，稱八一章爲一統，三統（曰一元）時，日遂無零數，干支亦循環。以「四分」言，爲武帝太初之三統曆，施行百餘年，至章帝詔改行四分曆，以一年爲三百六十五日又四分之一，故名，然每年每月之長，皆較實際天氣過大，故朔每三百年有一日誤差，季節每四百年有三日之誤差矣。

〔註122〕《張舜徽學術論著》，頁 285、286。

張氏謂揚州諸儒治學精神所在，一在「創」，一在「通」；前者若焦循、黃承吉，後著若王念孫、阮元、汪中。而舉阮元之學，言其貴「通」之外，並以精研「名物制度」目之。此名物制度，《詩》、《書》古訓，已言之於前，其他則多見於《禮》之古訓。《擘經室集》關乎《禮》之名物，較著者，如《一集》卷三，〈明堂論〉、〈續集〉卷一，〈明堂圖說〉；又如《一集》卷五，〈古戟圖考〉、〈匕圖考〉、〈銅和考〉、〈璧羨考〉、〈古劍鐔臘圖考〉、〈鐘枚說〉、〈豐字瓦拓本跋〉、〈與程易疇孝廉方正論磬直縣書〉；又如卷六、卷七〈考工記車制圖〉上、下之作，皆攸關名物制度之考察，準此亦知先生知學「以實爲訓」，當非虛言。

二、古訓撮要

先生治禮既重名物，於名物之探索，必考其實，其意乃在斥虛言之不足以爲訓。是故先生論禮，一則重禮之義，一則考物之是否得其實；而於篇什所論，所考當自禮之名物、古制、事例三者爲之，今先述其古制考：

（一）考古制

1.〈明堂〉考

阮元古制考證，以〈明堂論〉最是精祥。而所謂「明堂」者，《周禮·考工記·匠人》云：

> 周人明堂，度九尺之筵，東西九筵，南北七筵，堂崇一筵，五室，
> 凡室二筵。

鄭注云：

> 明堂者，明政教之堂。〔註123〕

〈考工記〉所言，在於「明堂」之制；鄭氏所言，則在「明堂」之用。此制、用二者，自漢以來，即聚訟紛紜，未知先有制而後有用，抑或先有用而後有制，如《大戴禮·盛德篇》云：「明堂者，自古有之，所以朝諸侯。」即指「用」言；蔡邕《明堂·月令章句》亦云：「明堂者，天子太廟，所以祭祀，夏后氏世室，殷人重屋，周人明堂，饗功、養老、教學、選士，皆在其中。」雖制、用相合，仍偏「用」言；而〈考工記〉所言之「五室」，則指「制」言，再如〈月令〉所云：中建太室，四方建青陽、明堂、總章、玄堂各三室，明堂專指南面之堂言，三室之居中一室爲太廟，兩側謂之左右个；〔註124〕又如《大

〔註123〕《十三經注疏·周禮》，頁 644。
〔註124〕《十三經注疏·禮記·月令》，頁 315，其太室、青陽、明堂、總章、玄堂者，

戴禮》所云：明堂凡九室，共三十六戶，七十二牖；皆就「制」而言；阮元則自「先同處，後分立」立說，〔註125〕先「制」後「用」，是論較諸說允當。

（1）依三代形制論

阮元代爲「明堂」者，「原爲天子所居之初名」，然以朝代互異，「明堂」一詞屢有更異，有曰「路寢」爲明堂者，有曰「辟雍」爲明堂者，同爲明堂，禮制互異者，雖異名同制，然仍有別，故宜分辨。此若：

A. 古明堂

明堂者，天子所居之初名也，是故祀上帝則于是，祭先祖則于是，朝諸侯則于是，養老尊賢教國子則于是，鄉射獻俘馘則于是，治天文告朔則于是，抑且天子寢食恆于是。

B. 路寢

黃帝、堯舜氏作，宮室乃備，洎夏商周三代，文治益隆，于是天子所居，在邦畿王城之中，三門三朝，後曰「路寢」，四時不遷，路寢之制，準郊外明堂四方之一，鄉南而治，故路寢猶襲古號曰「明堂」。

C. 辟雍

祭天上帝，則有「圜丘」；祭祖考，則有應門內左之宗廟；朝諸侯，則有朝廷；養老、尊賢、教國子、獻浮馘，則有辟雍學校。

D. 今明堂

其地既分，其禮益備，故城中無明堂也。然而聖人事必師古，禮不忘本，于近郊東南，別建「明堂」，以存古制，藏古帝治法冊于此，或祀五帝，布時令，朝四方諸侯，非常典禮，乃于此行之，以繼古帝王之跡。……此後世之明堂也。〔註126〕

然則「明堂」也者，厥有上古、下古之分，稱謂亦有路寢、辟雍之別，此雖異名同地之制，自漢以來之儒者，若蔡邕、盧植，尚昧于上下古之分，後之儒者，蔽於一偏，殆可想知；且以分合無定，制度鮮通，即或言「制」，亦未能融洽經傳，此阮元以爲求之上古志書，「明堂」之制，意較可得；因之，自「神農」以下，迄於漢季，先生以史言述，考其建置，以證「明堂」者，上古、下古確有未同。

蓋總述非分說也。

〔註125〕錢玄《三禮通論》（南京師大，1996）〈名物篇，宮室〉，頁183。

〔註126〕《揅經室續集》卷三，頁49。

（a）神農明堂

《淮南子·主術訓》載：「明堂之制，有蓋而無四方，風雨不能襲，寒暑不能傷。」

阮元云：

> 《大戴禮·盛德篇》云：「明堂者，古有之也。」據〈主術訓〉云云，是明堂之名，始于神農，特無廟、郊壇、朝廷、路寢之分，總以明堂爲天子所居，即後世郊外明堂也。〔註127〕

黃以周《禮書通故》〈明堂禮通故〉亦云：

> 《淮南子》說「明堂」起于神農。考之《易傳》：「上古穴居而野處，後人世後人易之以宮室，上棟下宇，以待風雨。」此承上文「神農沒，黃帝、堯舜氏作之。」虞翻云：「後世聖人，謂黃帝也。」黃帝作宮室，上棟下宇，其明堂之權輿。〔註128〕

神農「明堂」爲始稱，作之者，則黃帝、堯舜也。以宮室言，黃帝時，上棟下宇，堂廡初具，此即黃氏所謂權輿者也。

（b）黃帝「明堂」

《文選》張衡〈東京賦〉曰：「則是黃帝合宮。」

阮元云：

> 合宮者，天子所居，各禮皆合于此，故無宗廟、郊壇、朝廷、路寢之分，即後世郊外明堂也。

又《管子·桓公問篇》：「黃帝立明堂之議者，上觀於賢也。」

阮元云：

> 此明堂當即合宮中南向之堂。

又《素問·五運行大論》曰：「黃帝坐明堂，始正天綱，臨觀八極，考見五常。」

阮元云：

> 惠氏士奇云：「五常，謂五氣行天地之中者也，端居正氣，以候天和。」然則明堂五室，始于黃帝矣。

又《史記·封禪書》曰：「濟南人公玉帶上黃帝時明堂圖，明堂圖有一殿，四面無壁，以茅蓋，通水圜宮垣，爲複道，上有樓，從西南入，命曰昆命。」

阮元云：

〔註127〕《揅經室續集》卷三，頁50。
〔註128〕黃以周《禮書通故》，頁399。

後世郊外明堂之制，似即放此。其云「四面無壁，以茅蓋。」與神
農時明堂有蓋而無四方同。〔註129〕

黃以周〈明堂禮通故〉亦云：

《廣雅》云：「堂，合殿也。」明堂本合殿之制。故曰：「合宮中有
一殿，即所謂合殿也。」四面而無壁，以茅蓋，與《淮南子》有蓋
無四方之語亦合。〔註130〕

黃帝之合宮，即後世郊外之明堂。此合宮者，即合宗廟、郊壇、朝廷、路寢
於一也。

（c）堯「明堂」

《史記·五帝本紀》曰：「舜受終于文祖。文祖者，堯大祖也。」

阮元云：

孫觀察星衍云：《周書》「嘗麥」解：「維四仕孟夏，王初祈禱于宗廟，
乃嘗麥于大祖。」合之《淮南·主術訓》，有神農以時嘗穀于明堂之
說，則知《史》所云「太祖」即明堂也。

又《御覽》引《桓譚·新論》曰：「明堂，堯謂之五府。府，聚也。言五帝之
神聚于此。」

阮元云：

明堂名「五府」，及祀五帝，實爲舊體。《尚書·帝命驗》云：「五府，
五帝之廟。蒼曰靈府，赤曰文祖，黃曰神斗，白曰顯紀；黑曰元矩。」
鄭氏注《尚書》云：「文祖者，五府之大名。」《大戴記·少閒篇》
云：「正丁開先祖之府，取其明法，足府名甚古。」

《今文尚書·堯典》曰：「正終于文祖。」文祖，《史記》以爲「堯太祖」。屈
萬里先生云：「文祖、文考、文母、前文人等，乃周人習用語；指亡祖、亡父
等而言。此指堯太祖之廟。」〔註131〕則明堂爲廟可知。

（d）舜「明堂」

《禮記·祭法》曰：「有虞氏禘黃帝而郊嚳，祖顓頊而宗堯。」鄭氏注云：
「禘郊祖宗，謂祭祀以配食也。此禘謂祭昊天於圜丘也。帝於南郊曰郊；祭
五神於明堂曰祖宗。」

阮元云：

〔註129〕同註127，頁51。
〔註130〕黃以周《禮書通故》，頁400。
〔註131〕屈萬里《尚書今註今譯》，頁10。

　　禘郊祖宗，四者爲配天之祭，鄭注明白可據。總享五帝五神於明堂，
　　則以顓頊與堯配祭。自王肅有心違鄭，謂祖宗爲有功、宗有德，其
　　廟不毀。誤仞（認）爲宗廟之祭非屬明堂，遂致其義不明也。〔註132〕

祖廟爲配天之祭，乃祭祖宗也。王肅違鄭，以「祖宗」爲「祖有功宗有德」，
遂使宗廟之「明堂」意晦不明，此當一失。

　　（e）夏「明堂」

　　〈考工記・匠人〉曰：「夏后氏世室：五俹三四步、四三尺、九階，四旁
兩夾窗，白盛，門堂三之二、室三之一。」

阮元云：

　　世室乃明堂五室之中，猶《尚書・大傳》所言「大室」。夏特取此爲
　　名，概其餘耳。古字「世、大」通，故大子又稱世子，世叔又稱大
　　叔矣。〈匠人〉言三代明堂之制，皆郊外明堂也。

成伯璵《禮記外傳》曰：「夏謂大廟爲世室。」又曰：「夏后一堂之上爲五室，
南面三階；五室，象地載五行，五行生四時，故每室四達，一室八窗，象八
節。」

阮元云：

　　此云一堂之上爲五室，世室乃一堂中央之室也，較他室爲尊，故稱
　　之爲世室。

世室即大室，當爲「明堂」中央之室，故較他室爲尊。云「大廟」者，亦尊
辭也。

　　（f）殷「明堂」

　　〈考工記・匠人〉曰：「殷人重屋，堂修七尋，堂崇三尺，四阿重屋。」

鄭注云：「重屋者，正宮正堂，若大寢也。」

阮元云：

　　鄭注意以爲王宮正堂，非也。此所言仍是郊外明堂之制，至于國中
　　寢宮之制，止取郊外明堂四面之一，向南爲之，斷非如郊外明堂四
　　面皆有堂也。

鄭注所謂「王宮正堂」，與阮元「郊外明堂」互異；前者四面皆有堂，後者爲
郊外明堂四面之一，彼此有別，鄭注合正堂與郊外明堂爲一，爲非。

　　（g）周「明堂」

〔註132〕《揅經室一集》卷三，頁54。

〈考工記・匠人〉曰：「周人明堂，度七處之筵，東西九筵，堂崇一筵；五室，凡室二筵。」

阮元云：

> 此本指郊外明堂，與宮內路寢不同。

林尹先生云：「筵長九尺。」且謂：「周人明堂，以九筵爲度，東西九筵，南北七筵，堂基高一筵；五室，每室廣與長都是二筵。」與殷「明堂」「堂南北長七尋（一尋八尺），堂基高三尺，四棟二重屋。」〔註133〕相較，則周「明堂」爲寬敞可知。

又《禮記・明堂位》：「昔者周公朝諸侯于明堂之位，天子負斧依南鄉而立；三公中階之前，北面東上；諸侯之位，阼階之東，西面北上；諸伯之國，西階之西，東面北上；諸子之國，門東，北面東上；諸南之國，門西，北面東上；九夷之國東門之外，西面北上；八蠻之國，南門之外，北面東上；六戎之國，西門之外，東面南上；五狄之國，北門之外，南面東上；九采之國，應門之外，北面東上，四塞世告至，此周公明堂之位也。明堂者，諸侯之尊卑也。」

阮元云：

> 明堂位雖魯儒傅會，而此段言周公明堂，則必是周初相傳舊典；由此知郊外明堂，惟向南一面有皋，應路三重門，其三面惟一門。

黃以周亦云：

> 〈周書・明堂〉「方一百一十二尺，高四尺；階廣六尺三寸，室居中方百尺，室中方六十尺，戶高八尺、廣四尺，窗高四尺。」
>
> 以周案：此與殷人重屋制合。蓋周初明堂承殷制而爲之也。殷堂脩廣皆五丈六尺，其堂基倍之，故云明堂方一百一十二尺。〈考工記〉「殷堂崇三尺。」此云四尺者，四，古作三，積畫之誤也。〔註134〕

又云：

> 〈考工記〉周人明堂度九尺之筵：東西九筵、南北七筵、堂崇一筵：五室，凡室二筵。賈公彥說：言室二筵，不言東西室或五室皆方二筵。孔穎達說以夏之世室差之，則周之明堂亦應中央大于四角之室，但文不具白。以周案：夏曰「世室」，室之至大者也。殷曰「重屋」，

〔註133〕林尹《周禮今註今譯》〈冬官考工記下〉，頁475。
〔註134〕黃以周《禮書通故》，頁401。

屋之至高者也。周人周夏氏堂脩二七之制以作廟，謂之「夏屋」；用
殷人重屋四阿之制以祀天帝，謂之「明堂」；夏屋廣其大，明堂廣其
高，一大一高，各有義類。

且如黃氏所言，則周之明堂爲虞夏之「世室」，殷之「重屋」，取優汰劣，必
一大一高，各有義類。惟此明堂，爲王室明堂抑郊外明堂，黃氏未敘。

阮元再引〈樂記〉、《尸子》、《周禮》，謂所云「大室」、「東宮」皆郊外明
堂也。《樂記》曰：「武王伐殷，薦俘馘于京大室。」（《續漢志注》，引蔡邕〈明
堂論〉）阮元云：

> 此亦指郊外明堂而言。鐘鼎款識所載《白姬鼎》、《師毛父敦》……
> 等銘，所云大室，蓋皆僭謂廟中央之室，古者朝諸侯、祀祖考、獻
> 俘馘，皆在明堂也。

《尸子》曰：「昔武王崩，成王少，周公踐東宮，宗祀明堂，明堂在左，故謂
之東宮。」（袁準《正論》引）

阮元云：

> 此東宮亦指郊外明堂。

《周禮・大宰》曰：「正月之吉，始和。布治于邦國都鄙，乃縣治象之法于象
魏，使萬民觀治象，挾日而斂之。」賈公彥疏云：「縣治象之法于雉門象魏；
從甲至假，凡十日，斂藏之明堂，于後月、月受而行，謂之告朔。」

阮元云：

> 此雉門乃國中之雉門。蓋以明堂所藏之治象，月吉縣之國中，挾日
> 仍藏之郊外明堂也。〔註135〕

此必如先生〈明堂論〉所言：「故城中無明堂也。然而聖人必師古，禮不忘本，
于近郊東南，別建明堂，以存古制，藏古帝治法冊典于此。」〔註136〕阮元之
論如此，即戴震之說亦復如此。

戴震云：

> 王者而後有明堂，其制蓋起於古遠。夏曰世室，殷曰重屋，周曰明
> 堂，三代相因，異名同實與？明堂在國之陽，祀五帝，聽朔會，同
> 諸侯，大政在焉。夏曰世室，世世弗壞，或以意命之也。殷曰重屋，
> 阿閣四制，或以其制命之也。周人取天時方位以命之；東青陽，南

〔註135〕《揅經室一集》卷三，頁60。
〔註136〕《揅經室一集》卷三，頁47。

明堂，西總章，北玄堂，而通曰明堂，舉南以其三也。四正之堂，
皆曰大廟。四正之室，共一大室，故曰大廟大室，明大室處四正之
堂中央爾。〔註137〕

戴氏云：「明堂在國之陽。」且引淳于登說：「在三里之外，七里之內，丙巳
之地。」又引《韓詩》說：「明堂在南方七里之郊。」則明堂於郊外非於王城
可知，此戴氏之說與阮氏之言可謂斧鑿圓枘之相合。

　　依上之述，則「明堂」之論，可以明曉，而〈考工記‧匠人〉所記之明
堂，當如阮元所言「確爲王都郊外之明堂，未可以城內廟寢當之。」〔註138〕
即《逸周書》明言「明堂四阿」；〔註139〕《左傳》言「清廟茅屋」顯有屋室，
皆在郊外，未指爲城內廟寢；以是先生〈明堂論〉所舉神農迄三代之制，厥
爲合誼。

　　今謹附錄《揅經室集》所繪「四面堂（个）廟圖」及「堂（个）室丈尺
圖」以爲取證。〔註140〕

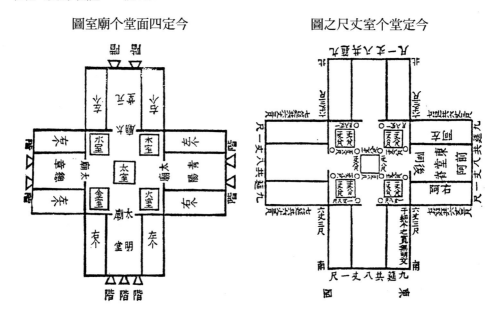

今定四面堂个廟室圖　　　　　　今定堂个室丈尺之圖

〔註137〕《戴震文集》，頁 24、25。
〔註138〕《揅經室一集》卷一，頁 13。
〔註139〕《揅經室一集》卷一，頁 58，《逸周書‧作雒解》：「乃位五宮大廟、宗宮、考宮、
　　　　　路寢、明堂，咸有四反站。……」阮元案云：「五宮即五處，前四處皆在城中，
　　　　　惟明堂在郊外也。」
〔註140〕《揅經室一集》卷一，頁 15、16。

2. 明堂大義論

阮元明堂之制，得古「明堂」爲郊外明堂，釐清漢以來聚訟之意見，當爲有裨於禮學；惟阮元除著意形制之外，仍著意於形制之意涵，此即明堂之用也。如以《揅經室》〈明堂論〉所言，則明堂之義，當分天子與諸侯之別，爲天子者，以之祀上帝、祭先祖；爲諸侯者，厥爲養老、尊賢、教國子、饗射、獻俘馘，涵蘊又復廓之。然阮元所述，於明堂之義，仍稍簡易，誠不若惠棟所言之徹底明確，故於「用」處，刪取惠氏《明堂大道》之義，以爲參酌，庶幾有補於阮氏之說也。

（1）明堂配天

配天之意，阮元所謂「祀上帝、祭先祖」是也。惠棟則謂：

> 古之帝王，生有配天之業，殁享配天之際。堯舜曰：「若稽古帝堯」，鄭注云：「稽，同也。古，天也。」言能順天而行，與之同功，是帝堯配天之事也。《大戴禮・三朝記》曰：「舜有禹代興，禹卒，命受、作物、配天。」是夏王配天之事也。〈多士〉自成湯至于帝乙，罔不配天其澤，此王配天之事也；《中庸》敘堯、舜、文武即繼以天下至聖，凡有血氣者，莫不尊親，故曰：「配天。」是自古帝王配天之義也。故四代制禘、郊祖宗，皆配天之禮。禘者，遠祖配天也；郊者，始祖配天也；祖，祖配天也；宗者，考配天也。〔註141〕

郊者，乃始祖配天。故明堂爲郊外之明堂，允爲可知。

（2）明堂配食

配食之意，阮元以爲「天子寢食恆于是」，〔註142〕爲古明堂之禮。惠棟則謂：

> 明堂之法：秉冬降神，以嚳配南郊、配天，以稷配五郊，迎气還于明堂；以文王配中秋、大饗五帝；以文武並配，祭法功施于民。則祀之一，帝配天功，臣從祀；故中禘、大嘗、大烝，功臣皆祭，配食之禮，所從來尚矣。〔註143〕

《古文尚書・盤庚》曰：「茲予大享于先王爾祖，其從與享之。」鄭注云：「大

〔註141〕《皇清經解續編》卷一五二，頁916。
〔註142〕《揅經室一集》卷三，頁49。
〔註143〕同註141。

享、烝、嘗也。」則大烝、大嘗、禘，皆配天之祭也。

（3）明堂助祭

助祭之意，阮元引《古文尚書‧堯典》曰：「賓于四門，四門穆穆，又曰闢四門。」且按云：「……四方諸侯來朝大典，則於明堂行之。」〔註144〕惠棟則謂：

> 明堂有四門，天子行配天之際；四門諸侯各以其職來助祭，祀乎明
> 堂，所以教諸侯季。〔註145〕

〈周語〉祭公謀父曰：「先王之制，邦內甸服，邦外侯服；侯衛賓服，蠻夷要服；戎翟（狄）荒服。甸服者祭（日祭），侯服者祀（月祀），賓服者享（獻），荒服者王，日祭月祀，時享歲貢終王。」此言諸侯助祭，終禘於郊也。

（4）明堂靈臺

阮元《素問‧五運行大論》曰：「黃帝坐明堂，史正天綱，臨觀八極，考建五常。」又引惠士奇云：「五帝，謂五常行天地之中者也。端居正氣，以侯天和，然則明堂五堂，始于黃帝矣。」〔註146〕故於明堂，概可端居正氣，侯之天和者。惠棟則謂：

> 《史記‧封禪書》曰：「上欲治明堂，未曉其制度。濟南人公玉帶上
> 黃帝時明堂圖。明堂圖中有一殿四面無壁（有蓋而無四方），以茅蓋
> （所謂清廟房屋），清水圜宮垣（所謂明堂外水名曰辟廱），爲復道
> 上，有樓從西南入，命曰"昆侖"。天子之入，以拜祠上帝焉。」
> 案：昆侖者，即所謂靈臺。〔註147〕

蔡邕載「明堂」之制云：「通天臺徑九尺，陰陽九六之變也。高八十一尺，黃鏡九九之實也。」又《隋書》宇文愷〈明堂議表〉引禮圖曰：「于內室之上，起通天之觀，觀八十一尺，得宮之數；然則通天觀即靈臺，猶黃帝之昆侖也。」此若許慎《五經異誼》引《公羊》說：「天子有三臺，諸侯二。」天子有靈臺，所以觀天文；有時臺以觀四時；教化有囿臺，所以觀鳥獸、魚鱉；諸侯當有臺、囿臺；諸侯卑，不得觀天文、無靈臺。〔註148〕是知明堂靈臺者，乃天子之事也。

〔註144〕同註141，頁53。
〔註145〕同註141，頁919。
〔註146〕《揅經室一集》卷三，頁51。
〔註147〕《皇清經解續編》卷百五十二，〈明堂大道錄六〉，頁923。
〔註148〕同上。

（5）明堂大學

阮元〈明堂論〉謂古明堂「教國子」，而有「辟雍（廱）學校」。則明堂亦行古學校之制。惠棟則引《逸大戴禮·政穆篇》「大學，明堂之東序。」且云：

> 東序即〈王制〉之東膠。〈祭義〉「天子設四學，四學在明堂四門之外，又稱郊學。」〈文王世子〉「凡語于郊是也。」稱郊者，以四郊迎气所入也。「大學」對明堂言，謂之東序；對四學言，實爲中學。故魏文侯《孝經傳》曰：「大學者，中學明堂之位也。」〔註149〕

〈王制〉曰：「有虞氏養國老于上庠，養庶老于下庠；養國老于東序，養庶老于西序。殷人養國老于右學，養庶老于左學。周人養國老于東膠，養庶老于虞庠。虞庠在國之西郊。」鄭注云：「皆學也。」又《大戴禮·盛德》云：「明堂外水曰廱。則辟廱在明堂四門之外，四學具焉。」此即明堂之學也。

（6）明堂郊射

明堂郊射之禮，行於「辟雍」。阮元引〈考工記·匠人〉「左祖右社」。又引劉向《別錄》云：「左明堂辟雍（廱）」。則明堂在辟雍左可知，惟阮元未言「辟雍」所行何事？惠棟則謂：

> 辟廱在明堂之四郊。天子將祭，先射于其中，謂之射宮。〈射義〉曰：「天子將祭，必先習射于澤，已射于澤，而後射于射宮。」《尚書·大傳》曰：「鄉之取也，于圃中謂澤也。」……《周官·諸子》云：「春合諸學，秋合諸射。」鄭注：「學，大學也；射，射宮也。」〔註150〕

此明堂之政，言天子將祭，先習射于澤，後射于射宮，乃親誓命，且受教諫之意也。

（7）明堂養老

阮元以爲明堂之禮，於祭天上帝、祭祖考，之外，復有養老之義。惠棟則謂：

> 〈周書·大匡〉曰：「明堂所以明道，明道惟法；法人惟重老，重老惟寶。」〈內則〉曰：「凡養老五帝憲。」憲，法也，所謂明道惟法也。〔註151〕

〔註149〕同上，頁924。

〔註150〕《皇清經解續編》卷百五十三，〈明堂大道錄七〉，頁927。

〔註151〕同上，頁933。

〈樂記・祭義〉以明堂配天，先賢配鄉，郊學饗射，養老耕耤爲天下之大教。《周禮》「食三老五更于大學明堂之東序。」此明堂養老之事。

（8）明堂尊師

阮元〈明堂論〉以明堂者，乃「存古制，藏古帝法治冊典之所也。」惠棟則謂：「《詩》、《書》、《禮》、《樂》藏于明堂。故詔天子、學世子、教國子，皆于明堂及學宮。」〔註152〕

《禮記・文王世子》云：「凡學，春官釋奠于其先師，秋冬亦如之。凡始立，學者必釋奠于先聖先師，及行事必以幣。」〈學記〉亦云：「凡學之道，嚴師爲難。師嚴然後道尊，道尊然後民知敬學。是故君子之所不臣于其臣者二：當其爲尸，則弗臣也；當其爲師，則弗臣也。大學之禮，雖詔于天子無北面，所以尊師也。」然則此蓋明堂尊師之謂。

（9）明堂朝覲

阮元〈明堂論〉以明堂爲「朝四方諸侯」，而爲非常典禮者也。惠棟則謂：

> 《禮記・明堂位》曰：「昔者周公朝諸侯于明堂之位，天子負斧依南鄉而立。」云云。明堂者，明諸侯之尊卑也。

鄭氏《三禮目錄・明堂位》曰：「明堂者，諸侯朝周於明堂之時所陳列之位也。」惠氏則以爲非，而謂：「此于《別錄》屬陰陽明堂，明堂位即天子之朝。鄭氏明堂位注：謂周公朝諸侯不于宗廟，辟王也。失之甚矣。」〔註153〕無論如何，明堂爲諸侯朝覲之所無疑也。

（10）明堂耕耤

阮元〈明堂論〉亦以明堂爲「布時令」者。惠棟則謂：

> 《明堂・月令・孟春》曰：「是月也，天子乃以元日祈穀于上帝。乃釋元辰，天子親載耒耜，措之于麥，保介之御，閒帥三公九卿、諸侯大夫，躬耕帝耤；天子三推，諸侯九推，反執爵于太寢，土地所宜，五穀所殖，以教導民，必躬親之。田事既飭，先定準直，農乃不惑。」〔註154〕

《禮記・祭統》曰：「天子親耕于南郊，以其齊盛；諸侯耕于東郊，亦以其齊盛。」是天子者，祈設於郊，郊祀后稷，親耕之耤，即所謂「布時令」也。

〔註152〕同上，頁929。
〔註153〕同上，頁930。
〔註154〕《皇清經解續編》卷百五十三，頁932。

（11）明堂嘗新

阮元引《淮南子・主術訓》曰：「昔者禮農之治天下也，……春生夏長，秋收冬藏；月省時考，歲終獻功，以時嘗穀，祀于明堂。」又案云：「其云以時嘗穀祀于明堂，即〈月令〉天子居明堂，以時嘗穀之始。」〔註155〕惠棟則謂：

〈周書・嘗麥〉曰：「惟四月孟夏，王初祈禱于宗廟，乃嘗麥于太祖。」

《汲郡古文》曰：「成王四年正月，初朝于廟；夏四月，初嘗麥。」

此亦明堂之禮也。

綜上所述，則《揅經室集》古制考，若「明堂」之例，所重當爲「制」與「用」兼而相合，制爲主幹，用爲顯見；主幹堅厚，用即確然，是制、用二者，乃一體二面，彼此互爲輔成。而云「用」者，乃即「大義」所在，以是雖明堂之用，實即明堂大義之顯發也。由是，可知阮、惠二氏研考古制，非僅著意形之有無而已。

（二）考名物

阮元之《禮》古訓，「明堂」考爲一事，「車制」考亦一事；二者雖爲宮室、車馬之考證，亦在因此而知古體古制，其尊古復古之意者，蓋所謂湛深矣！而「車制」之作，雖辨析車軫諸義，亦在繼前賢所未申論者，故〈車制圖解〉乃就名物一涂有所抒論，發微之意，當不言而喻。觀《揅經室集》〈考工記・車制圖解〉後跋云：

右「車制圖解」，元二十四歲寓京師時撰，撰成即刊之。其間重較、軹前十尺、後軫諸義，實可辨正鄭注，爲江慎修、戴東原諸家所未發，且以此立法。實可閉門而造，駕而行之。此後金輔之、程易田先生亦言車制，書出元後，其於任木，稍軾等義，頗與鄙說不同，其說亦有是者。元之說亦姑與江、戴諸說並存之，以待後學者精益求精焉。〔註156〕

則〈車制圖解〉雖爲名物之辨，實亦辨鄭注之非，且以後出轉精，故亦可視裨江、載二氏之未足；再以金榜、程瑤田二氏亦提車制之見，說亦具精當之舉，阮元皆并而言之，意仍待後學之精益求精，先生用心，厥爲良深。

今者，欲述〈車制圖〉，仍宜先言古之車輿，意輿意明，圖之解說當事半功倍，於前人聚訟之見，當可迎刃而解。

〔註155〕《揅經室一集》卷三，頁50。

〔註156〕同上，卷七，頁156。

1. 車輿稱謂

◎「車」，輿論之總名。

《說文，車部》：「車，輿論之總名。」車亦謂之路，亦作輅。《荀子・哀公》：「統而乘路者，志不在於食葷。」注：「路，王者之車，亦車之通名。」字亦作輅。《書・顧命》：「大輅在賓階面。」王先謙《孔傳參正》引段云：「古經傳無作輅，當本作路。」「路車」亦稱「五路」，爲天子之車也。《公羊傳・昭和二十五年》：「乘大路。」注：「禮，天子大路，諸侯路車，大夫大車，士飾車。」〔註157〕陳立《義疏》：「諸侯路車者，《詩・小雅・采芑》詠方叔云：「路車有奭。」又〈采菽〉云：「路車乘馬。」」〔註158〕以《周禮・春宮・巾車》次之，同姓諸侯宜「金路」，異姓以「象路」，四衛以「革路」，蕃國以「木路」也，皆在「五路」內，故統稱之路車也。〔註159〕此專謂諸侯路車。又《左傳・桓二年》「大路」，疏：「路，訓大也，君之所在，以大爲號，故車曰路車。」此以路車之名釋大路，是路車亦以稱天子之車。故〈春官・巾車〉又云：「王之五路」注：「王在焉曰路。」疏：「謂若路門、路寢、路馬皆稱路，故廣言之，云王在焉曰路，路，大也，王之所在，故以大爲名。」〔註160〕《釋名・釋車》：「天子所乘曰路。」亦據巾車五路以爲言，統言之並爲路車，故路車亦可王者五路之通名。

◎車，亦謂之「輿」。

《說文・車部》：「輿，車輿也。」本義爲車箱，但輿爲人所居，可獨得車名。《周禮・輿人》：「輿人爲車，輪崇車廣衡長參如一，謂之參稱。」疏云：「此輿人專作車輿，記人言車者，輪崇輿爲主，故車爲摠名。」〔註161〕此輿即指車。

◎一車四馬謂之「乘」。

《詩・小雅・六月》：「元戎十乘，以先啓行。」注云：「云，大也；夏后氏曰：「鉤車先正也。」殷曰：「寅車先疾也。」」〔註162〕《管子・乘馬》：「一乘者，四馬也。」《孟子・梁惠王上》：「上乘之國，弒其君者，必千乘之家。」趙岐注：「萬乘，兵車萬乘。」此兵車謂之乘也；若〈梁惠王下〉：「今

〔註157〕《十三經注疏・公羊傳》，頁302。
〔註158〕陳立《公羊義疏》卷六二。
〔註159〕《十三經注疏・周禮》，頁413～415。
〔註160〕《十三經注疏・周禮》，頁413。
〔註161〕《十三經注疏・周禮》，頁604。
〔註162〕《十三經注疏・周禮》，頁359。

已乘輿駕矣，有司魏知所之，敢請。」則謂平時所乘之車也。

◎兵車謂之「戎車」，亦謂軘、輶、輕車。

《詩・小雅・采薇》：「戎車既駕，四牡業業。〈秦風・小戎〉：「小戎俴收，五楘梁輈。」毛傳云：「小戎，兵車也。」鄭箋云：「此群臣之兵車，故曰小戎。」〔註163〕又據《說文・車部》：「軘，兵車也。」《左傳・宣十二年》：「使軘車逆之。」《說文・車部》：「輶，輕車也。」《詩・秦風・駟鐵》：「輶車鸞鑣，」《周禮・春官・車僕》：「掌戎路之萃，廣車之萃，闕車之萃，苹車之萃，輕車之萃，凡師，共革車，各以其萃，會同。」「萃」者，隊也。故車亦有廣車、闕車、苹車、輕車、革車諸名。

◎其高者謂之轈。

《說文・車部》：「轈，兵車高如巢以望敵也。」《左傳・成十六年》：「楚子登巢望晉軍。」段注云：《左傳・正義》引兵高車加巢以望敵，與《釋文》及今本不同。……今《左傳》作“巢車”。杜曰：“巢車，車上爲櫓。”此正言櫓似巢，不得言加巢。《宣十五年》晉使解揚如宋，楚子登諸樓車。服虔曰：“樓車”所窺望敵軍，兵法所謂雲梯者。杜曰：“樓車，車上望櫓。”〔註164〕是「轈車」，即雲梯車也。

◎長轂、暢轂之稱。

兵車宜長轂，故亦稱「長轂」，又稱「暢轂。」《左傳・昭五年》：「因其十家九縣，長轂九百。」杜預注：「長轂，戎車也。騎百乘。」《詩・秦風・小戎》：「文茵暢轂。」毛傳：「暢轂，長轂也。」疏云：「……此言俴收，下言暢轂，皆謂兵車也。兵車言淺軫長轂者，對大車平地載任之車爲淺爲長也。〈考工記〉云：“兵車之輪，崇六尺有六寸，楔其漆內而中詘之以爲之轂長。”注云：“六尺六寸之輪，漆內六尺四寸，是爲轂長三尺二寸。”鄭司農云：“楔者，度兩漆之內相距之尺寸，是兵車之轂長三尺三寸。”……兵車之轂比之爲長，故謂之長轂。」〔註165〕

◎棧車、役車之稱。

《周禮・春官・巾車》：「服車，服事者之車。」……夏篆，五采畫轂約也。夏縵，亦五采畫無瑑爾。墨車，不畫也。棧車，不革鞔而之。役車，方

〔註163〕《十三經注疏・周禮》，頁236。
〔註164〕《說文解字注》，頁721。
〔註165〕《十三經注疏・詩經》，頁236。

箱可載任器，以共役。」錢玄先生則謂：「依鄭說，夏篆，在車轂之外裹以革，畫五采色，並刻高低線條。夏縵，則畫五采色，無刻高低線條。墨車，謂車輿黑漆之，轂亦漆而無刻文。」〔註166〕

《儀禮·士昏禮》：「主人……乘墨車，從車二乘。」鄭玄注：「主人，婿也。……墨車，漆車。士而乘墨車，攝盛也。」……〔註167〕此為婚事攝盛而士用大夫之墨車。又《儀禮·覲禮》：「……乘墨車。」鄭玄注：「墨車，大夫制也。而乘之者，入天子之國，車服不可盡同也。」此諸侯天子之車，而降為大夫之車。

◎卿大夫之車，或稱軒；夫之車，或稱魚軒。軒有蓋，旁有藩蔽。

《說文·車部》：「軒，曲輈藩車。」段注：「曲輈者，戴先生曰：“小車謂之輈，大車謂之轅。” 人所乘欲其安，故小車暢轂梁輈，大車任載而已。」則「曲輈」即車向上彎曲者也。〔註168〕又《說文·艸部》：「藩，屏也。」藩車，言車有屏者。又《左傳·閔公二年》：「衛懿公好鶴，鶴有乘軒者。」杜預注：「軒，大夫車。」孔疏引服虔注：「車有藩曰軒。」又曰：「歸夫人魚軒。」杜預注：「魚軒，夫人車。」〔註169〕乃知夫人之車，蓋有屏藩者也。

◎天子、諸侯、卿大夫皆有貳車，亦稱副車，戎車之貳車稱佐車。

《周禮·春官·大行人》：「上公貳車九乘，諸侯貳車七乘，諸子貳車五乘。」鄭玄注：「貳，副也。」又《禮記·少儀》：「乘貳車則式，佐車則否。貳車者，諸侯七乘，上大夫五乘，下大夫三乘。」鄭玄注：「貳車、佐車，皆副車也。朝祀之副曰貳，戎獵之副曰佐。」此蓋貳車、佐車之別也。

2. 車輿形制

錢玄《三禮通論》〈名物篇·車馬〉於車之形制，析論甚詳，且依圖說述謹就其要義條陳以述。

依車設計，車分三部：一曰輿，二曰輪，三曰輈。

◎輿為車箱，所以居人。輿前低後高，人

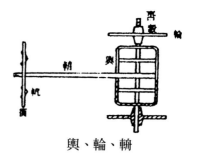

輿、輪、輈

〔註166〕錢玄《三禮通論》，頁188。

〔註167〕《十三經注疏·儀禮》，頁44。

〔註168〕段注《說文解字》720。

〔註169〕《十三經注疏·左傳》，頁191。

自後登車。輿底四邊有木框，後邊之橫木曰軫，通言則四邊之木均謂之軫。〔註170〕

《說文·車部》：「軫，車後橫木也。」《周禮·考工記·輈人》：「軫之方也，以象地也。」則「軫」當指輿底下四邊之木框言。

◎輿前之橫木曰軾，軾前之板曰凡軓。

《說文·車部》「軾，車前也。」軾高約人之半腰，便于御者執轡及射者引弓。

◎軾上或以革皮覆之，蔽車前者，曰鞹鞃，亦稱文茵，亦稱幭。

《詩·大雅·韓奕》：「鞹鞃淺幭。」毛傳：「鞹，革也。鞃，軾中也。淺，虎皮淺毛。幭，覆式也。」又《詩·秦風·小戎》：「文茵暢轂」毛傳：「文茵，虎皮。」即〈韓奕〉之鞹鞃。又《禮記·玉藻》：「君羔幦虎犆；大夫齊車，鹿幦豹犆，朝車。」鄭玄注：「幦，覆笭也。犆，讀如直道而行之直，直謂緣也。此君齊車之飾。」故謂鞹鞃、文茵、幭者，均指軾上及車前所覆之獸皮或獸革。

◎輿兩旁稍後之橫木曰「較」，「較」高于軾。「較」為立乘者之把手；「較」之下板曰「輢」，亦謂之「輒」。

《說文·車部》：「較，車輢上曲鉤也。」「較」為橫木，為車騎上曲銅也。「較」下為「輢」，亦謂之「輒」。《說文·車部》：「輒，車兩輢也。」「輢」在輿兩側，形如兩大耳。而「輢」上之「較」如飾以銅鉤者，形如小耳。故有重較、重耳之稱。

◎輿之前及左右，皆有縱橫木檑，謂之軨，或謂之轕。

《說文·車部》：「軨，車轖間橫木。」在較及軾以下，皆一橫一豎之木架成方格，如窗檑然。又《說文·車部》：「轕，車橫軨也。」是軨與轕為一物。

◎輪有四部：曰轂、曰輻、曰牙、曰軸。

◎轂之輪之中心，中空貫軸，以利轉，外為輻所湊。其凸出輪外之部份謂之軹（見附圖）。

《說文·車部》：「轂，輻所湊也。」又「軹，長轂之軹也。以朱約之。」《詩·小雅·采芑》：「約軝錯衡。」轂之輪外之處，以革纏之，漆以朱色，是謂「約軝」，亦謂之「疇」。〈考工記·輪人〉：「進而視之，欲其幬之廉也。」，

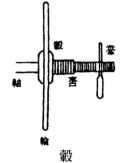

〔註170〕錢玄《三禮通論》，頁190。

鄭玄注：「幬，幔轂之革也。」轂長取其安，惟轂長於輪外，兩車相遇，易相擊撞，因之易損。

◎「輻」凡三十，一端入轂，曰菑；一端入牙，曰蚤。

《說文・車部》：「輻，輪轑也。」《老子》十一章：「三十輻共一轂，當其無，有車之用。」錢玄先生以爲：「考古出土的車子，一般多二十八輻，秦始皇陵銅車爲三十輻。」〔註171〕（見附圖）

又《周禮・考工記・輪人》：「視其綆，欲其蚤之正也。察其菑蚤不齵，則其輪雖敝不匡。」鄭玄注：「蚤當爲爪，謂輻入牙中者也。」……菑謂輻入轂中者也。菑與爪不倚同，乃後輪敝盡，不匡刺也。」

◎輪之圓框謂之牙，或謂之輮，或謂之輞。

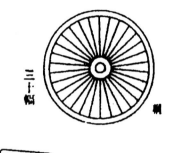

「牙」本字爲「枒」。《說文・木部》：「木也，一曰車网會也。」輪之圓框非一木，須用若干輮曲之木合圍也，木與木相接處，必有齒以相交固，故謂之牙。《說文・車部》：「輮，車网也。」謂輪之圓，框必以輮曲之木爲之，故曰「輮」。《荀子・勸學》：「木直中繩，輮以爲輪，其曲中規。」即此輮也。

◎連兩輪之木謂之軸，軸端爲軎，以轄鍵之。

《說文・車部》：「軸，所以持輪者也。」軸貫於轂中，軸之端露於轂外者，以軎套之。軎形如筒，以鐵或銅爲之。《史記・田單列傳》：「令其宗人盡斷其車軸末而傅鐵籠。」《索隱》曰：「斷其軸，恐長相撥也。以鐵裏軸頭，堅而易進也。」車上與軸端有一穿孔，以轄（如下圖）插入，使軎、轂、軸三者固定，不致脫落。「轄」以鐵或銅爲之。

◎軸兩端謂之軌，故車轍謂之軌。

◎軸上有二轐，連于輿底，亦名伏兔，用以固軸。

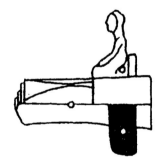

《說文・車部》：「轐，車伏兔也。」轐設于軫木之下，伏于軸上，故名伏兔。

◎輈，車前駕馬之車槓，亦謂之轅。轅用于大車，一車兩轅，輈用于小車，一車一輈。小車指乘

〔註171〕錢玄《三禮通論》，頁173。

車及兵車。

《說文·車部》：「輈，轅也。」「轅，輈也。」《周禮·考工記·舟人》亦云：「輈人爲輈。」又云：「大車之轅摯，其登又難。」斯輈、轅有別。轅用于大車，輈用于小車。錢玄先生云：「大車爲載貨物之車，駕一牛，左右兩轅，轅形直。小車爲乘車、兵車，駕兩馬或四馬，祇用一輈，其形穹隆而曲，兩馬在輈旁。」〔註172〕輈亦言軒轅，軒言其隆起而高，亦曰梁輈，言其如橋梁。輈於前端以束纏之，凡五束，曰鞏。《詩·秦風·小戎》：「五鞏梁輈。」毛傳：「一輈五束，束有歷錄。」歷錄者，文采分明也。古行車或田獵時，如須止宿於野，每列車作屏藩，出入之處，豎置兩車，以轅爲門，故稱轅車。《史記·項羽本紀》：「入轅門，無不膝行而前。」其此之謂。

◎輈之端有橫木曰「衡」，衡下曰「軛」。

《說文·角部》：「衡，牛觸橫大木。」是「衡」之本義，爲衡大木以闌牛，車衡爲引申義。衡下有軛（見附圖）。《說文·車部》；「軛，轅前也。」其形如半月，駕車時扼制馬頸，故稱之爲軛。

◎輈與衡相接之關鍵謂之軏，亦稱之輗。

《說文·車部》：「軏，車轅耑持衡者。」「輗，大車耑持衡者。」牛車爲大車用轅；轅與衡相接用輗；乘車、兵車用輈；輈與衡相接用軏。《論語·爲政》：「人而無信，不知其可也。大車無輗，小車無軏，其何以行之哉。」言車須輗、軏，爲駕者方能行。

以上之述，大抵爲車輿形制，文獻所載，仍依《周禮·考工記》及《說文·車部》立說，所引用語，亦皆以合於阮元《車制考》所述者，蓋必如此，乃不致偏古制，亦不偏先生考見所言，則於古之車制，其稱謂、形制，乃能知其所以，而有所考鏡。

3. 《車制圖考》與鄭注之異同

曾永義先生所著《儀禮車馬考》，爲就阮元推求之考工車度與鄭玄所得，互與相較，所列頗爲縝密，謹引錄以爲參考：

（1）輪崇：六尺六寸──合一四○·五八公分爲（一尺約○·二一三公尺）。

（2）輪周：二丈七寸三分釐──合四四一·六三四二公分。

〔註172〕錢玄《三禮通論》，頁196。

（3）軌長：八尺。

（4）牙面：一尺一寸——合二三・四三公分為（牙圍）。

（5）牙面漆者：七寸三分三釐三毫——合一五・六一九二九公分。

（6）不漆者：三寸六分六釐三毫——合七・八〇八五八公分。

（7）牙厚二寸——四・四二公分。

（8）轂長：二尺九寸三分三釐三毫（鄭：三尺二寸）——合六二・四七九二九公分。

（9）轂圍：二尺九吋三分三釐三毫——六二・四七九二公分。

（10）轂徑：九寸三分三釐七毫（鄭：一尺三公寸之二）——一九・九八七二一公分。

（11）賢圍：一尺七寸六分，按：賢，大穿也。大穿，謂孔也。即車轂所穿之孔。

（12）軹圍：一尺一寸七分三釐三毫。

（13）賢徑：五寸七分零四毫（鄭：六寸五分之二）。

（14）軹徑：三寸七分三釐四毫（鄭：四寸十五分・寸之四）。

（15）小穿長：一尺八寸二二釐二毫（鄭：一尺九寸）。

（16）大穿長：九寸一分一釐（鄭：一尺九寸）。

（17）輻數：三十。

（18）輻長：一尺七寸三分三釐一毫。

（19）輻博：二寸（鄭：不得過三寸）。

（20）輻厚：六分六釐六毫（鄭：一寸奇）。

（21）輻股長：一尺一寸八分八釐四毫。

（22）輻骹（近牙者，較細）：五寸七分七釐七毫。

（23）股圍：五寸一分四釐一毫。

（24）骹圍：三寸四分二釐六毫。

（25）綆：六分六釐六毫，按：車輻下端向外穹隆處謂之綆。

（26）弱長：三寸。

（27）蚤長：三寸。

（28）輿廣：六尺六寸。

（29）隧深：四尺四寸，按《考工記・輿人》：「參分車廣，去一以為隧。」注云：「隧，謂車輿深也。」

（30）式深：一尺四寸六分六釐六毫。

（31）輢較深：一尺四寸六分六釐六毫。

（32）式長：六尺六寸（鄭：九尺五寸三分寸之一），按：式同軾，爲車前橫木。

（33）式崇：三尺三寸。

（34）較崇于式：二尺二寸，通徑：五尺五寸。

（35）四軹圍：一尺一寸。

（36）式圍：七寸三分三釐三毫。

（37）較圍：四寸八分八釐八毫。

（38）軹圍：三寸二分五釐九毫。

（39）轛圍：二寸一分七釐二毫。

（40）輈身中心長：一丈五尺二寸三分六釐六毫。

（41）田馬輈身中心長：一丈四尺三寸四分四釐一毫。

（42）駑馬輈身中心長：一丈二尺八寸零一毫。

（43）當兔圍：一尺五寸二分三釐六毫。

（44）頸圍：一尺零一分五釐零。

（45）踵圍：八寸一分二釐。

（46）衡長：六尺六寸。

（47）衡圍：一尺三寸二分。

（48）任正長：六尺六寸。

（49）任正圍：一尺五寸二分三釐六毫。

（50）軸長：一丈二尺。

（51）軸圍：一尺三寸二分。

（52）錭金厚（車軸鐵）：七分四釐九毫。〔註173〕

　　以上車制細節多而繁瑣，一一詮釋，仍未必全然知車制之形，然吾人所欲引證者，則在阮元與鄭玄考證之相異耳。

　　以轂長言：

阮氏謂轂長「二尺九寸三分三釐三毫。」且云：

　　　　今案六尺六寸之論，除去牙上下兩面不漆之三寸六分六釐，椊之得

　　　　五尺八寸六分六釐六毫，又中而詘之，即爲轂長，是轂長二尺九寸

〔註173〕曾永義《儀禮車馬考》，頁36～39。

三分三釐三毫，此兵車之轂，至長者也。〔註174〕

鄭玄則謂：

六尺六寸之論，漆內六尺四寸，是爲轂，長三尺二寸。〔註175〕

而阮、鄭之異，在阮元以二尺九寸餘，爲轂之至長，越此則不適，鄭玄三尺二寸，顯逾越轂長範圍，故爲未當。

再以大、小穿言：

阮元云：

穿著，軸所貫也。大穿者，在輻內近輿之藪名；小穿著，在輻外進轚之藪名。大穿圍大，小穿圍小。蓋輻內之軸任重，故不可殺，使其穿大而轂弱，輻外之軸任輕，可以殺，使其穿小而轂強，且殺軸亦所以限轂，使不致內侵也。記曰：五分其轂之長去一以爲賢（大穿金釭），去三以爲軹（小穿金釭），是「賢」圍當二尺三寸三分零七毫也。此轂太薄，穿太大，無此理。故鄭康成曰大穿甚大，似誤矣。

又云：

大穿實五分轂長去二也，反覆此說，實爲可據。蓋五分去二，其圍一尺七寸六分也。此圍不過大，轂厚亦不易破矣。軸圍一尺三寸二分，小於賢圍數不相當者，其中爲轂厚也。轂其訛去二爲去一者，蓋記文偶有缺筆耳，理無可疑，故從鄭說，但鄭氏和一爲二之誤矣，而既以防圍爲藪圍，因又有賢軹之圍，毋乃岐錯，因遷就爲金厚一寸之說蓋非。豈知賢軹之金，不滿穿中剗藪兩末以容金厚，而金釭之圍，與大小穿同徑，其中相平乎？〔註176〕

今《周禮・輪人》「五分其轂之長，去一以爲賢，渠三以爲軹。」注云：「鄭司農云：“賢，大穿也；軹，小穿也。”賢謂此大穿徑八寸十五分寸之八，小穿徑四寸十五分寸之四，大穿甚大，誤矣。大穿實五分長去二也，去二則得六寸五分寸之二。」〔註177〕則鄭玄大穿之量度較實數多二寸矣。此注以爲非，阮元亦以爲有誤。再者，〈輪人〉亦云：「其圍之防，捎其藪。」注云：「捎，除也；防，三分之一也。」鄭注云：「藪，徑三寸九分寸之五。」而疏云：「防

〔註174〕《揅經室一集》卷六，頁115。
〔註175〕《十三經注疏・周禮》，頁599。
〔註176〕《揅經室一集》卷六，頁116、117。
〔註177〕《十三經注疏・周禮》，頁600。

三分之一者，凡言防者，分散之言，數亦不定。……此下文，『賢』是大頭穿內徑四寸五分寸之二，此當藪，處於徑三分之一，爲徑三寸九分寸之五，大小相稱，故以防爲三分之一釋之。」〔註178〕則藪圍當於防爲三分一處，數末相等，鄭氏以防圍爲藪圍，當歧錯矣。

至於阮元欲辯正鄭注者，厥爲「重較、軹前十尺後軫諸義」，故仍宜就《揅經室集》所言推論：

> 〈考工記〉于〈輈人〉，持出任木之名，又言衡任、任正之制，漢以來說者多誤。鄭康成以任正爲輿下三面材，戴侗已辨其爲軫矣，而任正之制，當然未睹。元案：任木者，輈兩端木名；衡任者，即輈前之衡，駕馬者也；任正者，軸後端之橫木，當車後持輿之後軫者也。任木最關重要。故〈考工記〉于〈輈人〉特曰：「凡任木任正者，十分其輈之長，以爲一爲之圍；衡任者，五分其長，以其一爲圍，又恐拙工之鑿小之，故終警之曰：小于度謂之無任，此聖人制作之精意也。」

考《周禮・輈人》云：「凡任木任正者，十分其輈之長，以其一爲之圍；衡任者，五分其長，以其一爲圍，又恐拙工之鑿小之，故終警之曰：小于度謂之無任。」〔註179〕鄭注云：「任正者，謂輿下三面材，持車正也。」實則即車輿用以擔負重力之木材也。林尹先生云：「輿下三面材謂軹也，輿下之材凡有四：其後之橫木謂之軫，其前之橫木及兩側之縱謂之軹，輈長軹前十尺，軹後與隧同，十分其輈之長，以其一爲之圍。若兵車之隧爲四尺四寸，輈長十四尺四寸，則軹圍爲一尺四寸四分。」又「衡任」者，鄭注云：「謂兩軛之間也。」林尹先生：「謂衡之圍，五分其長，以其一爲之圍，其長亦謂衡長，若兵車之衡長六尺六寸，則其圍爲一尺三又五分之一寸。」〔註180〕則任正與衡正爲未同，此即阮元所謂「任木者，輈兩端木名」，「衡任者，即輈前端之衡，駕馬者也。」而鄭氏以任正爲「輿下三面材」，阮元引戴侗《六書故》，其爲「軫」，如以軫言，則《說文》「軫，車後橫木也。」段注：「合輿下三面之材，與後橫木而正方，故謂之軫。」又云：「鄭注專以輿後橫木爲軫，以輢式之所對三面材爲軹，又以軹爲任正者，如其說宜記於〈輿人〉，

〔註178〕同上。
〔註179〕《十三經注疏・周禮》，頁612。
〔註180〕林尹《周禮今註今譯》，頁436。

今輈人為之，殆非也。」〔註181〕則段氏以任正為軫，與鄭氏說有異者，蓋以製者為輿人與輈人之別也。以是阮元之意可通，鄭氏亦未嘗全非也。

阮元又言：

> 近戴東原謂任正為輈，衡任為衡與軸。〈考工記〉凡任木以下三十八字，先發下文之意，下文仍舉其制，故重言衡與當兔之圍，此說亦誤。以今考之，其不合者有四：

> 〈考工記〉屬文最省，至車工之事，尤為簡潔，容有事當明言而省文互見者，斷未先已明言其圍後又重複言之者，細檢〈記〉中無此文體，其不合一也。

> 〈記〉以衡圍起衡長，故惟曰：「衡任者五分其長以其一為之圍。」「其」字下不必加衡字，而任正之圍，則起于輈，故曰：「十分其輈之長，以其一為之圍。」於「其」字下特著「輈」字以別之，若任正即輈身，其下輈字為贅疣矣，其不合者二也。

> 設使任正為輈，衡任為衡與軸，先言其圍，下文不妨再言，何以下文惟言軸圍及輈當兔圍，獨置衡圍於不論乎！此不合者三也。

> 軸之通長一丈二尺，斷不得以當輿下之六尺六寸，指名為軸，其兩端之長，置不入筭，果軸為五分其長之一，則圍當二尺有餘，即與下五分軫間一為軸圍，大相矛盾，其不合者四也。〔註182〕

據《戴震文集》〈釋車〉云：「……軸端之鑑以制轂者謂之軞，伏兔謂之䡄，輿下任正者謂之輈。」〔註183〕則戴氏必以任正為輈者，阮元則以輈與任正為不等，故提四論證，謂輈之不得為任正也。蓋以林尹先生所考，輈長為「輈身兩端六寸」，仍為十四尺餘，此輈長之長當與林氏說相較當無誤；而〈輈人〉所推，「任正」長為「六尺六寸」，則輈之與任正顯未合，此阮元以為戴說有待商榷。

以上之言，乃就〈車制考〉尺寸、及阮元與鄭、戴相異處，相與析論，亦見阮氏於〈考工記〉之用心，惟所論處，僅及「轂」、「輈」、「任正」之辨析，其他可資研議者仍多，尤以戴、阮「車制」彼此互有異同，故宜再申敘。

〔註181〕段注《說文解字‧車部》，頁723。
〔註182〕《揅經室一集》卷七，頁137、138。
〔註183〕《戴震文集》卷七，頁132。

4. 戴、阮考工車制之異同

曾永義先生《儀禮車馬考》〈車馬的結構〉之章，引近人羅鏞先生所撰《模制考工記車制記》，謂羅氏所作，乃據戴東原〈考工記〉及阮元〈車制圖解〉二家之說。〔註184〕而戴、阮二說，互有同異，羅氏於文中列舉較著者，約計八點，其中一、二點，前已概述，底下之錄，皆擇其要者，一引羅氏之語，一引曾氏之見，後乃綜述諸家之意；而於重覆之言，則未便再稱述。

（1）牙 圍

羅鏞先生云：

> 鄭注牙圍，戴氏以爲是牙圍，戴氏以爲是牙四面之度；阮氏則謂牙圍尺一寸者，即牙大圍面寬一尺一寸，立五證以難鄭義。據是則轂長、轂圍皆與戴異，今依其說，令牙大圍面寬一尺一寸，牙厚二寸，以成其說。

曾永義先生云：

> 記文「參分其牙圍而其二」，鄭注云：「不漆其踐地者也。漆者七寸三分寸之一。不漆者三寸三分寸之二。令牙厚一寸三分寸之二，則內外不漆者各一寸也。」細繹鄭氏此義，蓋以牙圍一尺一寸爲牙內外二面及建輻一邊，踐地一邊，共四面圍。但牙厚與牙寬度無以定之，所謂「牙厚一寸三分寸之二」乃鄭氏假說之辭，毫無根據。因之，阮氏別以「牙圍」爲「輞牙周匝之大圓圍」解之，是以周匝之大圓圍一尺一寸爲牙寬矣。不過這個數字和出土的實物比較起來相差甚大，也就是說從未有過這麼寬的車牙。因此阮氏之說，頗可商榷。〔註185〕

羅氏於鄭、戴、阮之說，同於阮氏，異於鄭、戴二氏；曾氏則以鄭、阮二氏爲非，而未及戴氏。今觀鄭珍《輪輿私箋》，云：「凡牙之厚，其度皆如輻之廣，小車輻廣三寸五分，則牙厚亦三寸五分，惟踐地一邊，須不枅不庢，自不能與投輻一邊同厚，其制蓋於牙內外兩邊距地一寸之處，各微微枇殺，而不至牙厚九分一釐三毫三不盡而止，則牙之踐地不削者，只餘一寸六分六釐六毫不盡。居牙圍三分之一不漆，是兩邊距地一寸。」〔註186〕是鄭珍以爲

〔註184〕《國立中山大學語言歷史研究周刊》四集，四二卷。
〔註185〕曾永義《儀禮車馬考》，頁 40。
〔註186〕《皇清經解續編》卷九三二，頁 961。

牙之尺寸同於車輻之尺寸，若小車輻三寸五分，牙厚亦五寸五分，惟鄭氏僅言及小車輻，未道及大車輻之尺寸。曾永義先生則以爲牙厚若「一尺一寸」於大車之輪實無可能，其「出土實物與考工記車制的比較」一節，即謂：

> 記文謂牙圍爲一尺一寸（合二五‧四一公分，按：一說二三‧四三公分），阮元以爲牙圍即爲牙大圓面之圍。因此根據他的說法所製作出來的車輪，其牙面寬就達一尺一寸。但是幾乎所有出土車子的牙高和牙厚都是六公分，也就是牙高和牙厚是相等的。那麼合牙四邊的長度就是二十四公分了。這個數字和記文所謂牙圍一尺一寸是頗爲吻合的。因此，我們可以這麼說，所謂牙應當如鄭注、戴氏所主張的，乃是牙四面之圍，阮氏之說係屬誤解。不過從鄭注令牙厚爲「一寸三分寸之二」來看，鄭氏是不以牙高、牙厚的尺度相等的。因之乃有假設之辭。阮元以牙厚爲二寸，亦是揣測求得，與事實當且有段距離。〔註187〕

曾氏以爲鄭注、戴氏所謂「牙圍」，乃牙四面之圍，阮元則以爲即「牙大圓面」之圍，「圍」之解析未同，所得尺寸乃有異。再以鄭氏不以牙高、牙厚尺度相等，及阮氏之以牙厚爲二寸，一爲假設，一爲揣測，遂令所解莫衷一是；然如以〈考工記〉所云：「三分其牙圍而漆其一」相計，則牙圍一尺一寸，漆其三分之二，則合七寸三分三釐三毫，當爲正確之數。而牙圍既爲牙四邊之圍，其牙高、牙厚且相等，則牙之高、厚合二寸七分五釐，此方確切之數。由此亦知，牙圍、牙高、牙厚之數未眞確，後之轂長、轂圍、賢徑、軹徑亦有差誤，以是知揣測之數，易於失眞，此爲一例。

（2）大穿、小穿

羅鏞先生云

> 鄭注訓以圍之防捎其藪，防爲三分之一，是賢軹之中轂空之長，阮氏之藪爲轂中空之通名，是則轂中自大穿至小穿以漸而狹；但阮氏既無明文，不敢臆度，約略制就，尚待考定。

曾永義先生云：

> 〈考工記〉「椁其漆內而中詘之以爲轂長，以其長爲之圍。」鄭注云：「六尺六寸之輪，漆內六尺四寸（義案：以其上下不漆者各一寸）。是爲轂長三尺二寸，圍徑一尺三分寸之二也。」因爲對于「牙圍」

〔註187〕曾永義《儀禮車馬考》，頁72。

的見解不同，所以鄭氏和阮氏所推求出來的轂長轂圍也就有所差異。而大穿、小穿之徑又由轂長求得，所以鄭氏推求出來的是大穿徑六寸十分寸之一強，小穿徑四寸四十分寸之三弱。

按：此大、小穿之辯，前已詳述，不擬再敘。

（3）牙　厚

羅鏞先生云：

> 鄭注今輻廣三寸，戴氏以爲太寬，宜不得過三寸，實則即今輻廣殺於三寸，其出牙外者仍一寸餘，倍牙之厚。阮氏以爲輻骸不滿牙曰鰍，今由服之不殺者視之，正與牙平，並不出外，由是定爲牙厚二寸，今據制之。

阮元「輻骸不滿牙曰鰍」條云：

> 記曰：「鰍參分寸之二謂之輪之固」者，其意以爲鰍參分寸之二，則牙厚二寸，輪乃固；少薄，即不固矣。〔註188〕

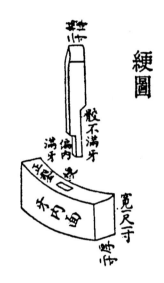

《揅經室集》並附圖以證，則阮元所述較鄭、戴二氏爲確當，惟先生所欲證者，乃「大車小車皆輻廣同牙厚，鰍數居牙厚三分之一。」譬〈車人〉云輻博三寸，此則大車牙厚三寸可知。又曰「鰍寸」，則鰍居牙厚參分之一可知。今〈輪人〉惟舉鰍數，不言牙厚，以有〈車人〉之例可互見也，且以此制人人皆知，可以省文，初不料後人如是誤解之也。故不細繹〈車人〉牙鰍之義，及〈輪人〉輻骸外殺之制，則輪鰍之說不明，而牙厚亦無從起度矣。〔註189〕則依圖例，阮元之詳述，牙厚之爲二寸者，宜爲定論。

（4）輿　輢

羅鏞先生云：

> 戴氏就通說輢爲直立，阮氏以爲軒車、輚車之異，唯在車耳之有無，定輢上反出謂之輒，然反出之度，阮無明文。

羅氏謂戴氏言「輢」爲直立，乃通說，而戴氏〈釋車〉言「輢」者有二處，

〔註188〕《揅經室一集》卷六，頁120。
〔註189〕《揅經室一集》卷六，頁121。

即「縮輻上者謂之較」、「輢內之軫謂之軹」，〔註190〕然未言其直立；阮氏則謂「輿前衡木謂之式，左右板謂之輢」，且云：「《說文》："輢，車旁也。"……蓋車輢板通高五尺五寸，其下三尺三寸，直立軫上，軫上之輪崇三尺三寸，與職輢前氏同高，若過此三尺三寸之上，則漸向外曲勢，反出乎輪之上，象耳之耽，故謂之輒。」〔註191〕則阮氏之言，當可補戴言之未足，而「輢」之言直立，由「直立軫上」之句，亦見明確。至羅氏所謂「阮氏以為軒車、輚車之異」者，蓋以「輒」之外，復有所謂之「較」者，此「較」上曲如兩角之木，而其重出式上，謂之重較。而《禮》「士乘輚車。」輚車者，木立軫上，不曲如輢也；若大夫墨車，卿夏縵以上，則並名「軒」，有車耳。故阮元云：「毛傳以重較為卿士之車，此實當時禮制，戴君東原反譏其傅會，非也。」〔註192〕此亦見先生較戴氏為後出轉精也。

（5）軓 制

羅鏞先生云：

> 軓陰之制，戴未詳言，阮氏為圖以明之，較確鑿矣！尺度仍無確數，今約略以任正之半為軓之高，俾軝在輿下無低昂之差，陰板高下亦據圖比擬為之。

羅氏謂軓陰之制，「戴未詳言」。惟戴氏〈辨正詩體注輈軌軓軓四字〉則謂：

> 《詩·北風·匏有苦葉》：「濟盈不濡軌。」毛氏《故訓傳》：「由輈以上為軌。」《經典釋文》曰：「軌，舊龜美反，謂車轊頭也。」震謂：音犯，則字當作軓，以韻考之不合。疑漢時「軌、軓」二字訛淆莫辨。毛君讀此時，豈聲從軌而義從軓，誤併二字一歟？……「軓者式前」。〔註193〕

此則戴氏以音謂「軓、軌」易淆，及「軓者式前」，未及軓陰之義；阮元釋「所以揜軓，謂之陰」者，即謂：

> 陰者，輿前式下板也。《詩·小戎》曰：「陰靷鋈續。」毛傳曰：「陰，揜軓也。」箋曰：「揜軓在式前，垂輈上。」《釋名》亦曰：「陰，蔭也。」橫側車前，所以蔭苓也。蓋輿前厚皆空，又前軫下有軓以衍輈

〔註190〕《戴震文集》〈釋車〉，頁132。
〔註191〕《揅經室一集》卷六，頁125。
〔註192〕同上，頁126。
〔註193〕《戴震文集》，頁50。

身，此陰板揜乎軹前，空虛下重至軹上，并軓亦揜之，使不見，故陰
名揜軹，且爲輿前飾也，或直命揜軹爲軹者，誤也。〔註194〕

阮元並以圖爲說，於「輢」、「軹」、「軹」、「軓」解之尤詳，所示當可補戴氏
之未足。

圖一　　　　　　　　　　　圖二

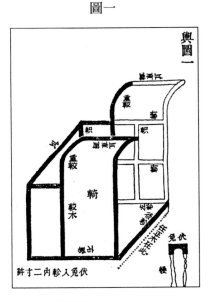

（6）曲轅輈

羅鏞先生云：

> 戴據鄭注定輈頭高長之度，阮氏以爲衡軓之間太短，不能容馬，頸
> 過高，爲馬首所不及，因據記算之，定爲四寸七寸，輈深爲輈中半
> 圓之度，軓前十尺爲自軓至頸之通徑，因以贏朒二數求得輈心之長，
> 其說似矣！〔註195〕

阮元云：

> 輈者，曲轅駕馬者也，以其形曲，故與舟同聲，曰輈。輈車通長一
> 丈九尺餘，車之材莫大于此，本之中輈少，故必須揉治，乃中軓前
> 上曲及弧深之度。……要知記文本自簡可據，自鄭康成氏失解之，
> 而其度不可求矣。今且依鄭注述之，其誤可見。
>
> 記曰：「國馬之輈深四尺有七寸。」鄭注曰：「衡高八尺七寸，除馬

〔註194〕《揅經室一集》卷六，頁130。
〔註195〕曾永義《儀禮車馬考》，頁41。

之高（八尺），則餘七寸爲衡頸間也。」記又曰：「軓前十尺，而策
半之。」鄭注曰：「謂輈、軓以前之長也。」據此，則鄭意以輈深四
尺七寸，爲輈端直垂下至與軓平處之高，得四尺七寸，除輪半崇及
古軫與軓之四尺不入筭也，且以軓前十尺爲輈身之長也。

夫使輈前十尺爲輈身，則輈身不能無撓，其撓之數，經無明文，
于是又意爲解曰：凡弓引之中，參揉輈之倨句中二可也，中二則
參分，損一耳，即十尺之曲輈，參分損一，得六尺六寸六分之直
弦，再以輈深之四尺七寸爲句，尤求其股，則股長四尺三寸三分
有奇，即使服馬尾近著陰板之前，而輈端之衡已近馬脊中矣，有
是理乎！

蓋阮元以實質裁量，證鄭注輈頭高長之度爲不合宜，其法則以直弦、股長數據
以算，其精密度較鄭氏過之，而戴氏所據，亦鄭注所示，則阮元以爲有誤。

鄭注曰：「軓前十尺，十或作七。」令七爲弦，四尺七寸爲句以求
股，股則短矣，七非也。鄭此注，亦自知股太短，不足容服馬，
訂七爲訛字，但以七尺之弦爲非，固以十尺之弦爲是矣，若以十
尺爲弦，則輈身絕無撓矣。……由前之說，則輿前短縮，衡亦太
高；由後之說，則輿前略寬，輈又無撓，舛誤至此，皆由誤解記
文之故。然則記文果何解耶？元案：記曰：「軓前十尺。」自軓前
直引至輈端，長十尺也。記曰：「國馬之輈，深四尺有七寸。」鄭
司農注云：「深謂輈曲中。」此解精確不刊。觀記文：一曰「凡揉
輈，欲其深而無弧深。」再曰：「輈深則折，淺則負。」深字皆指
曲中者爲言，是所謂深四尺有七寸者，乃曲中之度，必非輈端下
垂之高明矣。

鄭、戴氏與阮元之爭議者，即在輈之四尺七寸，究爲高，亦爲深？阮元以爲
此乃曲中之度，非垂直之高；如以曲中之度計，則輈之深可解，而輈亦非「無
撓」，如是輈之輈爲曲非直可知，此爲正鄭氏之說也。

（7）任 正

羅鏞先生云：

據戴說輿前無軓，後無任正，輈無所附。阮氏以爲十分輈，以一爲
任正，應與輿廣，橫安車後，較戴爲密。

「任正」、「衡正」之辨，前已言述，阮氏亦舉四理以證，所言較戴氏合宜。

（8）枸　軶

羅鏞先生云：

> 戴氏以爲枸軶即在衡中，故其所圖，於衡上缺兩端使成軶狀。阮氏
> 以爲枸軶本另爲一物，束之於衡。

《說文》云：「軶，枸也。」又云：「枸，軶下曲者。」段注：「軶木上平而下
爲兩坳，加於兩服馬之頸，是曰枸。」〔註196〕以是戴、段皆以軶下爲枸；阮
元則以爲枸、軶本另爲一物，且謂：

> 衡與車廣等，長六尺六寸，平橫輈端直木也。〈車人〉曰：「鬲長六
> 尺，亦直木也。」若壓馬牛頸處，則別有曲木縛於衡鬲之下，以下
> 扼馬牛之頸。包咸《論語》注曰：「軶者，轅端橫木以縛軶。」此雖
> 誤解軶爲鬲，而其言軶縛於橫木之下，則漢時目驗猶然。皇侃疏曰
> 「古戶牛車二轅，不異即時車，但轅頭安枙，與今異之。」即時車
> 枙用田木駕於牛脰，仍縛枙兩頭著兩轅，古時則先取一橫木縛著兩
> 轅頭，又別取曲木爲枙，縛著橫木以駕年脰也。即時一馬牽車猶如
> 此也，據皇氏說，則枙別爲衡鬲下曲木甚明。至梁時此制尚存，故
> 得以目驗而知，由此說，驗之諸書無不合者。

又云：

> ……據此，可知軶曲半規，末向下耳。軶又名烏啄者，屋啄合聲
> 握。……《爾雅》：「軶，屋燭。」即《詩》所謂「蜎蜎者蠋。」
> 蟲行屈中，即名曰厄也。「蜎蜎，蠋曲貌。」〈考工記〉「盧人刺兵，
> 欲無蜎。」亦此義也。《釋名》曰：「烏啄向下叉，馬頸似烏開口
> 向下啄物時也。」此象形則得矣。釋義則甚謬也。鬲下駕馬祇用
> 一軶，若衡下駕馬，則用兩軶，故兩軶又名兩枸，枸亦以其曲句
> 名之也。〔註197〕

則阮元所解「枸」、「軶」，乃即「衡鬲下枙馬牛者」爲「軶，謂之烏啄」；「衡
下兩軶，曰兩枸。」此「軶」與「枸」別爲一物，與戴氏所謂枸軶在衡中者
未同，蓋亦戴阮之異也。因之，如以圖爲說，則阮、戴之車別，彼此亦有不
同。〔註198〕

〔註196〕段注《說文解字》，頁726。
〔註197〕《揅經室一集》卷七，頁139。
〔註198〕曾永義《儀禮車馬考》，頁133。

圖一：阮元〈考工記〉車制模型　　圖二：戴震〈考工記〉車制模型

依上之述，則阮元《車制考》，一爲正名物之實，一爲辨鄭、戴之異同，所舉雖《周禮・考工記》〈輿人〉、〈輈人〉之例，於此亦見先生熟諳車制之作，固入內出外。至錢坫〈車制考〉一卷、鄭珍《輪輿私箋》三卷〔註199〕、王宗涑《考工記考辨》八卷，〔註200〕其車制之解，亦皆循古制以言，限於篇幅，未爲提出，然於先生之作，有所裨益，蓋爲可知。

（三）考事例

《揅經室集》之禮古訓，「明堂」、「車制」固爲體之旨要，即古器古物，亦與禮干係甚切，而所謂之器物，探本溯源，與〈考工記〉所列，又復有相同相異之處，故《揅經室集》特爲之考定，蓋以爲此諸器物之佳者，非僅物狀形貌之有無，乃在其中內蘊可否相映於經籍，而彰顯其價值耳。因之，《一集・卷五》所引〈古戟圖考〉、〈匕圖考〉、〈銅和考〉、〈璧羨考〉、〈棟樑考〉、〈古劍鐔臘圖考〉、〈鐘枚說〉、〈豐字瓦拓本跋〉、〈與程易疇孝廉方正論磬直縣書〉諸篇，皆就器物之形狀考就其經傳之源，此與「明堂」、「車制」之論述，可謂異曲而同工。再就分例言，則此諸器物之事例，又可分爲武備例、玉瑞例、樂器例及宮室例，茲分述如下：

1. 武備例

武備者，蓋言兵器也。原於先民之時，民人勞動之具與兵器本未分，皆以玉石、蚌貝、獸骨、樹木製作，迨入青銅時代，始用青銅兵器，之後，方有鐵器之使用。譬如近之史實，載河南殷墟出土之玉鏃、玉匕首、玉刀、玉戈、玉矛頭、玉斧等，有配以銅管柄者，均係銅器時代之物。《揅經室集》所

〔註199〕《續經解・三禮類彙編》一冊，頁 948～1004。
〔註200〕《續經解・三禮類彙編》二冊，頁 1005～1067。

取亦銅器時代之物，惟所取若武備者，非兵器皆選用，乃擇一、二以爲例訓，此如「戟」、「匕首」而已，而此二物，一則爲長兵器，如戟；一則爲短兵器，如匕首。若推考源頭，亦古經古傳蓋已記載，當非空穴來風也。

（1）長兵器：戈戟

《古戟圖考》，本篇於「阮元之訓詁」已略述，且亦曾舉圖以證，然未明顯分戈之與戟，今再辨析之：

阮元引《說文》云：

> 戈，平頭戟也。然則戟爲不平頭戈也。
>
> 《說文》解戟曰：「有枝兵也。」
>
> 〈考工記〉云：「戈，廣二寸，內倍之、胡三之、援五之，倨句外博；戟，廣寸有是戟之異于戈者，以有刺；且倨句中矩與刺，是刺同援長，可省言刺五之，但曰「與刺」而已，今世所傳周銅戈甚多，而戟則甚鮮，鄭注又多晦誤，于是古戟制不可知。〔註201〕

戈與戟，當如《說文》所言平頭之戟與不平頭之戈，然其差異何在？則未詳述。今引《周禮》及《詩經》之說以言，證二者確有未同也。

◎戈

《周禮・夏官・敘官》：「司戈盾」。鄭玄注：「戈，今時句子戟。」

此戈者，乃用以勾挽或啄刺之兵器，其刃橫出，故屬勾兵，與直刀刺兵之矛不同。戈亦名「句子」。

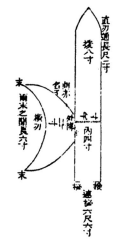

戈

《周禮・考工記・冶氏》：「戈廣二寸，內倍之、胡三之、援四之。已倨則不入，已据則不決；長內則折前，短內則不疾，是故倨句外傳，重三鏺。」鄭注云：「戈，今句子戟也。……內謂胡以內接秘者也（按：疏謂之柄也）。長四寸、胡六寸、援八寸。」又謂：「戈，句兵也，主於胡也。已倨，謂胡微直而邪多也，以啄人則不入；已句，謂胡曲多也，以啄人則創不決；胡之曲鋒，本必橫而取圓，於磬折前謂援也。內長則援短，援短則曲於磬析，曲於磬折則引之與胡並鈎；內短則援長，援長則倨於磬析，倨於磬析則引之不疾。」又云：「博，廣也。句之外、

〔註201〕《揅經室集》卷五，頁93。

胡之裏也；句之外、胡之表也，廣其本以除四病而便用也。」又云：「三鐋爲
一斤四兩。」〔註202〕然此注似未明確。程瑤田〈與阮芸臺論戈戟形體橫直名
義書〉則謂：

> 戈之著柲，橫內於後，則其正鋒必橫出於前，如人伸手援物，故謂
> 之援，援體如劍鋒，即橫出，則上下皆有刃，如劍之鍔鋒以啄，上
> 刃以椿，下刃以句，而末已也。下刃之本曲而下垂爲刃，輔其下刃
> 以決人，所謂胡也……然則胡之名，因援而有也。援折爲胡，於是
> 戈之倨句生焉，倨句者，物有折之名也。倨句無定形，故戈之倨心
> 句外傳也。〔註203〕

實則程氏之說未見清晰，反而疑惑。戴震〈戴吉士考工圖記〉載「戈」器，
圖示（如右圖）則清晰簡明。綜括以言，則〈考工記・冶氏〉所云乃爲數據
倍數之延申耳，此即戈廣二寸，「內」長度爲廣之二倍，即四寸，胡長度爲廣
之三倍，即六寸，援長度爲廣之四倍，即八寸。若援橫出過於向上，則僅傷
人未能啄人，過於向下，則僅傷人未能割斷；內過長，援易掉析；內過短，
任使不便捷，若援橫出微斜向上，即未有是失。由是知援與胡之角度必大於
直角，再以注謂「三鐋爲一斤四兩」，化爲古數，則鋝爲六兩十六銖，三鋝爲
二十兩。

◎戟

戟爲戈、矛之合體。上爲直刃，即矛；下有援、胡、內，即戈。既可刺
又可勾啄。

《周禮・考工記・冶氏》：「戟廣寸有半寸，內三之，胡四之，援五之，
倨句中矩，與刺重三鋝。」鄭注云：「戟，今三
鋒戟也。內長四寸半，胡長六寸，援長七寸半。
三鋒者，胡直中矩，言正方也。」

鄭注謂戟爲三鋒，則於「內」上作利刃，而
名三鋒者，乃一器三利刃，故可刺、可勾、亦可
斫。阮元又以爲「戟之異于戈者，以有刺，且倨
句中矩與刺，是刺與援同長。」以數據算計，則
戟廣一寸半，內之長度爲廣三倍，即四寸半；胡

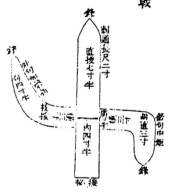

〔註202〕《十三經注疏・周禮》，頁616。
〔註203〕程瑤田《考工創物小記》，《皇經清解・三禮類彙編》，頁846。

之長度爲廣四倍，即六寸；援之長度爲廣五倍，即七寸半，而援與胡縱橫成直
角，乃所謂「倨句中矩」也。黃以周《禮書通故》載「戟」器（如圖示）〔註204〕
可以參考。

再者，「戟」又名「棘」，以音同通假故也。《詩·小雅·干斯》：「如矢斯
棘。」鄭箋：「棘，戟也。」《左傳·隱十一年》：「子都拔棘以逐之」杜預注：
「棘，戟也。」是棘之通戟也。

由是依上圖示，「戈」、「戟」顯爲不同之器，形皆如殳柄，然黃以周圖示，
言戈長六尺六寸，朝長丈有六尺，兩者是爲不同。而《挐經室集》所引戟圖，
阮元云：「乃歙程彝齋（敦）手拓。」〔註205〕圖示漫漶未明，故未取以爲說也。

（2）短兵器

◎匕

《挐經室》載〈匕圖考〉：

> 匕所以載鼎中之牲體者。《易·坎》《詩·大東》：
> 「匕以棘。」《禮記·雜記》：「匕以桑。」《說文》
> 篆作片，亦當象形。然古木匕之形不可見矣。通
> 俗文曰：「匕首劍屬。」其頭類匕，故曰：「匕首」，
> 短而便手也。（《文選》鄒陽〈獄中上書〉注引）
> 然則得見匕首，可見匕形矣。……庚午冬在京師，
> 見門下山西劉師陸所藏古銅匕首，今繪其形于
> 後，其柄上有旁枝，即片字旁一小枝之所以象形者，古匕以棘桑之，
> 當如此形，特柄長可以撓于鼎中耳。〔註206〕

《易·坎》言「寘于叢棘」；《詩·大東》則云：「有饛簋飧，有求棘匕。」此
「匕」乃取食物之匙，非兵器之謂；而阮元引《通俗文》所謂「匕首」者，
乃劍屬，以其頭類匕，短便用也。則依圖示，匕有二類，一以取飯，如今之
飯匙；一如矢鏃，便於利用。黃以周云：

> 古匕首作淺斗，柄又曲，與阮氏所圖豐脊而直柄不同。申其說者因
> 謂匕柄本直非也。……求者，曲而長也。〔註207〕

〔註204〕戴震〈戴吉士考工記圖〉，《皇清經解·三禮類彙編》，頁917。
〔註205〕《挐經室集》，頁93。
〔註206〕《挐經室集》，頁94。
〔註207〕《禮書通故·物四》，頁1～14。

阮、黃二氏兼屬匕首於食器及短兵器，今者，以其「短便使用」，亦歸武備例也。

◎劍

《揅經室集》〈古劍鐔臘圖考〉云：

> 古劍鐔臘之名之制，及古劍之存于今者，已見之歙程氏《通藝錄》
> 矣。予在京師又得一古劍，其劍首鐔與《通藝錄》同，不過如今胡
> 桃之半殼而已。……余門生錢塘陳均，自秦中歸，得古劍柄，其首
> 之鐔乃隆起空中，旁有一孔如人鼻孔大，吹之，其聲嗷然清高，聞
> 于百步之外。又其莖上之臘，作四出長鬣形，如今梔子花蔕，莖上
> 小銅釘周滿，留手不滑，亦不刺手，不必鏌纏，特其臘以上之劍身
> 折去耳。必如此則臘之所以名臘，獵獵然如長鬣，可乃見也。今程
> 氏及余所藏之劍，其鐔臘皆僅具其名而簡其形制者也。……此程氏
> 《通藝錄》所載，及予所藏之古銅劍形，蓋僅具鐔臘之名，而非考
> 工「鐔臘」命名之本制本形也。〔註208〕

則鐔者，乃居劍柄之首也；臘者，蓋即所謂劍柄也。

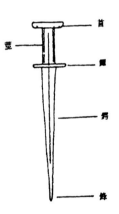

而「劍」者，乃即古昔常用之短兵器，爲士以上佩于身以自衛者，此即《說文·刀部》：「劍，人所佩兵也。」如以「劍」之構式觀之，則劍乃劍身與劍把之聯結。各部均有專名。譬劍身：前端曰「鋒」；中線突起者，曰「脊」；脊兩側如坡狀，曰「從」；從之刃，曰「鍔」脊與從合稱曰「臘」。而劍把：中間曰「莖」；以木夾於莖外者，曰「夾」；夾上纏以繩，謂之「後」；後通侯；劍把之端曰「首」，劍身與劍把之間，突出部份，所以護手者，曰「格」，亦曰「鐔」。〔註209〕《周禮·考工記·桃氏》云：「姚氏爲劍，臘廣二寸有半寸。兩從半之。以其臘廣爲之莖圍，長倍之。中其莖，設其後。參分其臘，謂兩刃。」鄭司農云：「(從) 謂劍脊兩面殺趨鍔。莖謂劍夾，人所握，鐔以上也。玄謂莖在夾中者，莖長五守。首圍，其徑一寸三分寸之二。」〔註210〕程瑤田〈姚氏爲劍考〉亦云：

> 姚氏爲劍，臘廣二寸有半寸。臘者何？臘之言鬣也。前承劍身，而

〔註208〕《揅經室一集》卷五，頁 100、101。

〔註209〕錢玄《三禮通論》，頁 216。

〔註210〕《十三經注疏·周禮》，頁 617。

後接於莖，豐中而漸殺焉。以橫趨於兩旁如髮鬑然，故謂之臘。橫者臘之廣，則中豐者，其從也。劍身閷之，故有兩從，從半於廣，故廣二寸有半寸，從則一寸有四分之一矣。莖者何人所握著也。莖之言顠也。在首下，鬑被於其前，望形立名，惟其似也，以臘廣爲之，圍則參分臘廣之一，其莖圍之，徑也中其莖者何？當莖長之中也。設其後者何？後之言緱也。以繩纏之謂之緱。緱之言喉也。當莖之中設之，以容指，而因以名其所纏之繩。……劍把者，莖也，莖必纏以緱，故知中其莖而設之者在是也。〔註211〕

程說是也。惟鐔之位置究竟爲何？仍有所爭議。鄭眾注：「莖爲劍夾，人所，握鐔以上也。」說當如上圖所示。阮元則以爲鐔乃劍柄之首，隆起空中，旁有一孔者也（如圖一）。黃以周亦云：「劍柄之名五刃；後之鋌曰莖；以木傳莖外便持握者曰夾；其旁鼻曰鐔。」（如圖二）。〔註212〕相同之見，若《莊子·說劍》云：「以周、宋爲鐔。」《釋文》謂：「《三蒼》云劍口，徐渭云“劍鐶”，司馬云“劍珥”。」程瑤田則謂：「劍鼻謂之鐔，鐔謂之珥，又謂之環。」〔註213〕即王先謙《漢書補注》〈韓延壽傳〉：「鑄作刀劍鉤鐔。」顏師古注：「劍喉也；又曰鐔，似劍而小夾。」此劍喉乃蘇輿所謂之劍鼻，亦謂之劍口。諸說與鄭眾之意，及以圖相較，證阮元「鐔、臘」之說，乃信而有徵，非屬臆度也。

圖一　　　　　　　　　　　圖二

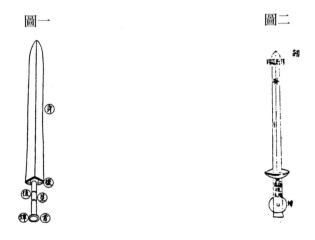

〔註211〕程瑤田《考工創物小記》、《皇清經解》五三八卷，《皇清經解·三禮類彙編》，頁851。
〔註212〕黃以周《禮書通故》，頁1356。
〔註213〕程瑤田《考工創物小記》、《皇清經解》五三八卷，《皇清經解·三禮類彙編》，頁851。

2. 玉瑞例

玉瑞者，乃指行禮所用之玉器。其物蓋自石器時代之石制工具、武器、飾物等展延而來。有如 1976 年安陽出土之「婦好墓」，所用玉器即達 755 件，製作精緻絕倫，則知殷武丁之時，玉器之技術及藝術已臻美善。然此器物是否以之行禮，仍待研究；迄周之際，若干玉已入行禮之行，如《周禮》六瑞之說：圭、璧、璋、琮、琥、璜，即此玉瑞。〔註214〕是阮元〈璧羨考〉所謂之璧玉者，其說蓋取諸《周禮》也。

> 琢玉石爲周尺，徑尺之璧，于《周禮》「璧羨」之說考之，而有得焉。《春官·典瑞》云：「璧羨以起度。」《考工記》「玉人曰：璧羨度尺，好三寸，以爲度。」《爾雅·釋器》曰：「肉倍好謂之璧。」按《爾雅》之說，肉倍于好，即名爲璧，若中好三寸，則上下之肉個三寸，共成九寸，此璧之常制，故玉人曰：「璧琮九寸也。」（若謂上下肉各倍于好，則好得肉四分之一九寸之璧，好一寸八分畸零，不成度數矣。）別有盈尺之璧，較之九寸之璧，羨餘一寸，此即名爲璧羨，猶曰羨璧也。此璧于上下肉三寸之外，各羨半寸，合成一寸，且是周圍正圓，皆羨半寸，合成一寸也，以起度者，以此璧即命爲一尺，凡度量皆可從此推起，……鄭司農之說本不誤，鄭康成以羨爲不圓之貌，廣徑八寸，袤徑八寸，袤一尺，此說非也。璧未有不圓者，若如鄭說，是橢圓形矣，非《周禮》、《爾雅》本義也。〔註215〕

阮元之意，在「璧羨」之解，當求諸《周禮》、《爾雅》，且璧爲圓形，鄭康成以璧爲橢圓形，顯與事實未合，故以鄭說爲非是。

《周禮·春官·典瑞》：「璧羨以起度。」鄭司農云：「羨，是也。此璧徑長尺，以起度量。」鄭玄云：「謂羨不圓之貌，蓋廣徑八寸，袤一尺。」〔註216〕《周禮·考工·玉人》：「璧羨度尺，好三寸，好爲度。」鄭司農：「羨，徑也；好，璧孔也。《爾雅》曰：〝肉倍好謂之璧；好倍肉謂之瑗；肉好或一謂之環。〞」鄭玄謂：「羨猶延，其袤一尺而廣狹

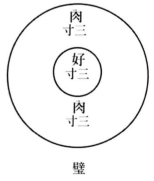

璧

〔註214〕錢玄《三禮通論》，頁 247。
〔註215〕《揅經室一集》卷五，頁 96、97。
〔註216〕《十三經注疏·周禮》，頁 315。

焉。」〔註217〕

　　程瑤田〈璧羨肉好度法述〉云：

> 《爾雅・釋器》：「肉倍好謂之璧；好倍肉謂之瑗；肉好若一謂之環。」
> 郭璞注云：「肉邊好孔好倍肉，孔大而邊小若一，孔邊適等。」據經
> 典注皆謂若璧孔一寸，則邊二寸；合兩邊及孔，其徑五寸也。瑗孔
> 二寸半，則邊一寸又四分寸之一，合兩邊及孔，其徑亦五寸也。環
> 孔一寸又三分寸之二，則邊亦一寸又三分寸之二，合兩邊及孔，其
> 徑亦五寸也，肉好度法甚明矣。而鄭氏不知〈典瑞〉則曰：「廣徑八
> 寸，袤一尺。」賈氏於是誤釋之以增成其說曰：「此璧好三寸，肉各
> 三寸，兩略共六寸，是肉倍好也。」造此璧時，應圜九寸，今減廣
> 一寸，以益以下之袤，則上下一尺廣八寸，自鄭、賈二氏說出，而
> 《爾雅》肉好或倍或一之度法，學者不明其義矣。〔註218〕

試考量《周禮》及阮、程二氏之言，則璧羨之說，諸家與鄭玄略有差異：二
氏以璧為圓，鄭氏則以為橢圓；考鄭氏以璧為橢圓，其因概以（一）鄭氏確
信《爾雅》「肉倍好謂之璧」之說，今璧羨之徑一尺，好三寸，不合此比例，
故以為橢圓。而由出土實物觀之，與《爾雅》之說未合，知璧當作正圓解。（二）
〈考工記・典瑞〉鄭玄言「羨」為「不圓」；〈玉人〉者，鄭司農以「羨」為
徑，所解不同，或圓或橢圓當亦未同，阮元則以璧之常制，為中好三寸，上
下肉各寸解之，得璧之為圓。（三）如〈璧羨〉寸之璧，好一寸八分畸零，不
成度數矣。」〔註219〕因之，以三乘三寸之常制言，則璧為肉、倍、好，合為
九寸，加增兩邊半寸之羨（計一寸），其度為一尺，恰為正圓，亦合《爾雅》
所言：「肉倍好謂之璧。」之意，亦見阮說較鄭氏合宜。

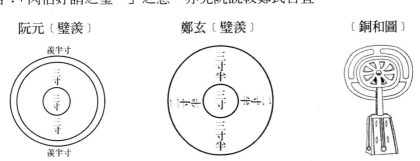

阮元〔璧羨〕　　　　鄭玄〔璧羨〕　　　　〔銅和圖〕

〔註217〕《十三經注疏・周禮》，頁63。
〔註218〕《皇清經解・三禮類彙編》，頁866。
〔註219〕《揅經室一集》卷五，頁95。

3. 樂器例

《揅經室集》攸關樂器之述未多，可舉者，乃〈銅和考〉、〈鐘枚說〉、及與程瑤田言「磬」之論，前二篇較簡易，所論在物之形與聲；後之篇言「磬」之直縣，與〈考工記〉相印證，於縣之直不直，當亦多所辨析矣。

（1）銅和即鑾桓說

阮元云：

> 古銅器中，有下半長方形，而空其下口以待冒者，上半橢圓空中如兩輪形，中含銅丸，望之離婁，然搖其丸於兩輪中，其聲鶴鶴然。《考古圖》載李氏錄云：是漢武帝時舞人所執之鐃，遂謂之漢舞鐃，誤矣。鐃者，似鈴而無舌，《周禮》所謂「以金鐃止鼓。」《樂書》所云：「小者似鈴，執而鳴之以止鼓；大者懸而擊之，象鐘形，薄旁，有二十四銑」，非此之謂。此乃古車之和鑾也，鑾亦作鸞，鄭氏注：戴記云：「鸞和，皆鈴也。」又云：「鸞，在衡；和在軾。」此據大戴而云然，謂鸞在衡之端，和在軾之前，此器近世流傳甚多，其下方空處，應即冒車前軾兩柱之耑，故有旁孔以待橫貫，使不致脫。《韓詩傳》云：「升車則馬動，馬動則鑾鳴，鸞鳴則和應。」蓋鸞近馬首，乘則馬動而鸞鳴，和乃應之。《左氏傳》云：「錫鸞和鈴，昭其聲也。」經解云：「升車則有鸞和之音。」皆此物也。鑾者謂橢圓之瘠形，《爾雅》曰：「巒山隋。」《詩》曰：「棘人臠臠兮，婉兮孌兮。」皆謂瘦削之形，執其鸞刀，亦象其形，或以為象鸞鳥鳴聲音，此又從其聲而生義以名鳥也。和字，乃「桓」字同音假借字，車前兩柱如桓楹和門然，若以為聲音之和，則誤矣。〔註220〕

然則銅和之和非讀「和」，乃「桓」字之通假，「銅和」乃「鸞桓」也；而「鸞」字復與「孿、鑾、攣」音同，經解皆互通也。阮元之所以載「銅和」之說，蓋辨《考古圖》之誤也。《考古圖》載李氏錄，言「銅和」為「漢舞鐃」，考「鐃」乃漢時舞人所執打擊之樂器，其源行于殷周，狀如鈴，稍大。口部呈弧形。體短，體闊大於體高。執柄，口向上，持槌擊之。用於軍中，其作用在指使軍士停止擊鼓。上圖所示，即殷墟「婦好墓」出土之「鐃」。〔註221〕《周禮·地官·鼓人》：「以金鐃止鼓。」鄭玄注：「鐃如鈴，無舌有秉，執而

〔註220〕《揅經室一集》卷五，頁96。
〔註221〕錢玄《三禮通論》，頁261。

鳴之，以止擊鼓。」〔註222〕然此「鐃」與阮元所謂「銅和」究竟未同；其銅和即鑾和，一在衡，一在軾，二者皆鈴，且器物者，即下半長方形，上半橢圓空中如兩輪形，中含銅丸，搖丸兩輪中，其聲鶬鶬然；而鑾和即和鑾，亦鑾桓也。《詩・小雅・蓼蕭》：「和鑾雝雝。」孔疏云：「和亦鈴也，以其與鑾相應和，……在鑣曰鑾，謂鑾鈴置於馬之鑣。」〔註223〕《禮記・玉藻》云：「故君子在車，則聞鑾和之聲，」孔疏云：「鑾在衡，和在式，《韓詩外傳》文也；若鄭康成之意，此謂平常所乘之車也。若田獵之車，則鑾在馬鑣也。」〔註224〕則鑾和非軍中之「鐃」可知，故「銅和」也者，乃繫掛於車馬之鈴無誤。

鐃　圖

（商器）

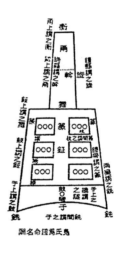

（2）鐘枚即鐘乳說

阮元云：

> 予所見古鐘甚多，大小不一，而皆有乳，乳即〈考工記〉之所謂枚也：其枚或長或銳，或且甚平漫，鐘不一形。竊思古人製器，必有所因，此枚之設，將爲觀美耶，未足觀也；然則欲此纍纍者何用乎？乙丑（嘉慶十年乙丑，1805年，先生時年四十二歲）春，余在杭州，鑄學宮之樂鐘，與程氏瑤田、李氏銳共算其律，以定其范，將爲黃鐘者，乃鑄成，則失之爲夾鐘矣，鑄工曰：「若不合者，當用銅錫傅其內，而改其音。」於乃令其別擇一鐘，挫其乳之銳者，乳鈍而音

〔註222〕《十三經注疏・周禮》，頁190。
〔註223〕《十三經注疏・詩經》，頁349。
〔註224〕《十三經注疏・禮記》，頁564。

改矣。夫乃知考工但著摩礱之法者，爲其枚易摹，人所共知，不必
著於書也。〔註225〕

〈考工記〉云：「鐘帶謂之篆，篆間謂之枚，枚謂之景。」鄭注：「帶所
以介其名也，介在于鼓、鉦、舞、甬、衡之間，凡四；鄭司農云：〝枚，鐘乳
也。〞玄謂今時鐘乳夾鼓與舞，每處有九面三十六。」賈公彥疏云：「云帶所
以介其名也者：介，間也，言四處，則中二通上下畔爲四處四；舉漢法一帶
有九，古法亦當然，鐘有兩面，面皆三十六也。」然鄭注、賈疏所言，委實
未易全知，即鼓、鉦、舞、甬、衡、若未詮釋，亦未知爲何？〈考工記〉云：
謂之鼓，鼓上謂之鉦，鉦上謂之舞，舞上謂之甬，甬上謂之衡，縣謂之旋，
旋蟲謂之幹，……于上之攠謂之隧。」〔註226〕程瑤田〈鳧氏爲鐘章句圖說〉
所列（如上圖），於鐘之細目所示即其明確，且就〈考工記〉之言加諸襯字：

古鐘羨而不圜，有兩邊爲兩樂，謂之銑。兩邊之間謂之于。于上擊
處謂之鼓。鼓上正體謂之鉦。鉦上鐘頂謂之舞。舞上出于頂爲箭，
謂之甬。甬上平處，對于言之謂之衡。鐘縣與甬相合謂之旋。食旋
之初，在甬上者爲旋蟲以管之，謂之幹（字當爲幹）。鐘帶設於鉦者
謂之篆。篆間爲乳謂之枚。枚上隆起有光謂之景。于上之攠處謂之
隧。〔註227〕

而謂之「枚」者，程氏亦補云：

鐘帶謂之篆，篆間謂之枚。吾友戴東原補注云：「篆，枚也，皆在鉦。」
余謂：篆之設於鉦也，交午爲之，橫四縱三，中含偏方，空者六空，
設三枚，三六十八枚，兩鉦凡三十六枚，枚之下，左右皆有篆，故
曰：篆間謂之枚也，故隆起有光，又謂之景。〔註228〕

則枚之數，若鄭氏所謂九面三十六，即程氏所謂橫四縱三，六空之處設三枚，
一鉦十八枚，兩鉦三十六枚是也。鄭、程二氏之解，恰可補阮元未言之處，
至於阮氏所云黃鐘、夾鐘之別，當與枚之近鼓鉦遠近有所關連，大抵枚近鼓
鉦者，音洪大，遞遠則遞狹小，此即關葆謙《鄭冡古器圖考》所云：

《考古圖》跋遲文鐘有云：「古之樂鐘羨而不圜，皆有篆間之枚，故

〔註225〕《揅經室一集》卷五，頁101、102。
〔註226〕《十三經注疏·周禮》，頁617。
〔註227〕程瑤田〈鳧氏爲鐘圖說〉〈樂器三事能言〉，《皇清經解·三禮類彙編》，頁859。
〔註228〕同上，頁860。

其聲一定而不游，與眾樂不相奪，今鐘多圓而無枚，故其聲與古相反。」此謂善論枚之用者矣！余嘗取各鐘扣之，其鐘大者，聲亦宏大；鐘小者，聲亦狹小。同是一鐘，其枚之近於鼓鉦者，音洪大，遞遠則遞狹小。又鐘在枚間皆有長孔一，是知三十六枚之部份及枚間之長孔，皆與調節音律上有關，此即《博古》、《考古》諸書所未論及者〔註229〕

故知枚之部位及其間長孔與音律之調節有關，聲洪、聲小亦洪鐘、夾鐘之別，而欲使鐘聲相合，必阮元引鑄工所謂「銅錫傅其內，可改其音。」繼以「挫其乳之銳者，乳鈍而音改矣。」再以摩鐘之法，阮元云：「為其枚易摩，人所共知，不必著於書也。」如以〈考工記‧鳧氏〉所言，關鍵仍在「隧」之空閒，惟「于上之攠，謂之隧者。」鄭注云：「攠，所擊之處；攠，弊也。隧，在鼓中窐而生光，有似未隧。」〔註230〕意猶未明，《文物參考資料》1958年第一期〈信陽戰國楚墓出土樂器初步調查記〉云：

古代鐘的內部，往往在枚間及舞部，有剔鑿的槽，或透空，或不透空，有人認為這就是《考工記》中所謂的隧。是用來校正音高的，與音律有關（見馮水《鐘攠鐘隧考》，《馮氏樂書》四種之二）從這套編鐘（信陽編鐘）剔槽的數目及位置來看，似乎有它的規律。最大的一個不僅在舞內剔三個槽，在鐘身每邊也各剔三個槽，而且地位較低，約在鉦的中部及第二排枚中間的一個和靠邊的一個之間，其餘十二個鐘，舞內只有一個槽，多數居中，位在鐘紐（環狀）空檔的下面，鐘身每邊都只剔兩槽，地位較高，在最上一排的枚間，有幾個鐘內部的剔槽，可以看得很清楚，槽邊有高起的界線，略作并形，這說明早在鑄鐘造范之時，已經規定了剔槽的位地。……鐘內的剔槽是用來校正音高的，這一論斷似屬可信。從這套鐘還可以看出每一個鐘身厚薄都不一致，且有顯著的磨銼痕跡，這與音高的校正應該也有關係。〔註231〕

此由枚間及舞上剔槽說述〈考工記〉之「隧」，間亦說明枚之易摩，然以其易摩且亦易校正音律，故不必若載「磬」之「已上則摩其旁，已下則摩其耑」。

〔註229〕曾永義《儀禮樂器考》引頁18。
〔註230〕《十三經注疏‧周禮》，頁617。
〔註231〕引自曾永義《儀禮樂器考》，頁21、22。

（3）磬之直縣論

磬，亦打擊之樂器。通常以石灰岩石為材料。磬體分股、鼓兩部，成135度之鈍角形。股略闊，但較短，因而輕；鼓略狹，但較長，因而重。股與鼓之間有孔，可懸掛。懸掛時，股上翹，鼓下垂。鼓為敲擊之處（見圖一、二）。〔註232〕

〔磬一〕戴圖　　　　　　　　　　　　　〔磬二〕阮圖

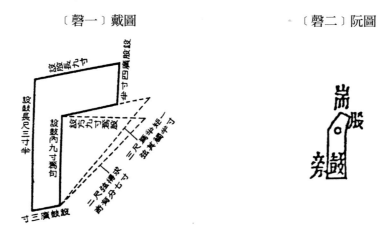

〈考工記·磬氏〉：「磬氏為磬，倨句一矩有半。其博為一，股為二，鼓為三。參分其股博，去一以為鼓博；參分其鼓博，以其一為之厚。」此謂磬氏製磬，股鼓折角度數為一矩半（135 度），股之廣闊，尺寸一定。股長為鼓長三分之二，鼓廣闊為股之三分之二，鼓厚度為股闊三分之一。又其音：「已上，則摩其旁；已下，則摩其耑。」正所謂發音過清，則刮磨兩旁以為調節，發音過濁，刮磨兩端以為調節是也。然阮元〈與程易疇孝廉方正論磬直縣書〉則以為股、鼓輕重相稱則為縣直，且二鄭以下為磬之清濁，似略有誤。先生云：

> 元竊謂磬縣重法如等子法，以遠勝近也。蓋股之所積少，而鼓之所積多，以少稱多，而縣能直者，鼓下垂而近，股外揚而遠，股如等錘，鼓如等盤與五金，孔其等繫也。磬直縣已見之《通藝錄》六證記矣。元又謂〈考工記·磬氏〉經文本明言直縣，曷言經文本直縣也？磬氏曰：「已上，則摩其旁；已下，則摩其耑」，所謂股之上角向天，如圭之耑者也。圭有耑，故曰瑞；曷曰耑也。耑之一字，直縣之確證也，製磬之工于既設孔之後，即不能再改孔矣。于是縣之而股或昂而上，是鼓少重也，乃摩其鼓之旁，抑股或墜而下，是股

―――――――――――――――――――
〔註232〕黃以周《禮書通故》，頁 1324。

少重也，乃摩其股之耑，如此則輕重相稱，而縣直矣，二鄭注謂上
下爲聲之清濁似誤矣。經所謂旁者，乃鼓厚一寸之處，若摩厚爲薄，
是廣三寸之面，不得云旁矣；且若摩其耑之兩面，則股必減輕，縣
者不直矣。〔註233〕

阮元之言，是有所見，惟欲述縣磬之說，宜先言及鄭玄、戴震、程瑤田之敘：
依上之〈考工記〉所言，磬氏所作之磬，其股博、股長、鼓博、厚度，長度
之比例，均有定制。

鄭玄云：

必先度一矩爲句，一股爲股而求其弦，既而以一矩有半觸其弦，則
磬之倨句也。磬之制有大小，此假矩以定倨句，非用其度耳。鄭司
農云：「股，磬之上大者；鼓，其上小者所當擊者也。」玄謂股外面，
鼓內面也。假令磬股廣四寸半者，股長九寸也。鼓廣三寸，長尺三
寸半，厚一寸。〔註234〕

鄭玄所舉尺寸亦甚正確，而歷來所以聚訟莫解者，乃在「倨句一矩有半」之
句，此句乃言「磬折」，於磬之爲制甚緊要。〈記〉文本來簡易，乃以鄭氏揣
摩而失其義，譬「一矩有半」，鄭氏以之作爲直線長短之比例，且以之求磬折
倨句之角度，因之，附會設句股各爲一矩，以此爲直角而求其弦，復言以「一
矩有半」觸其弦，然以何處爲支點觸之，則語焉未詳。

戴震云：「磬氏爲磬，倨句，一矩有半。」

注：先必度一矩句、一矩爲股，而求其弦：（取句股相等各有乘幷之
爲弦，實開方除之，得弦）。既而以一矩有半觸其弦（一矩有半大於
所求之弦，張句股求之）。則磬之倨句也。

補注：任取大小橫縱等成方，是爲一矩；度兩對角徑隅不及一矩有半；
今以一矩有半爲之徑隅（斜弦各徑隅），則倨句不中矩而成磬折矣。

「其博爲一、股爲二、鼓爲三，三分其股博，去一以爲鼓博，參分其鼓博，
以其一爲之厚。」

注：鄭司農云：「股，磬之上大者；鼓，其下小者所當擊者也。」（疏
云以其股而廣、鼓而狹，故以大小而言也）。玄謂：假合磬，股廣四
寸半者，股長九寸也：鼓廣三寸、長尺三寸半、厚一寸。（疏云：以

〔註233〕《揅經室一集》卷五，頁103。
〔註234〕《十三經注疏・周禮》，頁634。

四寸半爲法者，直取從此以下爲易計，非實法也）。

「已上，則摩其旁；已下，則摩其耑。」

> 注：鄭司農云：「磬聲太上，則摩鑢其旁。」玄謂太上，聲清也；薄
> 而廣則濁；太下，聲濁也；短而厚則清。〔註235〕

若上圖，戴氏以「一矩爲句，一股爲股而求其弦，既而以一矩有半觸其弦，則磬之倨句。」此乃承鄭氏而下，於「一矩有半」中，求出弦之尺度，惟弦之意安在，戴氏僅謂「開方除之，得弦。」及「一矩有半大於所求之弦，張句股求之。」於弦度數，戴氏仍未明言；故其補注乃以「句」之二端爲支點，以一矩有半及一矩爲長度而交於一點，所得之角即謂之「倨句磬析」。再由鼓上邊作一平行磬折之股，成其所謂「磬制圖」，至於倨句之角度，戴氏則未言。再者，若朱載堉之《律呂精義》以倨句爲直角、唐氏《古樂器小記》之以「一矩有半」爲長度比例，皆不免臆度，而李尚之〈鄭氏求磬倨句圖〉爲「磬折」之度爲一百零六度五十二分二十八秒，〔註236〕與大於直角之一三五度仍有距離；此問題至程瑤田《考工創物小記》始否定鄭注，別爲新解，蓋即阮元所謂〈與程易疇孝廉方正論磬直縣書〉之所由。而〈考工記〉「倨句一矩有半」之義乃因之以明，其〈磬氏爲磬圖說〉云：

> 磬折倨句雖鄭注言之，戴東原《補注》又詳言之，然余竊以爲未得其實也。倨句之法見於〈考工記〉者凡六事：冶氏二曰「倨句外傳。」曰「倨句中矩」韋人一曰「倨句磬折。」車人一亦曰「倨句磬折。」磬氏一曰「倨句一矩有半。」即磬折也。匠人一曰「凡行奠水磬折所以參伍。欲爲淵，則句於矩。」夫中矩，折之倨於方者也。句於矩，其句不得矩之半，倨於矩而外傳也，其博於外者，亦不得倨於矩之半也。倨句一矩有半者，合六事相較焉，而求其度，則磬之倨句爲矩又益之以半矩矣。〔註237〕

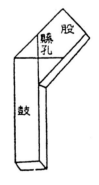

右圖所示，同於阮元之磬圖，皆視「一矩有半」爲角度，而非長度比例，故「磬折」爲百三十五度矣。至於阮

〔註235〕《皇清經解・三禮類彙編》，頁932。

〔註236〕參酌曾永義《儀禮樂器考》，頁39、40。

〔註237〕《皇清經解・三禮類彙編》，頁869。

元謂程氏《通藝錄》所云〈磬鼓直縣六證記〉，[註238]則依程氏所言，不若〈磬氏爲磬圖說〉之理義確鑿。

程瑤田云：

> 倨句之度既定，乃擬其所懸之孔，孔之鑿麗於股，然雖麗於股而猶不令當鼓之上，亦不令當鼓之旁，恐其病於聲也；乃於鼓上與股相際處爲橫線，鼓旁與股相際處爲縱處，縱橫兩線交午錯出於股作十字，乃於十字交午處，當鼓上之旁，鼓旁之上而爲之孔，孔倚於兩線錯出之閒而不傷線，此磬懸所以設於股而又非大遠於鼓也。大遠於鼓則必長厥股而厚懸之能令鼓直，夫鼓專用之以設懸者也，而奚取於過長哉！懸孔不大遠於鼓，則三分鼓長，以其二爲股之長足矣。瑤田既考定所懸之孔，乃懸之以眠其鼓，而其直中繩焉。[註239]

程氏之意，乃以縱橫兩線交錯於股作十字，而以鼓長大於股長，孔之耑恰於十字交差處，即垂直之交點，磬之角度不偏離，乃所謂之耑直。此即阮元所謂「耑之一字，直線之確證。」爲取其平也。再者，若磬未平衡，股、鼓比例未合稱，必若「縣之而股或昂而上，是鼓少重，乃摩其鼓之旁。」、「股或墜而下，是股少重，乃摩其股之端。」鼓、股輕重相稱，乃縣之而直。此當非鄭氏所云「上下聲之清濁。」故阮元以「似誤」目之，蓋有見於鄭氏之失。而謂之旁者，亦縣直是否要緊關鍵，其形如上圖所示，乃鼓厚一寸之處，摩厚爲薄，抑摩耑之兩面，至重心未穩，仍爲不直，疑莫敢定。

4. 棟樑考

《揅經室集》云：

> 屋材之大者，曰棟曰梁。以今考之：棟者五架屋由東至西，最高中脊下橫不之名也（今俗名中梁）。梁者，屋中四柱（前二柱曰楹），由北至南，縱架柱上之木名也（今俗名駝梁）。是以棟宜三而梁宜二：梁木上受短柱以載棟楣，下架于南北兩楹而上，而更出乎南楹之南、北楹之北，以載南北兩檐霤。

〔註238〕同上，頁870。
〔註239〕《皇清經解・三禮類彙編》，頁869。

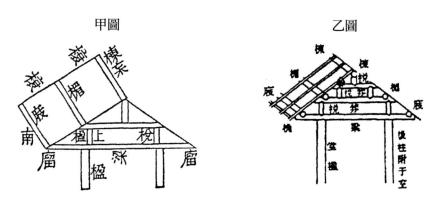

自傳注或以「楣」冒「梁」，而今人俗稱，或以「梁」冒「棟」，於是始相淆矣。今以諸經義考之，《爾雅‧釋宮》曰：「亲霤謂之梁。」《說文》：「亲，棟也。」《釋名》：「霤（即霤字）流也。」《楚辭‧大招注》：「霤，屋宇也。」據此，知通乎棟與霤之大材始得曰梁矣。棟在南北之中，霤爲南北兩檐，然則架乎其間者，是南之縱，非東西之橫者矣。今人俗名曰梁曰大駝梁。《爾雅》于亲霤謂之梁，下即繼之曰：「其上楹謂之棁。」其字指梁而言，惟梁之上方可架上楹，上楹即短柱；若楣與棟安能再加商楹乎？且上楹對下楹之梁，皆是上曲之形（《說文》以橋梁爲本訓，棟梁之梁無訓）。故〈西京賦〉曰：「因壞材而究其，抗應龍之虹梁。」明乎其如虹之曲長也。……古屋五架，正中曰棟，再南一架則稱楣。故《儀禮‧鄉射禮》記曰：「序則物當棟，堂則當楣，鄭注曰：正中曰棟，次曰楣，前曰庪是也。」〈聘禮〉「公當楣再拜。」〈公食大夫禮〉「當楣北鄉。」注此者但當云兩楹之上橫木曰楣，明矣。今鄭氏兩引《爾雅》「楣謂之梁」一語，遂致學者久惑，不知《爾雅》楣謂之梁，乃專指門戶之上而言，不但梁非正梁，即楣亦非正楣，與《儀禮》當楣之楣迥別，不然曷重釋梁也。（《說文》曰：「冒，門樞之橫梁，從木，冒聲。」《爾雅》「楣謂之梁。」《釋文》「楣，亡悲反，或作冒，亡報反。」是陸德明本作楣，而或作冒也。許氏則冒爲門樞之橫梁，與秦名屋楹聯爲楣，兩物兩名（然鄭氏所見《爾雅》漢本則作楣）。曷由知梁架楹上更出楹南也。五架之屋，棟次曰楣，楣前曰庪；庪者，懸而出之之名。《爾雅》曰：「祭山曰庪縣。」《儀禮‧飲射禮》但曰鉤楹內由楹外而已，不文

　　兩楹前更有兩柱，如今屋有檐柱也。既無檐柱也。既無檐注，則
　　前霤檐宇何所支庪，是必亮之曲而下者，更出乎兩楹之南，橫檐
　　一木，以爲檐霤矣。〔註240〕

欲知此篇，宜先明諸字之義。

（1）棟

　　即屋之中梁也。

　　《釋名‧釋宮室》云：「棟，中也。居室之中也。」

（2）楣、庪

　　《儀禮‧鄉射禮》：「序則物當棟，堂則物當楣。」鄭注云：「是制五架之
屋，正中曰棟，次曰楣，前曰庪。」〔註241〕

　　朱子〈儀禮釋宮〉云：「堂之屋，南北五架，中脊之架曰棟，次棟之架
曰楣。」此蓋屋宇之結構，如上二圖示，一般稱檯梁式。即東西五間，南北
五架；其東西之架，中脊最高者曰棟，次曰楣，再其次接前後簷者曰庪，棟
亦稱阿。〈士昏禮〉亦云：「賓升西階當阿，東面致命。」鄭注「阿曰棟也。」
〔註242〕則東西五間者，指堂東西牆前後立五柱，自第一至第四柱爲堂之進
深，自第四柱至第五柱爲房、室之進深。

（3）梁、㝱、梲

　　蓋南北之架，所以荷棟、楣、庪者也；最大者曰梁，亦曰㝱廇；梁上立
短柱曰梲。

　　《爾雅‧釋宮》云：「㝱廇謂之梁。」郭璞注：「屋大梁也。」

　　郝懿行引《說文》云：「棟也。」又引《爾雅》云：「廇，中庭也。」〔註243〕
則㝱爲大木；廇爲中央，梁則屋架中央縱列最大之木，故謂之㝱廇。而宮室則
東西五間，中間一間，東西各一大梁。

　　《爾雅‧釋宮》又云：「其上楹謂之梲。」郭璞注：「侏儒柱也。」

　　郝懿行疏云：「楹者，柱也。梲者，〈明堂位‧正義〉引李巡曰：『梁上短
柱』也。一作棳；《玉篇》云：『棳，梁上楹也。』梲同棳。《釋名》云：『棳
儒，梁上短柱也。』棳儒猶侏儒，短，故以名之也。」〔註244〕

〔註240〕《揅經室一集》卷五，頁98、99。
〔註241〕《十三經注疏‧周禮》，頁148。
〔註242〕《十三經注疏‧周禮》，頁40。
〔註243〕郝懿行《爾雅義疏》，頁645。
〔註244〕郝懿行《爾雅義疏》，頁646。

（4）桷　榱

屋椽謂之桷，亦謂之榱。

《說文・木部》：「椽，榱也。」「榱，椽也。秦名屋榱也，周謂之椽，齊魯謂之桷。」

《釋名・釋宮室》：「椽，傳也，相傳次而布列也，或謂之榱。」

《詩・魯頌・閟宮》：「是尋是尺，松桷有舃。」

《穀梁傳・莊公二十四年》：「刻桓宮桷。禮，天子之桷，斲之礱之，加密石焉。侯之桷，斲而礱之。大夫斲之，士斲本刻桷，非正也。」

《孔子家語・五儀解》：「仰視榱桷，俯察几筵。」

《史晨・孔廟碑》：「仰視榱桷，伏視几筵。」

而榱、椽雖皆架屋承瓦之木，仍別為方者曰榱，圓者曰椽。由上亦知古人重榱椽之飾也。

（5）楹

楹，即柱也。柱最大者為中間四柱，用以承梁。厚兩柱附于室，前兩柱謂之楹，在堂中，故堂中亦謂之楹間。

《說文・木部》：「楹，柱也。」堂上有東西兩楹，在前楣之下。黃以周圖示云：

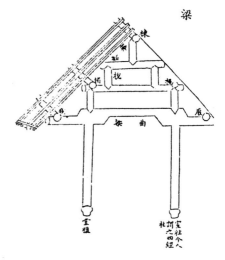

凡作室先立四經柱。後二柱附于室前之旅立者謂之楹。四經柱以承梁，故其木較他柱為大，而梁以荷棟楣庪材宜更大，故須併三木斲為曲形如虹，故〈西都賦〉云：「因瑰材而究奇，抗應龍之虹，列棼橑以布翼，荷棟桴而高驤。」〈西京賦〉云：「互雄虹之長梁，結棼橑以相接。棼為短梁，其在重屋謂之阿，阿、棟有別，棼、棟亦異，故賦兩言之，舊注未是。棟與楣皆有梲承之庪者直閣于梁嵩，如布翼然。」〔註245〕

如右上圖，黃氏提四經柱，柱之外，猶包括棟、橑、棼、楣、梲、庪諸屋材，

〔註245〕黃以周《禮書通故》，頁 1248。

其與上述諸圖相參，仍當益助阮元「棟梁」之說。

至於謂之「霤」者同「廇」，乃屋之水流也。《釋名·釋宮》云：「霤，流也，水從屋上流下也。」《禮記·玉落》：「頤霤垂拱。」疏云：「頤霤者，霤，屋簷；身俯故頭臨前，垂頤如屋霤。」〔註246〕以屋宇走向爲言，阮元爲以「棟在南北之中，霤爲南北兩檐。」因之，架乎其間者，乃南北之縱木，非東西之橫木也。再者，「霤」之詞，於古禮亦有別，如天子、諸侯，屋之水流處稱霤；大夫、士則稱「榮」。

程瑤田《釋宮小記》云：

> 按《儀禮》唯〈燕禮〉設洗當東霤，〈公食大夫禮〉設洗如饗，饗禮亡，當如燕禮矣。其餘皆大夫、士禮，代言東榮。〔註247〕

江永《釋宮增註》亦云：

> 周制：天子、諸侯得爲殿屋四注，卿、大夫以下，但爲夏屋兩下。四注則南北東西皆有霤，兩下則唯南北有霤，而東西有榮，是以〈燕禮〉言東霤而大夫、士禮則言東榮也。

依程、江二氏之言，謂南北有霤，東西有榮，此亦印證阮元之說無誤。唯霤與榮，一爲天子、諸侯之設，一爲大夫、士之設，阮元未作闡釋，其義尚欠明確，二者之語，當可補先生所言之未足。

至於「楣」與「梁」互有別異，鄭玄引《爾雅》云「楣謂之梁。」郭璞注：「門戶上橫梁。」是屋宇之梁與門戶之梁遂溷而爲一，致學者惑而不解，此即阮元〈棟梁考〉作之所由，蓋《儀禮》所言爲屋之材，《爾雅》所言爲門之木，二者迥然有別，謂之爲同，不免魚目溷淆，且《爾雅》之楣，即陸德明《釋文》之楣，許氏言「楣」爲門樞之橫梁，與屋楹之楣與兩物兩名，此即阮元所云：「五架之屋，棟次曰楣，楣前曰庪，庪者，懸而出之之名」者，必非門楣橫梁可知。因之，《儀禮·鄉射禮》「序則物當棟，堂則物當楣。」鄭注所謂：「正中曰棟，次曰楣，前曰庪。」〈聘禮〉：「公當楣再拜。」〈公食大夫禮〉：「當楣北鄉。」皆注云：「兩楹之上橫木曰楣。」者，則阮元之說當信而有徵。

再者，《揅經室一集》卷五載〈豐字瓦拓本跋〉，及《三集》卷三載〈釋宋戴公戈文〉、〈晉眞子飛霜拓本跋〉，皆關乎器物之作。以「豐」字言，《說文》謂：「豐，豆之豐滿者也，從豆，象形。」又謂：「豊，行禮之器，從豆，

〔註246〕《十三經注疏·周禮》，頁568。
〔註247〕《皇清經解·三禮類彙編》，頁784。

象形。」阮元以爲許氏言「豐、豊」象形皆誤，而依鄭玄之說，謂豆上之「丰」乃形聲，且「丰、豊」字古同部，「豐、豊、丰」皆自聲求，非自形求也；而〈釋宋戴公戈文〉即證之云：「此戈乃（商宋）戴公朝於平王歸後所作，至子武公時，始加銘追記，作戈時乃朝王之後，故稱諡也。」且謂「文鑿而非鑄，非後人所能僞託矣。」再以〈晉眞子飛霜拓本跋〉，阮元以「書非篆隸，晉以後體也，畫樹直立圓形如帚，畫月內加兔，此晉人法也。」而若非造鏡者「戴逵」，則「眞子無傳矣。」爲持之有故，言之成理，蓋皆得其實也。

第六章　阮元之道學

概　說

　　儒家以孔孟爲宗師，而孔孟之教化固然以經藝依循。惟中古以降，探討儒道者，則有鑑於兩漢以來傳疏經籍者，或滲合讖緯之說，或隱附老莊，乃至佛家之論。故乃捨經籍而直就孔孟之言談，以爲探索儒家學術思想之依循，清儒自不例外。

　　而阮元之儒道探討，非自義理入手，乃自訓詁以推衍義理。所撰《論》、《孟》之說雖屬儒家思想之核心，實仍由文字義訓以通之者，此與宋學者之純自理義言心言性者究有異趣，故雖同爲「性」、「命」、「仁」、「心」之見，阮元之述，乃先考察文字，後依故訓之方氏抒論，理趣所在，即所謂「字如此實造，事亦如此實講」，以實造實講言，訓詁可通，然以義理旨趣論，則訓詁必有限制；蓋訓詁者，乃在方法之運用，惟訓詁之法仍未能替代今之科學或哲學之法，此因科學、哲學在求事實之眞相，眞僞是非，當非訓詁之名詞所能取決；且而科學、哲學之眞僞，先決條件即在於是否充實反映客觀事實。而訓詁學者以爲訓詁意明，則義理意明，其義理明，其義涵即不免限於價值之顚倒。有如阮元〈論語一貫說〉所謂：「聖賢之言，不但深遠者非訓詁不明，即淺近者亦非訓詁不明也。就聖賢之言而訓之，或有誤焉，聖賢之道亦誤矣。」〔註1〕亦即聖賢立言意旨非訓詁不明；深一層說，訓詁乃直指義理，所涵蓋之文字、聲韻、語義即爲科學與哲學；是而訓詁所謂之眞理，其對象當非客觀世界之眞實，乃在古書古義之探求，所受局限即多。梁啓超《清代學術概論》

〔註 1〕　《揅經室一集》卷二，〈論語一貫說〉，頁 45。

駁惠棟治學方法即以「凡古必眞，凡漢皆好」目之，又謂：「此種論調，最足以代表惠派宗旨。蓋謂凡學說出於漢儒者，皆當遵守，其有敢指斥者，則目爲信道不篤也。其後阮元輯《學海堂經解》，即以此爲標準。」〔註2〕則阮元之學亦承吳派惠氏而來，科學、哲學之眞未所顧及，漢儒古訓反以爲好，而其持論以古今爲是非，訓詁爲終極標的，故於古學不免誇大其辭，乃至信古爲眞，惟漢是從；言其優處，則爲近於史實之論斷；至言其缺，則未能開展出近於史事之眞實，此爲阮元學術之局限，而進一層次言之，訓詁之說，毋寧又爲其學術之拓展者也。

阮元之義理推求，《揅經室集》載之頗明，綜其論述，乃依訓詁以通義理，正所謂：「義理自訓詁始」、「訓詁須以漢儒爲宗」、「訓詁之法在實事求是」、「訓詁之用非僅通經，亦爲政治之根本。」〔註3〕言「訓詁自訓詁始」者，若「古今義理之學必自訓詁始」、「舍經求文，其文無質，舍詁求經，其經不實。爲文者當不可以昧經詁，況聖賢之道乎！」；〔註4〕語「訓詁須以漢儒爲宗」者，若「聖賢之道存於經，漢人之詁，去聖賢爲尤近。」〔註5〕、「兩漢經學所以當遵行者，仰述往哲，行藏契乎孔顏，微言紹乎游夏，則漢大司農高密鄭公其人矣。」；〔註6〕語「訓詁之法在實事求是」者，若「余之說經，推明古訓，實事求是而已，非敢立異也。」；〔註7〕語「訓詁之用，非僅通經，亦爲政治之根本。」者，若「稽古之學，必確得古人之義例。」、「蓋未有不精於稽古而能精於政事者也。」。〔註8〕

上所述論，爲阮元論學基準，亦儒學義理之所自。概而言之，當爲考據之事，雖不免局限於一曲，治學之敦篤亦於此見之。是論及先生之儒學思想，就其大體之涵蓋面而言，仍宜自訓詁處立基，由此亦知先生觀點，乃在以考據立場，堅守漢學之說，而反求性命之學也。而此思想，於《揅經室集》立論頗賅詳，若《性命古訓》者，則先生闡述儒學精要之作，此先生晚年以「節性齋老人」自許，蓋亦得於古訓之性命；次則〈論語論仁〉、〈孟子論仁〉、〈大

〔註2〕梁啓超《清代學術概論》卷十，頁31。
〔註3〕侯外廬主編《中國思想史綱》，頁450。
〔註4〕《揅經室二集》卷七，〈西湖詁經精舍記〉，頁506。
〔註5〕《揅經室二集》卷七，〈西湖詁經精舍記〉，頁505。
〔註6〕《揅經室四集》卷二，頁681，〈重修高密鄭公祠碑〉：自〈自序〉。
〔註7〕同上。
〔註8〕《揅經室一集》卷十一，頁218，〈漢讀考周禮六序卷〉。

學格物〉、〈曾子論孝〉諸篇，亦皆自古訓一脈而下，故論及阮元儒學思想，章節之處，即依此諸篇綜述董理，冀先生之意有以得焉！

第一節　性命論

論述阮元「性命」之說，宜先追溯鐘鼎「性」、「令」、「命」之始。

一、金文言「生」不言「性」

「性」之字，甲金文殊少見，殷周之鐘鼎彝器款識，「生」字屢見，「性」字則未見。傅斯年先生《性命古訓辨證》之〈周代金文中"生"、"令"、"命"三字之統計及其字義〉言述「生」之意涵，即歸約爲數事：（1）人名之下一字；（2）「紀生霸」之生；（3）「生姓」之生；（4）「子生」之生；（5）「百生」之生；（6）「彌厥生」之生。

（一）人名之下一字。如：

1. 王呼史虢生冊命頌（《頌壺》）（積古齋卷五，頁 12）
2. 長生作寶尊敬（《長生敦》）（積古齋卷六，頁 9）
3. 城虢遺生作旅𣪘（《城虢遺生𣪘》）（三代吉金文存〔以下簡稱代〕卷七，頁 34）
4. 格伯取良馬乘于朋生（《格伯𣪘》）（代　卷九，頁 14）
5. 伯氏則報璧琱生（《召伯虎𣪘》）（攈古錄金文〔以下簡稱 　〕三之二·二五）
6. 單伯冥生曰……（《單伯鐘》）（代　卷一，頁 16）
7. 番仲吳生作尊鼎（《番作吳生鼎》）（代　卷三，頁 43）
8. 王征南淮夷，……　生從（《𥼶生𣪘》）（代　卷十，頁 44）
9. 伊生作公女尊彝（《伊生彝》）（代　卷六，頁 39）
10. 卣弗生作旅詛甗（《卣弗生甗》）（代　五·七）

依上諸例，知生字於人名常見，然屬下字者居多。亦有舉《西清古鑑八·四三》（《生辨尊》）：「淮王南征，在序，王令生辨事厥公宗小子。生錫金。」以生在字上非在字下，傅斯年先生則以爲生字上有筆畫缺落而脫摩者。〔註9〕次如《左傳》人名若鄭莊公寤生，齊悼公陽生，晉太子申生，魯公子彭生，

─────────────

〔註9〕《傅斯年全集·二冊》，〈性命古訓辨證〉，頁 177。

亦屬下字，其命名之誼何如，今多不可知。若寢生者，乃由于「莊子寢生，驚姜氏。」；彭生或即朋生，兼指孿生而言。是「某生」者，蓋依所生之由或初生之情態命名也。此雖未必定合「人名之下一字」之說，亦可爲一特例。

（二）「既生霸」之生。如：

惟王三祀，三月紀生霸（《師遽敦》）（積古齋五‧一七）

此「既生霸」爲金文習見之語。王國維先生〈生霸死霸考〉云：

說文：「霸，月始生魄然也。」承大月二日，小月三日，……余覽古器物銘而得古之所以名日者凡四：曰初吉；曰既生霸。因悟古者蓋分一月之日爲四分：一曰初吉，謂一日至七八日也；二曰既生霸，謂自八九日以降至十四五日也；三曰既望，謂十五六日以後至二十二、三日；四曰既死霸，謂自二十三日以後至于晦也。

〔註10〕

則「生霸」、「死霸」爲相對之詞，此云「生」者，乃從本訓，既出生之意。

（三）「生姁」之生：

「生姁」者，《廣雅‧釋親》云：「人十月而生。」此就生產之意言；《爾雅‧釋親》云：「母爲姁。」傅斯年先生引《召仲鬲》謂：「召仲作生姁尊鬲。」此生、姁並同《廣雅》、《爾雅》所云，乃生之本訓。「生姁」相合，當是庶孽稱其所自出之庶母也。

（四）「子伀」之生：

「子伀」者，乃典籍之子姓，以其爲子孫男女之共名，故加人旁，此即鑰鑄所謂：「保虜子伀」（代一‧六七）是也。此以男女共名之字，器物所造，當爲春秋晚期迄戰國之器，蓋彼時偏旁之字已甚明顯矣。

（五）「百生」之生，如：

豐百生豚。（《臣長卣》）（代一三‧四四）

其惟我諸侯百生厥貯母不即市。（《兮甲盤》）（代一七‧二○）

里君百生。（《史頌鼎》）（代四‧二六）

謂「百生」者，蓋連宗子、里君爲文，即典籍所謂之百姓也。《徐沇鐘》（代六）「萬生是敕」，與《秦公段》（代九‧三三）「萬民是敕」句相當，言生即民，已無生與民之別，此春秋末期之器也。

〔註10〕王國維《觀堂集林》，頁19。

（六）「彌厥生」之生，如：

　　永令彌厥生（《尤姞敦》）（代六・五三）

　　用求考命彌生。（《鑰鎛》）（代一・六七）

　　阮元以爲「彌厥生」與《詩・大雅・卷阿》「豈弟君子，俾爾彌爾性」之「彌爾性」同。且謂：

　　　　詩三百篇，惟此詩（大雅・卷阿）三字性，與命字相連爲文。〔註11〕

王國維〈與友人論詩書中成語書二〉亦謂：

　　　　傳云：「彌，終也。」案《尤姞敦》云：「用蘄眉壽，綰綽永命，彌
　　　　厥生。」《齊子仲姜鎛》云：「用求考命彌生。」是彌性即彌生，猶
　　　　言永命矣。〔註12〕

故彌生者，即長生也，亦永命也。此性之與命蓋爲並舉。

　　依上諸例，則周秦遺文之言「生」者，其意概同於生字、姓字、性命者；若人名、「生霸」、「死霸」之生，爲同於後之「生」字；「子生」、「百生」同於後之姓字；「彌厥生」之生，則性命並舉，即後之生命，此爲金文之說也。

二、「令」字較「命」字爲先，「命」爲後起字

　　「令」字於甲、金文頻見，「命」字則否，以是知「令」先「命」後。

　　《說文》謂：「令，發號也。從Ａ卩。」甲骨文做 、 ，從Ａ卩，金文同。就字義言，卩即人字，從口在人上，象口發號，人跽伏以聽也。推申其義，則「命令」、「賞賜」、「命」意，義皆相同。

　　（一）命令，如：

　　《保卣》：「王令保及殷東國。」

　　《盂鼎》：「王才（在）宗周令盂。」

　　乃至《詩・齊風・東方未明》：「倒之顚之，自公令之。」箋云：「令，告也。」亦有命令，訓告之意。

　　（二）賞　賜

　　《考簋》：「王令考赤市。」

　　《獻彝》：「楕白（伯）令屖（厥）臣獻金車。」

　　此云賞賜者也。

〔註11〕《揅經室一集》卷十，頁 195。

〔註12〕王國維《觀堂集林》，頁 82。

（三）同「命」，名詞，如：

《孟鼎》：「勿灋（廢）朕令（命）。」

《井侯簋》：「用冊（冊）王令（命）。」

　　此「令」猶「命」也。

又《彔伯簋》：「叀（惠）囩（弘）天令（命）。」

　　此「令」猶「意旨」也。

又《克鐘》：「用匄屯叚（純嘏）永令（命）」

　　此「令」蓋謂「生命」之意。

又《楚王今鐘》「楚王今自乍（作）鈴鐘。」《王成周鈴》：「王成周鈴（鈴）。」

　　此「令」通「鈴」字。

又《令簋》：「姜商（賞）令貝十朋。」

　　此「令」為人名也。〔註13〕

綜上所列，知「令」之意，原為強制之命，後與命合，而為命令之意。依《保卣》、《于鼎》、《考簋》、《井侯簋》、《彔伯簋》、《克鐘》、《楚王今鐘》、《今簋》諸器時代觀之，〔註14〕則令（亏）之原形，當自殷商保存至周初也。今再就本字析論，則令之本式，乃像一人屈身跽于一三角形之下。▲者其本形，∧A者刀法之變也。若「卪」字，《說文》云：「瑞信也。守邦國者用玉卪，守都鄙者用角卪，使山邦者用虎卪，土邦者用人卪，澤邦者用龍卪，門關者用符卪，貨賄用璽卪，道路用旌卪，象相合之形。」〔註15〕傅斯年先生則以為許慎言「相合」之意未妥。且以為徵之甲金文，卪之原始乃像一人屈身而跽，言瑞信者，蓋用戰國以來符節之簡字為說，與原意究竟未合。〔註16〕又以「A」言，古文字從∧、A、介者多相互變異，〔註17〕故知必為令自之變體，介者即由▲若∧兩端下引而成，是▲、A、介之義當相若，皆屋宇或帳幕之原始象形，故介、介、倉、亯、京、高、倉、向等文皆基于此以構成，自此原始形態演變乃有飪（《父辛卣》、《史頌簋》）諸形，兩周金文亦多如此，所謂像一人屈身而跽之義明矣。

兩周金文之令字，上述所舉而外，鼎彝中可述者仍多，惟就原始之意詮

〔註13〕陳初生《金文常用字典》，頁861。
〔註14〕《傅斯年全集・二》，頁182。
〔註15〕段注《說文解字》，頁430。
〔註16〕同註14，頁183。
〔註17〕如《孟鼎》囵字作合《邾公釛鐘》賓字作䍐。

釋，諸器之義乃大體一致，若：

《靜簋》：「王另靜龢射學宮。」（代六・五五）

《戀簋》：「王今戀在（纏）旃。」（代八・一九）

《師俞簋》：「王呼作冊內史冊令師俞。」（代九・一九）

《盂鼎》：「惟九月，王在宗周，令盂。王若曰：盂。不顯玟王受天有大令。……我聞殷述（墜）令，惟殷邊侯甸，雩殷正百辟，率肄于酒，故喪自。……今我惟即井亩于玟王正德，若玟王二三正。今余惟令女盂召𢀘，敬雖德�，敏朝夕入讕，𧻚奔走，畏天威。天曰：永令女盂井乃嗣祖南公。……王曰：於盂。若敬乃正，勿廢朕令。」（代四・四二）

《頌鼎》：「尹氏受王令書。王呼史虢生冊令頌。王曰：頌。令女官辭成周。……頌拜稽首受令冊。……通彔永令。」（積古齋四・三三）

按：此令字，阮元以「命」釋之。

《袁鼎》：「史斋受王令書。……袁拜稽首，敢對揚天子丕顯叚休。」（薛一〇・九五）

《父乙甗》：「王令中先省南國。……王令曰：余令女史小太邦。」（薛一六・一五六）

《通彔鐘》：「勔于永令。」（代一・一二）

《盂爵》：「王令盂寧聶伯。」（代一六・四一）

《生辨尊》：「惟王南征在岸，王令生辨事厥公宗小子。」（西清古鑑八・四三）

《貉子卣》：「王令士道歸腸子鹿三。」（代一三・四一）

《舀壺》：「王呼尹氏冊令舀。……舀拜手稽首，敢對揚天子不顯魯休令。……舀用萬年眉壽，永令多福。」（代一二・二九）

《免盂》：「王在周，令作冊內史錫冤鹵百隆。」（代一四・一二）

《免簋》：「王在周，令免作辭土。」（三之一・二五）

《克盨》：「王令尹氏有史龢典善夫克田人。……眉壽永令。」（代一〇・四四）

《大師短》：「用龢永令。」（代一〇・四七）

《兮甲盤》：「王令甲政𤔾成周四方責，至于南淮夷。……敢不用令則即

井厥伐。」（代一七・一〇）

歸納上述令字，仍在王令天令二端；若「顯令」、「丕顯休令」、「天子魯休令」，蓋皆王令也；「文武受令」、「大令」乃云天令也。由天令之強制義，知天已涵人格色彩，亦即謂之天者，非空泛漠然之天，乃一深具人格性情之天，故天令之於人，即顯威儀與寬厚，臨民之際，亦諄諄然命之，非冥冥而莫可究竟者也。

鐘鼎彝文亦有命不用令之器。傅斯年先生以爲諸器「命」之年代皆晚於器「令」之年代，此例若：

《君夫敦》：「王在康宮太室，王命君夫曰，償求乃友。」（代八・四七）〔註18〕

《賢敦》：「公叔初見于衛，賢從，公命事。」（代八・二八）

《龖敦》：「王曰：龖。命女龖成周里人。……敢對王休命。」（代九・四）〔註19〕

《滕虎敦》：「滕虎敢肇作厥皇考公命中寶尊彝。」（代七・二九）〔註20〕

《伊敦》：「王在周唐宮，……尹季內右，……王呼命尹𦅫冊命尹。」（代九・二十）〔註21〕

《秦公敦》：「秦公曰：不顯朕皇祖受天命。……嚴龔夤天命。」（代九・三三）

按：此爲春秋末期器。

《陳逆簠》：「永命眉壽萬年。」

阮元云：「此器作于魯哀公二十年。」〔註22〕則此當爲戰國初期之器。

《毛公鼎》：「王若曰：父厝。不顯文武，皇天弘厭厥德，配我有周，雁受大命。……唯天猶集厥命。……勞堇大命。……不巩先王配合，……余唯肇巠先王命，命女辥我邦我家內外。……𩨞𤔲大命。專命專政。……曆自今出入專命于外，厥非先告父厝，父厝舍命，毋有敢恚專命于外。……今余唯先王命，

〔註18〕《傅斯年全集・二》，頁194。先生云：「據本文，此器必在康王之後。」

〔註19〕同上，傅先生按云：「以上三器，字體不屬西周晚期，然字形及行列皆整齊，亦非西周初期器也。」

〔註20〕同上，頁195。傅先生引王靜安云：「此敦文字乃周中葉以後物。」

〔註21〕同上，頁196。傅先生謂：「此器字體屬於西周晚期。」

〔註22〕《積古齋鐘鼎彝器款識》卷七，頁397。

命女𤔲一方。……命女𤔲公族。」（代四・四六）

傅斯年先生云：「文中命字十二見，皆作命無作令者。郭氏沫若以爲宣王時器。以多事證之，此說已成定論。」〔註23〕則《毛公鼎》爲周宣王之器，「命」爲後來說法可證。

《公孫班鎛》：「霝命無其。」（代一・三五）

按：此爲春秋器。

《齊侯壺》：「齊侯命大子成遽口叩宗伯，聽命于天子。……齊侯拜嘉命，于上天子用璧玉備一嗣，于大無嗣折于大嗣命用璧，兩壺八鼎，于南宮子用璧二備，玉二嗣，鼓鐘一鏵。……洹子孟姜用气嘉命。」（代一二・三三）

按：此亦春秋器。

上列諸器，言「命」不言「令」，確切時代雖未可知，然核其故實，審其字體，無一可指爲穆王以前器者，至多亦在屬王之世。即如宣王時之毛公鼎，其銘四百九十七字，文中命字十二見，無一作令字者，是知宣王之世，命字之意已儼然固定，而其文義與令義全然無別，乃知此命字爲令字之衍出，係一詞之異字，本非異詞也。

命除釋「令」義，言「冊命」、「道」之義亦顯，冊命之義，阮元謂《康鼎》：「康王命女云云，乃冊命之詞也。」（積古齋四・二八）此訓詁篇章已闡釋；至言「道」者，若《彔康鐘》：「朕身龢于永命，用寓光我家受。」《積古齋三・六》則此命字類《易・無妄》：「大亨以正，天之命也。」言禍福窮通夭壽之命也。

再者，器類之中，有以令命二字並見者，亦或同式異器中令命互見者，此器類爲數未夥，其時代仍可考定。若：

《不嬰敦》：「白氏曰：不嬰馭方。獫允廣伐西俞，王令我羞追于西，余來歸獻禽，余命女御追于䚔。」（代九・四八）

按：以伐獫允事推斷，時當周宣王之後可知。

《小克鼎》：「王命善夫克舍令于成周遹正八𠂤之年，克作朕皇祖釐季寶宗彝。……永令霝終。」（代四・二八）

此鼎之時代，傅斯年先生云：

《小克鼎》之善夫克，即《大克鼎》之善夫克。《大克鼎》記善夫克

〔註23〕《傅斯年全集・二》，頁199。

之祖曰師華父「龏保厥辟龏（共）王」。按考爲生父之專稱，祖則自王父以上皆可稱之，金文中有連記祖名至於二三者，如敦素鎛等器，又詩閟宮爲僖公時詩，其辭有曰「皇祖后稷」「周公皇祖」。是雖祖始亦與王父同稱也。師華父與釐季是否一人而僅爲名字之異，今不可知，如以爲非一人亦自通。……然此器之屬於西周晚期據此可定也。〔註24〕

傅先生以爲此類之器，論其時代皆在西周末葉，俱不能上及昭穆，乃成康無論矣。故「令、命」，間可互用，且同時可並用。至言讀法，則未嘗分別，殆一詞之異體耳。

依上之述，始用字時，當爲「令」字，其後分化孳乳，西周中葉之後乃有「命」字之起，蓋命之造字，若《駒父盨蓋》「吟」、《禹鼎》「命」、《不嬰簋》「多」、《齊侯壺》「多」、《子禾子釜》「命」〔註25〕口皆在行列之外，義符所示，乃從口之令也。以是證「命」之始設不若「令」之先也。

三、「節性」即「節生」之謂

（一）古訓「性即生」

生之言性，令之言命，金文歷歷指陳，殆無疑議。惟阮元之言性命者，引古訓之述，說與金文略有差異，謹申述如下：

《性命古訓》言：

> 性命之訓，起於後世者，且勿說之，先說其古者：古性命之訓雖多，而大指相同。試先舉《尚書·召誥》《孟子·盡心》二說以建首，可以明其餘矣。〔註26〕

《尚書·召誥》曰：「節性，惟日其邁，王敬作所，不可不敬德。」「若生子，罔不在厥初生，自貽哲命，今天其命哲，命吉凶，命歷年。……天德之用，祈天永命。」

阮元云：

> 〈召誥〉所謂命，即天命也。若子初生即祿命福極也；哲與愚、吉與凶、歷年長短，皆命也；哲愚授於天爲命，受於人爲性，君子祈

〔註24〕《傅斯年全集·二》，頁202。
〔註25〕陳初生《常用金文字典》，頁102。
〔註26〕《揅經室一集》卷十，頁193。

命而節性，盡性而知命，故《孟子・盡心》亦謂口目耳鼻四肢爲性
也，性中有味色聲鼻安佚之欲，是以必當節之，故人但言節性，不
言復性也，王敬所作，不可不敬德，即性之所以爲節也。〔註27〕

人之初生，恆有其富貴福祿，此富貴福祿稟之於天，即謂之命也；承之於人，即謂之性也，故君子者，在祈命而節性也；而此性與道德仁義之性，略有別異，乃當即口目耳鼻四肢之性，又以諸性易因外物染飾而丕變，故當敬德以節之，此若《書・召誥》所云：「節性，日月其邁，王敬所作，不可不敬德。」言周公愼戒成王，勉以節性，復申告以日月遷逝，敬德惟要，則「節」字，準其文義，當爲「敬」與「安」之意。故云節性，要皆安性之謂。至於此「性」之意涵究竟何解？阮元於〈召誥〉外，復引〈詩・大雅・卷阿〉「俾爾彌爾性」，〔註28〕言「彌爾性」即「彌爾生」也，而此「爾性」之言「爾生」者，《揅經室集》未解，唐君毅先生論：

> 因中國古代之言性乃就一具體之存在之有生，而即言其有性；故中國古代之泛論人物之性，通常涵二義；一爲就一人物之當前之存在，引生其自身之繼起之存在，以言其性；一爲就一物之身之存生，以言其引生其他事物之存在性。在中國之詩經中，有俾爾彌爾性之言，此性字或即生字。所謂彌爾性，即使人自遂其生，而自繼其生，以使其自身得引生其自身之繼起之存在之謂。〔註29〕

故云性者，當指之自遂其生而言，彌爾生即長爾生之謂，若此之例，《左傳》、《國語》亦皆引述，如《左傳》：

〈襄十四〉：「天生民而立之君，使司牧之，勿使失性。有君而爲之貳，使師保之，勿使過度。……天之愛民甚矣，豈其使一人肆於民上以從其淫而棄天地之性？必不然矣。」

「勿使失性」，乃即勿使失主也，牧民所以保民之生，與性無涉，此頗明確；若「天地之性」，亦必作天地之生然後可通，謂「豈其使一人肆其暴行於民之上，以從（縱）其淫而棄天地之性」者，猶云棄天之生斯民之德也，《易・繫》云「天地之大德曰生」，詞爲相類，是可佐證。

〔註27〕同上。
〔註28〕《詩・大雅・卷阿》：「伴奐爾游矣，優游爾休矣。豈弟君子，俾爾彌爾性，似先公酋矣。……」
〔註29〕唐君毅《中國哲學原論・原性篇》，頁11。

〈襄二十六〉：「夫小人之性，釁於勇，嗇於禍，以足其性而求名焉者，非國家之利也。」

「小人之性」，「性」字云性固可解，謂生字亦通，猶云小人之生也，動於勇貪於利，以圖厚其生而求名焉；至「足其性」者，謂利其生也，云利己之生而求名，當非國家之福也。

〈昭八〉：「今宮室崇侈，民力彫盡，怨讟並作，莫保其性。」

杜預注：「性，命也；民不敢自保其性命。」〔註30〕猶云莫保其生命。

〈昭十九〉：「吾聞撫民者，節用於內而樹德於外，民樂其性而無寇讎。」

《正義》云：「性，生也。兵革並起，則民不樂生；國家和平則樂生。」〔註31〕是「民樂其性」者，樂其生也。

〈昭二十五〉：「則天之明，因地之性，……淫則昏亂，民失其性。……哀樂不失乃協于天地之性。」

此之「性」解為「性質、特性」義較長，解為「生」字亦可通。云「因地之性」者，乃言因地之所生，即載物厚生也；民失其性者，猶云民生其所稟以生也；天地之性者，乃天地之大德曰生之謂也。

《國語上》亦云：「先王之於民也，懋正其德，而厚其性；阜其財求，而利其器用。」

「厚其性」者，後者生也，《左傳·文七》「正德、利用、厚生，謂之三事。」皆就政治、道德之理想而言性。此中所謂性，蓋皆指人自然生命要求而言。

（二）「性」乃自然之生命

由上之述，固知「節性」之性，乃當人對自然生命之要求。是言節性，即對敬德以言此性之當節；此德，乃人對「一道德標準或禮義之理想，為天之所命，而人之所當為者」，兼對「我以外之他人與萬物」，而由人自己所成之德。故而對敬德而言節性，亦即對人面對其人生理想，與其自己以外之人物，以自反省其對人性之態度之言也。〔註32〕

再者，中國古代之言性，雖多對一理想而言，仍無以人性為惡之論。如上所引《國語》「懋正其德，而厚其性。」；《左傳》「天生民而立之君，勿使

〔註30〕《十三經注疏·左傳》，頁768。
〔註31〕同上，頁846。
〔註32〕唐君毅《中國哲學原論·原性篇》，頁12。

失性。」、「民樂其性，不失民性。」；乃至《詩經》「俾爾彌爾性」；《書經》「節性，……王敬所作，不可不敬德。」諸言，固無人性必惡之說；即「節性」之涵義，雖有此性不宜放縱，放縱則陷邪惡之義，亦未嘗明言性惡。此故若《詩・大雅・烝民》所謂「天生烝民，有物有則，民之秉彝，好是懿德。」及《左傳・成十三》「民受天地之中以生，乃所謂命也，是以有動作威儀之則。」諸語，相映人所好之懿德，及動作威儀所自順之「則」，乃即隱涵性善之義。

故《揅經室集》引《詩・大雅・抑》：

> 抑抑威儀，維德之隅。人亦有言：「靡哲不愚。」……訏謨定命，遠猷辰告，敬慎威儀，維民之則。慎爾出話，敬爾威儀，無不柔嘉。……淑慎爾止，不愆于儀，不僭不賊，鮮不為則。

阮元又云：

> 古文但說威儀，而威儀乃為性命所關，乃包言行在內，言行即德之所以修也，於此詩可見其概。德在內而威儀在外，故鄭氏箋云：賢者道行心平，可外占而知內，如宮室之制，內有繩直，則外有廉隅；「訏謨定命」，即春秋左傳以定命也，所以當敬慎威儀也；出話有玷，不輯柔其顏，則愆于威儀矣；不淑慎其行止，即愆於威儀矣；是以威儀加宮室之隅包於外，德命在于內，言行亦即在威儀之內；行止之不愆，在於不僭不賊而可以為法也；古人說修身之道如此。《尚書》禹曰：慎乃在位，安汝止，即淑爾止在止於至善之止。〔註33〕

止於至善，乃心之所同然。故言命、言威儀，終則在淑慎其行止，此性善之意已由隱而顯矣。

（三）血氣心知之性

阮元性命之說，一引《孟子・盡心》；以〈盡心〉云：

> 孟子曰：口之於味也，目之於色也，耳之於聲也，鼻之於臭也，四肢之於安佚也，性也，有命焉，君子不謂性也；仁之於父子也，義之於君臣也，禮之於賓主也，知之於賢者也，聖人之於天道也，命也，有性焉，君子不謂命也。

趙岐注云：

> 口之甘美味，目之好美色，耳之樂音聲，鼻之喜芬香，四體謂之四

〔註33〕《揅經室一集》卷十，頁197。

肢，四肢懈倦則思安佚不勞苦，此皆人性之所欲也，得居此樂者有命祿，人不能皆如其願，凡人則任情從欲而求可樂，君子之道，則以仁義爲先，禮節爲制，不以性欲而苟求之也，故君子不謂之性也。

又云：

仁者得以恩愛施於父子，義者得以理義施於君臣，好禮者得以禮敬施於賓主，知者得以明智知賢達，聖人得以天道王於天下，此皆命祿遭遇，乃得居而行之，不遇者不得施行，然亦才性有之，故可用也。凡人則歸之命祿，任天而已，不復治性，以君子之道，則修仁行義，修禮學知，庶幾聖不倦，不但坐而聽命，故曰：君子不謂命也。〔註34〕

阮元按云：

按孟子此章，性與命相互而爲文，性命之訓最爲明顯，趙氏注亦甚質實周密，毫無虛障，若與〈召誥〉相並而說之，則更明顯，惟其味色聲臭安佚爲性，所以性必須節，不節則性中之情欲縱矣。〔註35〕

孟子之言，趙岐之注，皆合性命爲說，阮元則以性之與命相互爲文，而謂性也者，乃「味色聲臭安佚」爲性，此即自然生命之要求也，惟此性是否同於孟子之性？阮元謂：

性字從心，即血氣心知也，有血氣，無心知，非性也；有心知，無血氣，非性也。〔註36〕

實則阮元之說，乃承戴震而來，戴震《孟子字義疏證‧中》云：

欲根於血氣，故曰性也，而有所限而不可踰，則命之謂也。仁義禮智之懿，不能盡人如一者，限於生初所謂命也，而皆可以擴而充之，則人之性也。「謂」猶云藉口於性耳，君子不藉口於性以逞其欲，不藉口於命之限而不盡其材，後儒未詳審文義，失孟子立言之指；「不謂性」非不謂之性，「不謂命」非不謂之命。由此言之，孟子之所謂性，即口之於味，目之於色，耳之於聲，臭之於臭，四肢之於安佚之爲性。所謂人無有不善，即能知其限而不踰之爲善，即血氣心知能底於無失之爲善，所謂仁義禮智，即以名其血氣心知，所謂原於

〔註34〕《十三經注疏‧孟子》，頁253。
〔註35〕《揅經室一集》卷十，頁192。
〔註36〕同上，頁196。

天地之化者之能協於天地之德也。

程瑤田《通藝錄》〈論學小記〉曰：

> 性命二字必合言之，而治性之學始備。五官百骸，五常百行，無物
> 無則，性命相通，合一乃則。〔註37〕

焦循注云：

> 孟子曰：口之於味也，目之於色也，耳之於聲也，鼻之於臭也，四
> 肢之於安佚也，性也，有命焉，君子不謂性也。謂我之口而嗜乎味，
> 我之目而美乎色，我之耳而悅乎聲，我之鼻而知乎臭，我之四肢而
> 樂乎安佚，其必欲遂者，與生俱生之性也；其不能必遂者，命之限
> 於天也；五者吾體之小者也，遂己所成之性恆易，而順天所限之命
> 恆難，性易遂，則必過乎其則；命難順，則不能使不過乎其則，治
> 性之道，以不過乎則為斷，節之以命而不畏其難順，斯不過乎其則
> 矣。仁之於父子也，義之於君臣也，禮之於賓主也，智之於賢者也，
> 聖人之於天道也，命也，有性焉，君子不謂命也；謂以吾心之仁施
> 於父子，以吾心之義而施於君臣，以吾心之禮而施於賓主，以吾心
> 之智而施於賢者，以吾心所具聖人之德與天道相貫通，其必欲遂者，
> 與主俱生之性也；其不能必遂者，命之限於天者也；五者吾體之大
> 者也，遂己所成之性恆難，而順天所限之命恆易；性難遂，則必不
> 及乎則；命易顯，則任其不及乎則，治性之道，以必及乎則為斷，
> 勉之以性而不畏其難遂，斯必及乎其則矣。〔註38〕

阮、戴、程、焦之說，蓋以《禮記》之血氣心知之性釋《孟子》，謂聲色臭味
之欲，根於血氣，仁義禮智為心知，並皆為性。此與宋儒之說有別：

朱子《集注》引程子曰：

> 五者之欲，性也，然有分，不能皆如其願，不可謂我性之所有而求
> 必得之也。

朱子按：

> 不能皆以其願，不止為貧賤，蓋雖富貴之極，亦有品節限制，則是
> 有命也。

朱子又云：

〔註37〕焦循《孟子正義》，頁584，引程氏之說。
〔註38〕同上。

> 此二條者，皆性之所有，而命於天者也。然世之人以前五者爲性，
> 雖有不得而必欲求之，以後五者爲命，一有不至則不復致力。故《孟
> 子》各就其重處言之，以申此抑彼也。張子所謂養則付命於天，道
> 則責成於己，其言約而盡矣。〔註39〕

錢穆先生云：

> 《集注》於此章解義明白，無可非難。

又云：

> 夫程子明五者之欲性也，朱子云此二條者皆性之所有，則非不謂之
> 性矣。東原必謂宋儒未審文義，失孟子立言之恉，已近深文。且孟
> 子明以耳目口鼻四肢與仁義禮分說，而東原必爲併成一片，謂性即
> 味色聲臭安佚之謂，性善即知其限而不喻以底於無失之謂，若性善
> 專指此一邊，則與孟子原文兩排分說者顯異，實不如《集注》云此
> 二條皆性所有一語，於孟子原義爲允愜也。且孟子指惻隱羞惡辭讓
> 是非吾心之善端，擴而充之，則爲仁義禮智，決不能即以口之於味，
> 目之於色，耳之於聲，鼻之於臭，四肢之於安佚能知其限而不踰以
> 底於無失者，謂即惻隱羞惡辭讓是非之心也。〔註40〕

錢穆先生以爲戴、阮諸氏併耳目口鼻四肢與仁義禮智成一片，略有不是；阮、
戴等以味色聲臭安佚爲性，以知其限而不踰，以底於無失爲性善，與孟子原
文兩排分說者異，而謂朱子云二條皆性所有之語，愜於孟子原義。然詳察阮、
戴與朱子之說亦有相符之處。朱子〈答于方叔〉云：

> 天之生物，有有血氣知覺者，人、獸是也。有無血氣知覺而但有生
> 氣者，草木是也。有生氣已絕，而但有形色臭味者，枯槁是也。是
> 雖其分之殊，而其理則未嘗不同。但以其分之殊，則有其理之在者
> 不能不異。故人爲最靈，而備有五常之性。〔註41〕

朱子雖未將血氣知覺之性與五常之性視爲同一，然同章下文「禽獸則昏而不
能備」之說，則人與獸之別僅在乎知覺之靈明與昏昧。若人之有血氣復有靈
明之知覺，則五常之性即備於血氣心知之性矣。惟戴、阮諸氏將二性混合爲
一，此即錢穆有所謂「併成一片」與「二條皆性所有」之分釐耳。

〔註39〕趙順孫《四書纂疏・孟子下》，頁2333～2335。
〔註40〕錢穆《中國近三百年學術史》，頁361。
〔註41〕《朱文公全集》卷五九，書・問答。

然則「血氣心知」之性其意為何？當有分辯，韋政通先生以為「血氣」當為（甲）人之感官知覺，譬「味也，色也，在物而接於我之血氣。」〔註42〕（乙）「血氣」即人之嗜欲，譬「欲生於血氣」、「舉凡身之嗜欲根於血氣明矣。」（丙）血氣賦予形上者，乃「分於陰陽五行而成性者也。」〔註43〕此性即「天命之謂性」之性。由（甲）、（乙）言，則知覺與嗜欲雖未同，皆屬人之本性；由（丙）言，則戴、阮形上形下之說乃未同於程、朱；程、朱以「理」為形上，「氣」為形下，戴、阮則以氣為形上，氣之已成形質者為形下，申言之，陰陽是氣，陰陽之未成形質為形而上者，其五行之有質可見者為形而下：而五形之氣乃形而上，故血氣「分於陰陽五形而成性」，即言血氣稟受陰陽五行之氣而成性，此同王船山氣化宇宙之說，不謂氣質之性外復有所謂義理之性也。

又所謂「心知」者，形上義與「血氣」同，亦「血氣心知者，分於陰陽五行而成性者也，故曰天命之謂性。」惟血氣與心知作用未同，血氣僅人之本能，心知於本能知覺外，尚寓辨識、理解、推斷之能，蓋即「理義在事情之條分縷析，接我之心知，能辨而悅之。」〔註44〕事中涵條分縷析之理，此理必得心知之辨方能有成。而辨之力，非惟本能，亦需後天教習纔有所得，此辨知之心同於荀子認知之心，與孟子體驗道德之本心有別。〔註45〕由是，戴、阮「血氣心知」之性與孟子「仁義禮智」之本心顯然有異。而唐君毅先生則推及孟荀之論性，謂孟荀皆尊心，孟子之所謂「欲」即荀子之所謂性者，且謂：

> 朱子嘗謂氣質之說起於張程，又何能謂孟子已有此說？清戴東原《孟子字義疏證》以《禮記》之血氣心知之性〔註46〕釋《孟子》，謂聲色臭味之欲、根於血氣，仁義禮智為心知，並皆為性。乃以藉口釋「謂」字，說孟子立言之旨，非不謂聲色臭味之欲為性，而只言人不當藉口於性以逞其欲。此亦明反於孟子之「不謂性」之明言，亦與孟子他處言君子所性仁義禮智根於心，處處即心言性，不即聲色臭味之欲言性之旨相違。焦循《孟子正義》則既於他處言人性即食色，又

〔註42〕戴震《孟子字義疏證》卷上，理字。

〔註43〕同上，卷下，誠字。

〔註44〕同註42。

〔註45〕韋政通《中國思想史下》，頁1434～1435。

〔註46〕《十三經疏禮記·樂記》云：「夫民有血氣心知之性，而無憂樂喜怒之常，應感起物而動，然後心術形焉。」頁679。

> 於此段言口鼻耳之欲不遂，與仁義禮智之德不育，皆爲命。其所謂
> 仁義禮智之德不育之命者，則如父子之倫中，遇父頑母嚚，聖人之
> 大道莫容之類，以合於趙岐言命祿之旨。是直全撇開了何以耳目口
> 鼻之欲不謂性之一問題。其書所引程瑤田說，亦同爲撇開此一問題
> 者。〔註47〕

此當爲唐氏之破戴、阮、焦、程之說，亦知漢宋之間，於性理之推闡，相去殊遠。以阮元言，其說承戴氏，與焦、程二氏亦相侔，故於「生」之爲「性」持論即自古訓古義詮敘，與宋學之純就義理推論當有分際。至徐復觀先生謂阮元「性命古訓」以訓詁字義之法批難宋儒，爲「固陋可笑」，〔註48〕又謂傅斯年所引「節性」爲節生之說，乃「古來從無之語」，〔註49〕可謂學者之另一知見。

四、「命」爲義命

「命」爲流行，亦吉凶禍福之道，順命則吉，逆命則凶，命乃來自天也。若人不違逆於天，安時處順，脩德敬慎，雖命或乖違，仍能化違爲順，轉凶爲吉，此即所謂之義命也。蓋義命者，涵品節之限制，乃即當然之心性，義之所在在即心性所在，耳目口鼻之欲恆受限外在之命，既受限於義，故非吾人眞性之所在，而人之行天所命之仁義禮智，即所以自盡其心性，故雖爲命，又即爲吾人內在眞性之所在。此阮元所謂「其仁義禮知爲命，所以命必須敬德，德即仁義禮知聖也；且知與聖，即哲也；天道，即吉凶歷年也。」〔註50〕此古訓之命大抵若是，謹參較阮氏訓釋經籍所載以述之：

（一）《詩》《書》之命

阮元釋《尙書·皋陶謨》：

> 《尚書》此篇爲禹皋之訓，凡商周經義，皆從此出，愼終身者，即
> 節性之訓所由來；思永者，即祈天永命之所由來；愼修身者，即節
> 性之訓所由來；思永者，即祈天永命之訓所由來；知人則哲者，即
> 今天命哲之訓所由來；無教逸欲有邦，即孟子不謂安逸爲性所由來；
> 五典即孟子仁義禮智之訓所由來；天命有德，即命哲、命吉凶、命
> 歷年之訓所由來；日嚴敬德；即王敬作所不可不敬德之訓所由來；

〔註47〕唐君毅《中國哲學原論·原論》，頁 22。
〔註48〕徐復觀《中國人性論史》，頁 4。
〔註49〕頁上，頁 7。
〔註50〕《揅經室一集》卷十，頁 192。

堯舜禹皋陶文武周召孔孟，未嘗少有歧異虛高之說，出於其間。九
德凡十八字，古訓多矣。本無靜寂覺照等字雜於其間。〔註51〕

此謂命者，乃仁義禮智之命，而謂「古訓多矣，本無靜寂覺照等字雜其間。」
則儒家道統於釋氏靜寂覺照，到底未必相容，雖云性命之義，堯舜以來道德
即少有歧異虛高之說，此乃阮元衛道之所在，〈西伯戡黎〉、〈召誥〉、〈洪範〉
之命亦相類。

釋《詩·大雅·文王》：

此所謂命，皆孟子聖人之於天道之天命，修德，即〈召誥〉不可不
敬之得，命雖自天，而修德可求，故〈召誥〉曰：王其德之用，祈
天永命，蓋〈文王〉之詩與〈召誥〉句句相同，皆反覆於殷周之天
命也。〔註52〕

勞思光先生以為「命」於古代思想意義有二：一指出令，一指限定。前者可
稱為「命令義」，後者可稱為「合定義」。就命令義言，此一詞義應為「命」
之本義，以「命」字從口也；而就古代文獻觀之，則《尚書》及《詩經》雅
頌常見之「天命」，「受命」及相類諸語，其「命」字皆「命令」之義；故就
時之先後，「命令義」之「命」，宜為稍早。且此「命」者，以意志為其內涵，
無論就人或天言「命令」，皆常假定一意志之要求。故「命令義」之「命」，
於古之文獻，亦與「人格天」相連接。〔註53〕此「人格天」，即：

原始信仰中之「神」，作為人間之最高主宰。《書經》中亦常有此種
「人格天」觀念，作為政權興廢之主宰。就所用詞語而論，書中說
及「人格天」時，仍用「天」字；《詩經》中常用「帝」字以稱此種
主宰意義之天。……《書經》中之「帝」字，例指本文所涉及之共
主；《詩經》大體均為周代作品，用周天子稱「王」不稱「帝」，故
「帝」字乃專以指最高主宰之神或人格天。……此種「人格天」觀
念，原屬早期社會之普遍信仰；不足代表古代中國思想之特色。而
且此一觀念本身之理論意義甚少，只算是古代習俗之一部份。〔註54〕

勞氏之說，其天命之觀，頗能裨補阮氏之見。

〔註51〕《揅經室一集》卷十，頁193。
〔註52〕同上，頁194。
〔註53〕勞思光《中國哲學史·一》，頁25。
〔註54〕同上，頁18。

（二）威儀之命

威儀之命，蓋阮元駁李翱之說也。阮元以爲「周以前聖經古訓，皆言勤威儀以保性命，未聞如李習之之說，以寂明通照復性也。」〔註55〕此李翱《復性論》言妄情滅息，由情復性，類《莊子》「性修反德，德至同於初」，〔註56〕「陰釋而陽儒」，與古訓之敬慎威儀多有未合，故有所辯也。實則阮元「節性」之論，已說之於前；「威儀」之述，補之於後耳。若〈復性論〉「妄情」之說，所謂：「情者，妄也，邪也，邪與妄，則無所因矣。妄情滅息，本性清明，周流六虛，所以謂之能復性也。」〔註57〕即爲佛家之說，有如宗密《普賢行願品疏鈔》所謂：「若以情情於性，性則妄動於情；若以性性於情，情則眞靜於性。」，即明以妄情能使性動，而言性其情者；又如「人之所以惑其性者，情也，情既昏，性斯匿矣。」情能匿生，與孟子「乃若其情，可以爲善。」之旨未符。此阮元之駁李氏，謂「復性之說，雜於二氏。」〔註58〕間亦評宋明儒，謂「象山陽明更多染梁以後禪學矣。」〔註59〕故阮元云「威儀」謂：

> 威而可畏，謂之威；有儀而可象，謂之儀。君有君之威儀，其臣畏而愛之，則而象之，故能有其國家令聞長世。臣有臣之儀，其下畏而愛之，故能守其官職，保族宜家；順是以下皆如是。……故君子在位可畏，施舍可愛，進退可度，周旋可則，容止可觀，作事可法，德行可象，聲氣可樂，動作有文，言語有章以臨其下，謂之有威儀也。……古訓是式，威儀是力矣。魯侯之德，則穆穆敬明，敬慎威儀，維民之則矣。成王之德，則有孝有德，四方爲則，永永印印，四方爲綱矣；且百行莫大於孝，孝不可以情貌言之。然《詩》曰：敬慎威儀，維民之則，靡不有孝，自求伊祜矣。又言威儀孔時，君子有孝子矣。且力於威儀者，可祈天命之福，故威儀抑抑，爲四方之綱者，受福無疆也……且定命即所以保性。《卷阿》之詩言性者三，而繼之曰：如圭如璋，令文令望，四方爲綱，此亦假樂威儀爲四方綱之義也。凡此威儀爲德之隅，性命所以各正也。匪特《詩》也，孔子實式威儀定命之

〔註55〕《揅經室一集》卷十，頁196。

〔註56〕莊子謂：「性修反德，德至同於初」者，乃使人反其外之心知，與情欲，而復其自然性命之情之謂。

〔註57〕姚鼐《古文辭類纂》，〈復性書下〉。

〔註58〕《揅經室一集》卷十，頁192。

〔註59〕《揅經室一集》卷十，頁214。

古訓矣。……《論語》曰：君子不重則不威，學則不固。……孔子之
言，似未嘗推德行性命於虛靜不易思索之地也。〔註60〕

「威儀」之德，非虛靜思索之謂，乃具嚴謹敬慎之謂。蓋天命既以人自身之德
爲依歸，則天命於治理者之要求，即賦予嚴格之限制，此天命爲人格神之一證；
爲政者，穆穆敬謹，天命即降福，反之即爲禍矣，故《孝經・聖治第九》謂：「君
子言思可道，行思可樂，德義可尊，作事可法，容止可觀，進退可度，以臨其
民，是以其民畏而愛之，則而象之，故能成其德教，而行其政令。」即敬謹之
命。故言威儀之命，行爲舉止，壹在於「敬」也。徐復觀先生云：

> 一個敬字，實貫穿於周初人的一切生活之中，這是直承憂患意識的警
> 惕性而來的精神斂抑、集中，及對事的謹慎、認眞的心理狀態。這是
> 人在時時反省自己的行爲，規整自己的行爲的心理狀態。周初所強調
> 的敬的觀念，與宗教的虔敬，近似而實不同。……敬的原來意義，只
> 是對外來侵害的警戒，這是被動的直接反應的心理狀態。周初所提出
> 的敬的觀念，則是主動的，反省的，因而是內發的心理狀態。這是自
> 覺的心理狀態，與被動的警戒心理有很大的分別。〔註61〕

言「主動的、反省的、自覺的」敬，即威儀慎重之行。以其敬，故爲君者有威，
爲臣者有儀，君臣有儀，民人則之，自祈天永命；故《尙書・洪範》箕子曰：
「九、五福：一曰壽，二曰富，三曰康寧，四曰攸好德，五曰考終命。六極：
一曰凶短折，二曰疾，三曰憂，四曰貧，五曰惡，六曰弱。」阮元注云：

> 福極皆通天下臣民言之。天下人之福，皆由君身所致，皆天性天命也。

《詩・周頌》：「昊天有成命，二后受之，成王不敢康，夙夜基命宏密。」毛
傳云：「宏，密安也。」阮元以爲：

> 此即敬天命之義，寬安非祕密也。〔註62〕

以「夙夜基命宏密」爲敬天之道，亦即欲得天命、永命，「敬」乃必須，而其舉
止，乃在「德」也；《詩》如此，《書》之敬德者亦如此：〈召誥〉：「嗚呼！天亦
哀于四方民，昔眷命用懋，王其疾敬德。」孫星衍注云：「言天亦哀此四方窮民，
其眷顧大命，用勉于敬德者，以爲民主；王速敬德，以達天意。」〔註63〕「節

〔註60〕 同上，頁198～199。
〔註61〕 徐復觀《人性論史》，頁22。
〔註62〕 《揅經室一集》卷十，頁196。
〔註63〕 孫星衍《尚書今古文注疏》卷十八，頁294。

性，惟日其邁」。孫氏亦注：「節和其性，思日行之甚速，勉之以疾敬德也。」
〔註64〕蓋節者，阮元言「度」，孫氏言「和」也；又〈君奭〉：「公曰：嗚呼！君！
惟乃知民德，罔不能厥初，惟其終。」、「祗若茲，往敬用治。」孫氏云：「呼召
公，言汝亦知民之行，無不能其初，惟其終之難乎。」又「我所告祗如此而已，
君其往敬以為治哉。」〔註65〕蓋此「德」者，乃釋為「行」也，〔註66〕而行也
者，必出於敬，此威儀方顯，而君之命臣民方能得治。故阮元之釋《詩・大雅・
抑》最能總結其言：

> 古文但說威儀，而威儀乃為性命所關，乃包言行在內，言行即德之
> 所以修平，於此詩可見其概。德在內而威儀在外，故鄭氏箋云：賢
> 者道行心平，可外占而知內，如宮室之制，內有繩直，則外有廉隅；
> 訏謨定命，即《春秋左傳》以定命也之定命，所以當敬慎威儀也。
> 出話有玷，不輯柔其顏，則怨于威儀矣；不淑慎其行止，即死于威
> 儀矣。是以威儀如宮室之隅包於外，德命在于內，言行亦即在威儀
> 之內，行止之不愆，在於不僭不賊而可以為法也。〔註67〕

所謂「威儀乃性命所關，乃包括言行在內。」則敬之德，乃見之言行之修為，
此即以明德之心，行之於外，終而為人格之美善，蓋亦同於明德、親民、止
於至善之道。

（三）「知命」之命

義命之觀，為周初人文精神之展現，《詩》、《書》、《左傳》已述之，即《周
易》亦是有說，如〈乾象〉云：「乾道變化，各正性命」。〈萃象〉云：「用大
牲，吉利，大攸往，順天命也。」〈繫辭傳〉：「樂而知命，故不憂」。

以〈乾象〉言，阮元注云：

> 此所謂天道也。性命皆由天道而出，出之者天也。王者受天命而正
> 性，臣民庶物，亦各正性命也。

以〈萃象〉言，阮元注云：

> 此即孟子所說聖人之得天道王天下也。

以〈繫辭傳〉言，阮元注云：

〔註64〕 同上，卷十八，頁290。
〔註65〕 同上，卷二十二，頁340。
〔註66〕 德之釋為行，如《論語・先進》「德行，顏淵，閔子騫……」以「德」「行」
　　　　 連為一詞；《中庸》「庸德之行」之德，〈乾・文言〉即引作行。
〔註67〕 《揅經室一集》卷十，頁195～196。

此言易筮至神，筮者樂天知命，無六極之憂，即孟子所說性也，有
命焉，君子不謂性也。《論語》曰：五十而知天命，不知命無以爲君
子也，與此道同。〔註68〕

所謂天道、天命者，初始即賦予一存在之「本然」或「實然」，乃命者爲出自
先已有之天神或上帝，或出自不可改移之命運，或直指一天道之流行；然此
已然之限制，必與「樂天知命」之命有未同，乃此知命之命，非本然亦非實
然，而爲當然也。此當然之命於孟子可說，於孔子亦可見，即義命之謂也。
孟子之說，已明於前；孔子之說，此若：

《論語》〈爲政〉云「五十而知天命」。〈堯曰〉云：「不知命，無以爲君子」。

阮元云：

孔子最重知天命。知天命無所不包。……孔子所之之天命，即孟子
所說之命也；孔子不得位，不能以禮義施於君臣，且不得久居人國，
以禮敬施於賓主，能知賢而不能達善，不能得天道，故世無用孔子
者，孔子所以不能爲東周，孔子年至五十知之定矣。

又云：

《韓詩外傳》曰：子曰：不知命無以爲君子，言天之所生，皆有仁
義禮智順善之心，不知天之所以命生，則無仁義禮智順善之心，謂
之小人，故曰不知命無以爲君子。〈小雅〉曰：天保定爾，亦孔之固。
言天之所以仁義禮智保定人之甚固也。〈大雅〉曰：天生蒸民，有物
有則。民之秉彝，好是懿德。言民之秉德以則天也，不知所以則天，
又焉得爲君子乎……又孔子張天命，亦此義也。〔註69〕

楊一峰先生亦就「不知命，無以爲君子」之章有所論釋：

「不知命、無以爲君子也。」歷代註疏家大致有兩種解釋：漢儒韓
嬰底《韓詩外傳》及董仲舒對策大致謂人受天命以生；故有仁義禮
智之心；故不知命、無以爲君子。這是一種解釋。另一爲宋儒之程
朱派，認知命即「知有命而信之。不知命，則見害必避，見利必趨，
何以爲君子？」兩相比較，漢儒牽涉較遠，程朱較好，但仍不夠顯
豁。〔註70〕

〔註68〕同上，頁200。
〔註69〕同上，頁202。
〔註70〕高明等《孔學思想研究論集一》，頁108。

楊氏言程朱言「知命」較漢儒爲好，然漢儒如韓嬰、董仲舒之說爲何，則語未及之。刑昺疏云：「此章言君子立身知人也。命謂窮達之分，言天之賦命，窮達有時，當待時而動，若不知命而妄動，則非君子也。」〔註71〕以「窮達之分」謂命，言君子待時而動，此即知命之謂。若無窮達，即無當然，無當然亦無命之知。故謂「知命」，乃於窮達間，信守天命，以求己之安身立命，且樂而不憂者。依此行之，則命之義，可綜爲：

1. 爲自覺有上天之使命或神力在身，爲我之助，而謂世間一切事物，皆不足阻礙我之行其志，遂其願欲。

2. 爲人于當前所遭遇之環境，覺非己力之所能轉移時，即信此爲一必然而不可轉移之命運。無論人於此命運視爲上帝或天神所預定，或前生之業所定，或自然社會之因果關係所定，或只是一盲目之命運之如是如是；在人之安於此命運處，皆須取同一的將其意志欲望，加以壓服，更加超化之態度，然後人能安於此命而無怨。

3. 爲由觀照、或冥思、或體證，而於萬物之變化流行中，見得天神或天道之表現於其中，而於此萬物之變化流行中，萬物之依此天道以生者之不已，見此天道之如命萬物生而不已，即見天命之不已，而直下加以契會。〔註72〕

於此天命之三義，人如信其中之任一，皆可至於某程度之樂且不憂，然此皆先設定天命爲一存在之實然或本然，加以信受或契會，非於當然之義契會天命者。故以「自覺天命」言孔子所謂天命，雖若有似是之處，然細勘之，則又未必皆切合孔子知命而樂且不憂之本旨。如孔子嘗言：「天生德於予，桓魋其如予何？」似自覺有上天之使命在身；又《論語》載公伯寮訴子路於季孫，孔子曰：「道之將行也歟，命也；道之將廢也歟，命也，公伯寮其如予何？」亦似天命所在，則無人能奈之何！故《論語》「夫子之語性與天道，不可得而聞也。」阮元即云：「此天道即孟子所說聖人之於天道之天道也；即孔子五十所知之天命也。天道非聖人所能逆知，故曰不可得而聞。」〔註73〕此亦知孔子之言道之將行與將廢，皆爲天命，則亦無天命必使其道得行之意，故「天之將喪斯文也，後死者不得與於斯文也；天之未喪斯文也，匡人其如予何？」則道之行不行，

〔註71〕《十三經注疏・論語》，頁180。
〔註72〕唐君毅《中國哲學原論・原道篇》，頁110。
〔註73〕《揅經室一集》卷十，頁202。

天之是否喪斯文，皆非孔子之所知。孔子亦未嘗自覺其有天命在身，神力爲助，以使其道必行於天下，故謂匡人必不能使天喪斯文也。且其「天生德於予」之言，當只是言桓魋可殺害孔子之生命，而不能害及天生之德也。

至言孔子之「知命」，爲第二義之「安命」，亦似可以孔子之言「賢者辟世，其次辟地」，「道不行，乘桴浮於海」之言證之。乘桴於海，即安命順命也。然孔子又言「知其不可而爲之」，畢竟未嘗辟世辟地。孔子念鳥獸不可與同群，吾非斯人之徒與而誰與，而不願從長沮、桀溺、楚王接輿遊，則其言辟地辟世與乘桴浮海，或爲一時感嘆之辭，或只所以見其「隱居以求其志」之懷，然孔子爲此言之外，更明言「行義以達其道」，則此辟地辟世之言，固不足以表孔子精神之全，且與道家隱者「辟地辟世，知不可爲而即更不爲」爲異也。

然則孔子之天命即見於天地萬物變化流行中之天道。此所謂第三義者，亦可以「天何言哉，四時行焉，百物生焉，天何言哉」之語爲證。蓋天既不言，則其命不必由言以傳，此當如孟子所謂「天不言，以行事示之而已矣」。又如《禮記・哀公問》載哀公問孔子「君子何貴乎天道也」，孔子對曰「貴其不已也，如日月東西相從而不已，是天道也；不閉其久，是天道也；無爲而成，是天道也」。又如〈孔子閒居〉篇載孔子曰「天無私覆，地無私載，日月無私照」。又曰「天有四時，春夏秋冬，風雨霜露，無非教也；地載神氣，神氣風霆，風霆流行，無非教也。」《易傳》亦引孔子曰「天下何思何慮，日往則月來，月往則日來，日月相推而明生焉；寒往則暑來，暑往則寒來，寒暑相推而歲成焉。往者，屈也；來者，信也。屈信相感而利生焉。」此諸句壹皆可爲「天何言哉」之註解。朱子于〈子在川上曰〉一章注曰：「天地之化，往者過，來者續，無一息之停，乃道體之本然也。」〔註74〕以孔子川流之嘆，即體天道、見天道之不已。由是此天命之流行亦當與萬物相應而平流，此即所謂當然之道也。惟此段落阮元未明言，蓋其以「天道非聖人所能逆知」以概括也，則阮元之命乃自仁義禮智解，與天命之流行或未相涉。〔註75〕

綜上之言，則阮元性命之論即其節性之道，然其說似爲闢李翺「復性書」而立，如以《復性書》全文歸約，其要爲：

（甲）爲性情二本，性明情昏說。

（乙）爲復性之本義。

〔註74〕趙順孫《論語纂疏》，頁1055。
〔註75〕唐君毅《中國哲學原論・原道篇》，頁112～114。

以（甲）言，傅斯年先生以爲性明情昏之說，乃「漢代之習言，許鄭所宗述，而宋儒及清代樸學皆似忘之」。〔註76〕而引許、鄭之說：

許愼《說文》曰：

> 性、人之陽气，性善者也（傅氏按「性善」之性字，當爲生字，謂人之陽氣所以出善者也。傅寫既誤，而段氏欲于性下斷句，「陽氣性」殊不解）。情、人之陰气有欲者。

段玉裁注「性」云：

> ……董仲舒曰：性者生之質也，質樸之謂性。

注「情」云：

> 董仲舒曰：情者，人之欲也，人欲之謂情；情非制度不能節。《禮記》曰：何謂人情？喜怒哀懼愛惡欲七者，不學而能。《左傳》曰：民有好惡喜怒哀樂，生於六氣。《孝經·援神契》曰：性生於陽以理執；情生於陰以繫念。〔註77〕

鄭玄《詩·蒸民》箋云：

> 天之生眾民，其性有物象，謂五行仁義禮智信也。其情有法，謂喜怒哀樂好惡也。

孔疏云：

> 箋分性情爲二：性爲五性，情爲六情以充之；五性本於五行，六情本於六氣。《洪範》五行：水、火、金、木、土。《禮運》曰：人者，天地之心，五行之端。是人性法五行也。……《孝經·援神契》曰：性者，生之質；命者，人所稟受也；情者，陰之數，精內附著生流通也。又曰：性生於陽以理執；情生於陰以繫念，是性陽而情陰。〔註78〕

由許說、鄭箋及段注、孔疏，則性之二元說，漢已流行；性之善惡，復與陰陽五行相參，乃有所謂昏暗之性，而此說漢儒亦歷有所引，如：

班固《白虎通·德論·情性篇》云：

> 情性者，何謂也？性者陽之施，情者陰之化也。人稟陰陽氣而生，故內懷五性六情。情者，靜也；性者，生也，此人所稟六氣以生者也。

又引緯書《鉤命決》云：

〔註76〕《傅斯年全集，二冊》，頁402。
〔註77〕《說文》十篇下，心部，頁502。
〔註78〕《十三經注疏·詩經》，頁674。

> 情生於陰，欲以時念也。性生於陽，以就理也。陽氣者仁，陰氣者
> 貪，故情有利欲，性有仁也。

則情生於陰，蓋合利欲，性生於陽，合於仁善；性之與情，乃有所分。性如
昏闇，則利欲生，人必爲惑，反之則明；此說當亦李翱所本。

阮元云：

> 唐李翱〈復性書〉曰：情之動靜弗息，則不能復其性而燭天地，爲
> 不極之明。故聖人者，人之先覺者也。覺則明，否則惑，惑則昏；
> 明與昏性本無有。

性覺則明，情昏則惑；雖云李翱之言，亦漢儒性情二元之說也。又：

> 誠者，聖人性之也，寂然不動，廣大清明，照乎天地，感而遂通天下
> 之故。弗慮弗思，情則不生，乃爲正思。正思者，無慮無思也。《易》
> 曰：天下何思何慮？然不動，邪思自息；惟性明照，情何所生？其心
> 寂然，光照天地，是誠之明也。誠者定也，不動也；昔之注解《中庸》
> 者與生之言皆不同，何也？曰：彼以事解者，我心通者也。本性清明，
> 周流六虛，所以謂之能復其性者也。夫子復生，不廢吾言矣。〔註79〕

則李翱之性與《中庸》之性未同，後者乃以「事」解，前者則在「心」通，故
李翱之復性，乃復心之明照也，而此心必覺乃明，否則即爲惑矣。故其性雖淵
自漢儒二元之說，亦參雜釋氏之寂然；是其言性者，言心也，此於陸王之心學
蓋先述之矣，故阮元之非李翱，毋寧即非宋明儒也。因之，駁《復性書》謂：

> 商周人言性命，多在事，在事故實而易於率循；晉唐人言性命，多
> 在心，故虛而易傅會，「習之」此書是也。《尚書》、《毛詩》無言不
> 實。惟《周易》間有虛高者，然彼因言神明陰陽卜筮之事，是以聖
> 人繫辭，不得不就易道以言之，《中庸》一篇，爲子思微言，故言亦
> 或及於幽明高大之處，然無言不由實事而起，與老釋迥殊，樂於虛
> 者，見《中庸》之內「寂然不動」、「誠則明」等語，喜之，遂引之
> 以爲證。又《禮記》「人生而靜」、《孟子》「先覺」等語，喜之，遂
> 亦引之爲證，不知已入老釋之域矣。

商周人言性命，多在事；晉唐人言性命，多在心。在事則實而易率循，在心
則虛而易傅會。此漢、宋之別，亦儒、釋之異也。

　　按《周易》「寂然不動」，乃言卦爻未揲之先，非言人之心學也；「誠

則明」，乃治民、獲上、信友、順親之事；「明善」者，乃學問思辨之事，亦非言靜寂覺照也；「人生而靜」，言尚未感物，非專於靜也；「以覺覺民」，如《詩》之牖明孔易，非性光明照也。此不可誣改聖經以飾釋典者也。至於釋典內則有云：佛者，何也？蓋窮理盡性大覺之稱也。其道虛渺，固以妙絕常境，心不可智知，形不可以象測，同萬物之爲，而居不盪之域；處言教之內，而止無言之鄉，寂寞虛曠，強名曰「覺」（翻譯大論）。佛蠲嗜欲，習虛靜，而成通照也。有感斯應，體常湛然，形由感生，體非實有（《魏書‧釋老志》），自性本覺，詳見於實相經（白居易文）有生皆有情，菩薩乃有情中之覺者耳。佛有覺性而無情（番譯明義），佛者西天之語，唐言覺，謂有智慧覺照爲佛心（《傳燈錄》）。

又云：

以上固釋氏之說，皆李習之復性之說所由來，相比而觀，其跡自見。蓋釋氏見性，祇是明心，不但不容味色聲臭安佚存於性內，即喜怒哀樂亦不容於性內，甚至以不生情爲正覺；性明照則情不生，然而《易‧文言》明以利貞爲情性矣；又言六爻發揮，旁通情矣，然則情可絕乎！性可絕乎！恐未然矣。〔註80〕

此言頗爲激切，雖評李翱，實則爲譏刺佛氏。蓋以佛氏言性滅情，不容味色聲臭安佚，亦不容喜怒哀樂之情，甚而有性無情，終與儒術未合，乃當斥矣。李翱復性之說承佛氏而來，謂「情之動靜弗息，則不能復其性而燭照天地。」又謂「覺則明，否則惑，惑則昏」等言語，相比而觀，其跡皆近佛氏，故所謂「復性」也者，非復本性之當然，乃即滅情之意，滅情者，在所必伐，此必阮元之立意，亦節性說之用心也。故虛靜通照、湛然感應之性乃佛之性，亦李翱所復之性，此即阮福所言「發明性字誤入老釋之故，明則暢之」〔註81〕之意。而終極之意，雖云排佛駁李，意乃在評宋明之心學，故云「象山、陽明更多染梁以後禪學」，此可謂先生言外之意。

　　阮元之說，大抵自負面評之，以爲復性滅情說未合常理，故李翱所言斷然非孔孟之性，以是不得不辯。然阮元之論，似未慮及時代之潮流，以唐時佛氏盛行，其與時人韓愈等，皆難免於佛氏濡染，用心所及，融漢之性二元

〔註80〕同上，頁213。
〔註81〕《揅經室一集》卷十，頁214。

之說，蘊含佛氏之論，仍有可採之處，非必謂爲不是。後之學者如傅斯年先生則採未同之說，其「李習之在儒家性論發展中之地位」云：

> 李習之者，儒學史上一奇傑也。其學出於昌黎，而比昌黎更近於理學，其人乃昌黎之弟子，足爲其後世者也。北宋新儒學發軔之前，儒家惟有李氏巍然獨立之性論，上承〈樂記〉、《中庸》，下開北宋諸儒，其地位之重要可知。……退之既爲聖疏說（即後世道統說所自來），又爲君權絕對論，又以「有爲」之義鬪佛老，自此儒家乃能自固其藩籬，向釋道反攻。習之繼之，試爲儒教之性論，彼蓋以爲吾道之缺，在此精微，不立此眞文，則二氏必以彼之所有入於我之所無。李氏亦鬪佛者，而爲此等性說，則其動機當在此。遍覽古籍，儒家書中，談此虛言者，僅有《孟子》、《易繫》及戴記之〈樂記〉、《中庸》、《大學》三篇，於是將此數書提出，合同其說，以與二氏相較，此〈復性書〉之所由作也。……清儒多譏其爲禪學玄宗者，正緣其歷史的地位之重要。夫受影響爲一事，受感化爲又一事，變其所宗、援甲入乙爲又一事，謂〈復性書〉受時代之影響則可，謂其變換儒家思想而爲禪學，則言不可以若是其巫也。〔註82〕

傅氏之旨趣，即末句所云：「謂〈復性書〉受時代之影響則可，謂其變換儒家思想而爲禪學，則言不可以若是其巫也。」此爲論古必恕，觀點亦頗持衡，無過激之言，亦無偏頗之意。就史實發展而論，當可補阮元言論之未足；就思想之釐清言，其說洵爲公允。

第二節　論　仁

阮元之儒學，一則重性命之論，一則重論仁之述，此二論述，確爲其儒學旨趣所在，性命之論，已敘之於前，言及「論仁」者，則阮元之論，與程、朱之說，頗有別異；乃以訓詁闡發孔孟思想，間亦以校勘之法，是正文字之同異，此亦漢宋較大之別也。

一、以訓詁闡發《論》、《孟》

江藩（1761～1831）〈漢宋門戶異同〉嘗論漢宋之別：

〔註82〕傅斯年《性命古訓·二》，頁 733～734。

何謂漢學？許鄭諸儒之學也。何謂宋學？程朱諸儒之學也。二學何
以異？漢儒釋經，皆有師法，如鄭之箋詩，則宗毛爲主；許氏著《説
文解字》則博采通人；至於小大，信而有證，即其中今人視爲極迂
且曲之義，亦必確有所受，不同臆造。宋儒不然，凡事皆決於理，
理有不合，即舍古訓而妄出己意。如《論語》正名注，則易名字也
之訓，而指衛父子之名；子路問：「聞斯行諸」？則易包咸「振窮就
乏」之説，而以言學問。……此漢宋二家之所以異，而經家之所以
不取宋儒也。〔註83〕

江氏所謂之漢學，一以崇漢之許鄭；一以言釋經之有師法；再以小大之學，
信而有徵，而古訓之推闡，則其歸結也。阮元之崇孔學，鑽研覃思，亦同江
氏；其重師法，明古訓，考徵實，皆學之旨要。故解孔、孟之道，與宋學之
標舉性命之理者，究竟有異。〔註84〕因之，申論阮氏之學，宜就漢學之考證
爲言，意乃近之，而其法乃於訓詁、歸納、校勘之途也。

以古訓闡孔學，乃阮元立説之要旨。〈論語一貫説〉云：

聖賢之言，不但深遠者非詁訓不明，即淺近者亦非訓詁不明也。〔註
85〕

〈西湖詁經精舍記〉亦云：

聖賢之道，存於經，經非詁不明。……舍經無文，其文無質；舍詁
求經，其經不實。〔註86〕

由是阮元啣接聖賢言語，概以詁訓爲式。此其〈一貫説〉、〈論仁〉二説，語
頗精詳。茲分述如下：

阮元云：

《論語》「貫」字凡三見：曾子之一貫也；子貢之一貫也；閔子之言
「仍舊貫」也。此三貫字，其訓不應有異。〔註87〕

〔註83〕 江藩《經解入門》卷三，頁65。江氏文末歸結云：「學者治經宗漢學，立身宗
宋學，則兩得矣。」論可謂持平。

〔註84〕 徐復觀先生《兩漢思想史》卷三，附錄二之〈清代漢學衡論〉註12，頁623，
謂：「實則《揅經室一集》中的〈釋心〉、〈論語一貫説〉、〈論語論仁論〉、〈孟
子論仁論〉、〈性命古訓〉等，都是爲了徹底推翻宋代理學而作的。」然則阮
元依詁爲訓，所持爲漢立論，與宋學之説，或有差異。

〔註85〕 《揅經室一集》卷二，頁45。

〔註86〕 《揅經室二集》卷七，頁505。

〔註87〕 同註84。

曾子「一貫」之語，載〈衛靈公〉篇；閔子騫「仍舊貫」之語，則見〈先進〉
篇。阮元則以「貫，行也，事也。」為訓，且援古例以證：

> 《爾雅》：「貫，事也。」《廣雅》：「貫，行也。」
>
> 《詩・碩鼠》：「三歲貫女。」《周禮・職方》：「使同貫制。」《論語・
> 先進》傳注皆訓為「事」；《漢書・谷永傳》云：「以次貫行。」《後
> 漢書・光武十五年傳》云：「奉承貫行。」皆行事之義。〔註88〕

阮元謂〈先進篇〉「仍舊貫」之「貫」，亦訓為「事」，概即何晏引鄭玄注：「貫，
事也。」〔註89〕再者，復引《廣雅》之述，謂「貫，行也。」此即王念孫《廣
雅疏證》所云：

> ……一以貫之，即以一行之也。《荀子・王制篇》云：「為之貫之。」
> 貫亦為也。《漢書・谷永傳》云：「以次貫行，固執無違。」《後漢
> 書・光武十一年傳》云：「奉承貫行。」貫亦行也。《爾雅》「貫，
> 事也。」事與義相近，故事謂之貫，亦謂之服，行謂之服，亦謂之
> 貫矣。〔註90〕

依鄭注及王氏《疏證》，知阮元引古為訓，非鑿空之言。以鄭注論，阮元特株
守漢儒之說，溯其淵源，固不無惠棟之影響。惠氏《九經古義》謂：「漢人通
經有家法，故有五經師。訓詁之學，皆師所口授，其後乃竹帛。……古字古
言，非經師不能辨，是故古訓不可改也，經師不可廢也。」〔註91〕則惠棟注
經儼然以漢學為宗，而漢學又主許、鄭，阮元所崇，與惠氏同，宗漢甚篤。〈西
湖詁經精舍記〉云：

> 漢人之詁去聖賢為尤近。譬之越人之言語，吳人能辨之，楚人則否；
> 高曾之容體，祖父及見之，雲仍則否；蓋遠者見聞，終不若近者之實
> 也。惟漢人之詁多得其實，去古近也；許鄭集漢詁之成者也。〔註92〕

故知阮元宗漢，蓋以漢近古，聖賢之言，多能得之；許、鄭之學，切要精微，
又為集漢詁之成，阮元以詁為訓，「貫」字釋義，信必得真。

再以王念孫為說，阮元得之王氏亦多，〈王石臞先生墓誌銘〉云：

> 元于先生，為鄉後學，先生遂樂以為教，元之稍知聲音、文字、訓

〔註88〕《揅經室一集》卷二，頁 46。
〔註89〕《十三經注疏・論語》，頁 98。
〔註90〕王念孫《廣雅・釋詁》「貫，行也」條。
〔註91〕惠棟《九經古義》序。
〔註92〕《揅經室二集》卷七，頁 505。

詁者，得於先生也。〔註93〕

而王氏所以爲阮元所宗，亦在其治學之謹嚴。方俊吉先生《廣雅疏證釋例》即謂王氏之學：

> 有清一代，小學隆盛。……於訓詁之學，首推高郵王氏，……手撰
> 《廣雅疏證》，殫精竭慮，十年於此；就古音以求古義，……成書眞
> 所謂廣徵博引、多文闕疑。〔註94〕

阮元謂「聲音、文字、訓詁，得於先生也。」其來有自，亦見先生之重家法、師法也。「貫」字之外，「一」之涵義仍代論釋。阮元以「一」與「壹」同，且引古訓，謂「一」者，「專」也、「皆」也。說爲：

> 一與壹通。經史中並訓爲專，又訓爲皆。《後漢書‧馮昆傳》、《淮南‧
> 説山訓》、《管子‧心術篇》皆訓一爲專；《大戴‧衛將軍》、《荀子‧
> 勸學‧山訓》、《管子‧心術篇》皆訓一爲專；《大戴‧衛將軍》、《荀
> 子‧勸學‧臣道》、《後漢書‧順帝紀》皆訓一爲皆。〔註95〕

阮元不厭其煩揭「一」與「貫」，亦推明其所謂「實事求是」者也。故「一以貫之」，即「壹是皆以行事爲教也。」而所以行事爲教，直以孔門弟子不知所行爲何道，故曾子仍有「忠恕」之言詮。至訓「一貫」爲「行事」，雖言以實見之，隱微之間，言仍駁宋儒。先生云：

> 若云賢者因聖人一呼之下，即一旦豁然貫通焉，此似禪家頓宗冬寒
> 見桶底脫大悟之旨，而非聖賢行事之道也。……故以行事訓賢，則
> 聖賢之道歸于儒，以通徹訓貫，則聖賢之道近于禪矣。〔註96〕

然則此爲漢學立論可知矣！知阮元之反宋儒，亦反朱子矣！惟持平而論，亦貫之說，當在下學上達，體用一貫，阮元以禪悟解之，仍待勘酌。康義勇生先則持相反之見，其《論語釋義》引張甄陶《四書翼注論文》謂：

> 此章道理最平實，是以盡心之功告曾子，非以傳心之妙示曾子。曾
> 子之唯是用力承當，與顏子回雖不敏，請事斯語，口氣一同，不是
> 釋迦拈花，文殊微笑。

且云：

〔註93〕《揅經室續集》卷二之下卷，頁93。
〔註94〕方俊吉《廣雅疏證釋例》，頁1。
〔註95〕《揅經室一集》卷二，頁45。
〔註96〕同上。

清儒務反宋學，解貫字爲行事義，一以貫之之說成一以成之，其用

意只要力避一心字。〔註97〕

漢宋之壁壘分明，於此可見。

由是，阮元「仁論」之說，《揅經室一集》卷八、卷九，分載〈論語論仁篇〉及〈孟子論仁篇〉；先生以孟子論仁，別爲二篇，故於仁之意涵及孔孟之述，略有別異。

（一）〈論語論仁論〉

以〈論語論仁論〉言，阮元以爲「仁」字簡明易知，若煩稱遠舉，意反紛紜，故云：

元竊謂詮解仁字，不必煩稱遠引，但舉《曾子・制言篇》「人之相與

也。」……鄭康成注：「讀如相人偶之人」，數言足以明之矣。春秋

時，孔門所謂「仁」者，以此一人與彼一人相人偶，而盡其敬禮忠

恕等事之謂也。相人偶者，謂人之偶也。凡仁必於身所驗之而始見，

亦必有二人而仁乃見，若一人閉戶瞑目靜坐，雖有德理在心，終不

得指爲聖門所謂之仁矣。〔註98〕

謂之「相人偶」，必人與人相偶而仁乃見，亦必人與人相處互濟，仁方能顯。是《中庸》「仁者，人也。」《論語》己立立人、己達達人之旨，皆仁之推展，而阮元之以「相人偶」釋仁，乃以爲仁之意蘊，回復秦漢以前之訓釋；魏晉以後，仁之解不免有所偏離，是韓愈《原道》訓仁爲「博愛」，阮元期期以爲不可，而以「歧中歧」目之，此先生以爲「凡仁必於身所行者驗之而始見」，己未立未達，又何博愛之有？故阮元特舉子貢「博施濟眾」之章，抒其仁意：

許叔重《說文解字》「仁，親也，從人二。」段若膺大令注曰：「見

部曰：親者，密至也。」《中庸》曰：「仁者人也。仁，人也。」讀

如相人偶之人，以人意相存問之言。〈大射儀〉「揖以耦」注：「言以

者，耦之事成於此意，相人耦也。」〈聘禮〉「每曲揖」注：「以人相

耦爲敬也。」〈公食大夫禮〉「賓入三揖」注：「相人耦」《詩・匪風》

箋云：「人偶能烹魚者，人偶能輔周道治民者。」〔註99〕

則仁之解，爲二人互敬互揖，皆自經傳處立言。而所謂之人耦，乃爾我之親愛，

〔註97〕康義勇《論語釋義》，頁257、258。

〔註98〕《揅經室一集》卷八，頁157。

〔註99〕《揅經室一集》卷八，頁159。

獨則無耦，耦則相親，其字之從「二」者，意必在茲，此阮元反覆申述者也。
若至「相人偶」一詞雖引自鄭玄，是否亦阮氏之創，胡適先生則別有殊見：

> 「相人偶」一句話大概是漢人的常語。……依《新書・匈奴篇》「時人偶之」的話看來，這「人偶」兩字是一個動詞，有「親愛」之意，阮元說「相人偶者，謂人之偶之也。」這是把一個動詞分開來講，似是小誤。〔註100〕

胡氏以為阮元所舉「相人偶」，雖為漢之例，惟無殊異處，故不必謂為創意。
然以「人偶」釋仁，乃頗賅詳。

> 阮氏此說雖不是他的創說（《新書》一條是用盧文弨的校語），然而前人都不曾懂得此說的哲學意義，直到阮氏纔用此說作為儒家對於仁的定說。這種說法有兩個重要之點：第一，阮氏說仁為「以此一人與彼一人相人偶」、「必有二人而仁乃見」：這就是說，仁是一種社會性的道德，不是個人的道德。從前那些說法，如「仁者渾然與物同體」，都只是「一人閉戶齋居，瞑目靜坐」的玄想，不是儒家說的仁的本意。第二，這樣說法把從前那些玄妙深刻的說法都抹煞了，回到一種很平常的淺近的意義。〔註101〕

則阮元論仁：一為「社會的道德」、一為「平常淺近的意義」，無標緲高妙，亦非虛玄蹈空，皆於日常行處求。因之，先生持以顏淵、仲弓、樊遲問仁之章，言其人偶之意：

《論語》分載：

1. 顏淵問仁。子曰：「克己復禮為仁，一日克己復禮，天下歸仁焉。為仁由己而由人乎哉！」顏淵曰：「請問其目？」子曰：「非禮勿視，非禮勿聽，非禮必言，非禮勿動。」顏淵曰：「回雖不敏，請事斯語矣。」
2. 仲弓問仁。子曰：「出門如見大賓，使民如承大祭；己所不欲，勿施於人；在邦無怨，在家無怨。」仲弓曰：「雍雖不敏，請事斯語矣。」
3. 樊遲問仁。子曰：「愛人」。問知。子曰：「知人」。樊遲未達。子曰：「舉直錯諸枉，能使枉者直。」樊遲退，見子夏曰：「鄉也，吾見於夫子而問知。子曰："舉直錯諸枉，能使枉者直"何謂也？」子夏曰：「富哉言乎！舜有天下，選於眾，舉皋陶，不仁者遠矣；湯有天下，選於眾，

〔註100〕 胡適《戴東原的哲學》，頁167。
〔註101〕 同上。

舉伊伊，不仁者遠矣。」

阮元解云：

> 元謂右三章，皆言王者以仁治天下之道。顏子克己，己字即自己之
> 己，與下爲仁由己相同；言能克己復禮，即可並人爲仁；一日克己
> 復禮，而天下歸仁，此己欲立而立人己欲達而達人之道。仁，雖由
> 人而成，其實當自己始，若但知有己不知有人，即不仁矣。孔子曰：
> 勿謂仁者人也，必待人而後並爲仁，爲仁常由克己始，且即繼上二
> 克己字，疊而申之曰：爲仁由己，而可由人乎哉！亦可謂大聲疾呼，
> 明白曉暢矣。若以克己字解爲私欲，則下文則仁由己之己，斷不能
> 再解爲私，而由己不由人反詰辭氣，與上下文不相屬矣。顏子請問
> 其目，孔子答以四勿，勿即克之謂也，視聽言動，專就己身而言，
> 若克己而能非禮勿視、勿聽、勿言、勿動，斷無不愛人，斷無與人
> 不相人偶者，人必與己並爲仁矣。……孔子恐學者爲仁，專待人而
> 後並爲之，故收向內言，孟子曰：仁，內也。即此説也。然收至視
> 聽言動，亦內之至矣。

此段言語有其深沉之意，阮元自始至終即謂克己非克私者也，惟克之意涵安
在，則始終未提及，只引孔子答四勿，言勿即克，是克己即勿己，勿己即不
得言私也，至邢昺疏謂「克」者：「約也；己，身也。」〔註 102〕劉炫云：「克
訓勝也，己謂身也，身有嗜欲，當以禮義齊之。」朱子謂「己」乃「身之私
也」。〔註 103〕

阮元則謂：

> 毛西河檢討《四書改錯》曰：馬融以約身爲克己，從來説如此。惟
> 劉炫曰：克者勝也。此本揚子雲勝己之私之謂克語，然己不是私，
> 必從己字下添「之私」二字，原是不安，至程氏直以己爲私，引《論》
> 「克己復禮」爲證，則誣甚矣。……即以本文言，現有「爲仁由己」，
> 己字在下，而一作身解，一作私解，其可通乎。〔註 104〕

然則，阮元以爲解己爲私爲勝，乃不通之論。且謂：

> 克者，約也，抑也；己者，自也。何嘗有己身私欲、重煩戰勝之説？

〔註 102〕《十三經注疏・論語》，頁 106。
〔註 103〕趙順孫《論語纂疏》，頁 167。
〔註 104〕《揅經室一集》卷八，頁 162。

故引例證：

> 《春秋·莊八年》書師還。杜預以爲善公克己復禮。而後漢元和五
> 年，平望侯劉毅上書云：克己引愆，顯揚側陋。謂能抑己以用人。
> 即《北史》稱馮元興卑身克己，人無恨者。唐韓愈〈與馮宿書〉：故
> 至此以來，克己直下。直作卑身自解。若後漢陳仲弓誨盜曰：觀君
> 狀貌，不似惡人，直深剋己反善。別以克字作剋字，正以培損削皆
> 深自貶抑之義。故云：則是約己自剋，不必戰勝，況可詁私字也。

阮元此言，明是對宋儒言，「克己」非己私，必私己自克之謂。劉寶楠《論語
正義》亦持此論：

> 正義曰：《爾雅·釋詁》：「克，勝也。」又「勝，克也」。轉相訓。
> 此訓「約」者，引申之義。顏子言夫子「博我以文，約我以禮」，「約」
> 如「約束」之約，「約身」猶言修身也。《後漢書·安帝紀》：「夙夜
> 克己，憂心京京。」〈鄧皇后紀〉「接撫同列，常克己以下之」〈祭遵
> 傳〉：「克己奉公。」〈何敞傳〉：「宜當克己，以疇四海之心。」凡言
> 「克己」，皆如約身之訓。《法言》謂「勝己之私之謂克」，此又一義。
> 劉炫援以解《左傳》「克己復禮」之文，意指楚靈王多嗜慾，誇功伐
> 而言。乃邢疏即援以解《論語》。朱子《集注》又直訓「己」爲「私」，
> 並失之矣。〔註105〕

劉氏之言，與阮氏之說立意均同，皆以「己」之言「私」爲方鑿圓枘之不合。
阮元又舉凌廷堪之言以證：

> 凌次仲教授曰：即以《論語·克己》章而論，下文云「爲仁由己，
> 而由人乎哉。」人己對稱，正是鄭氏「相人偶」之說，若如《集注》
> 所云，豈可曰爲仁由私欲乎！再以《論語》全書而論：如「不患人
> 之不己知」，「夫仁者己欲立而立人，己欲達而達人」。「己所不欲，
> 勿施於人」。「古之學者爲己，今之學者爲人」。「修己以安人」，「君
> 子求諸己，小人求諸人」。皆人己對稱；此外之己字，如「無友不如
> 己者」，「人潔己以進」，「仁以爲己任」，「行己有恥」，「莫己知也」，
> 「恭己正南面」，「以爲謗己」。若作私欲解，則舉不可通矣。〔註106〕

以上諸言，所證者，即宋儒「天理人欲」之說爲不可行也。而「克己」之言

〔註105〕劉寶楠《論語正義》，頁484。
〔註106〕《揅經室一集》卷八，頁163。

「約己」、「修身」，如何個「約」、如何個「修」，先生只說「以馬注申之：克己，己即身也」，餘則闕如，此亦或先生解說未盡之處。因之，胡適先生雖謂阮元引「相人偶」之「人偶」爲「社會的道德」，恐或外緣之說，於仁心之本源則似未觸及，此仍當有所究探。

復次，述及孟子仁論之說。阮元雖云「孟子之仁，與孔子之仁，無少差異。」〔註107〕然立意所在，乃循孔子堯舜之仁而斥心性之說。

（二）〈孟子論仁論〉

> 孟子論仁無二道：君治天下之仁，士充本心之仁，無異也。……孟子論仁，至顯明，至誠實，未嘗有一毫流弊貽誤後人也。一介之士，仁具於心，然具心者，仁之端也；必擴而充之，著於行事，始可稱仁。……孟子又曰：「仁之實，事親是也。」

又云：

> 孟子論良能良知。良知，即心之端也；良能，實事也。舍事實而專言心，非孟子本旨也。〔註108〕

阮元以爲孟子之論仁，鮮明誠實，未嘗舉心性以言，即良知良能，仍非專言心，而依事實爲要。其解孟子「人所不能而學者，其良能也，……至達之天下。」條，即云：

> 按「良知良能」，良字與「趙之所貴，非良貴也。」良字同。良，實也（見《漢書》注）。無奧旨也。此良知二字，不過孟子偶然及之，與「良貴」同，殊非七篇中最關緊要之言。……不解王文成何所取而以爲聖賢傳心之祕也。

又云：

> 陽明謂：「學不資於外求，但當反觀反省。聖人致知之功，至誠至息。其良知之體，皦如明境。妍媸之來，隨物見形，而明鏡曾無留染，所謂情順萬事而無情也。」無所住以生其心，佛氏曾有言，未爲非也，明鏡之應，一照皆眞，是生其「心」處，妍者妍，媸者媸，一過而不留，即「無所住」處。

而歸結謂：

> 陽明之言如此。學者試舉以求之《孟子》七篇中，有此境否？此境

〔註107〕同上，卷九，頁175。
〔註108〕同上。

可以論孩提愛親之仁否？陽明直以爲佛氏之言而不之諱，且此儒佛
相附，亦不始於陽明，未可不深辯，但此命意造語之超妙，尚非全
是佛氏之言，此乃晉宋間談老莊者，無可再談之時，而於元妙之故
轍，復擇取清言中自然神理最清遠超妙者，……傅會之，姿縱之，……
由此傳統南北，遂成風尚，再成禪學，其風愈狂，……陽明宗旨，
直是禪學，尚非釋學也。〔註109〕

此雖解《孟子‧盡心上》之「良知良能」，實批駁陽明之說也。惟「良」字之解，
阮元所持爲「實」之說，似又不同他者；趙歧注云：「不學而能，性所自能；良，
甚也，是人之所能甚也，知亦猶是能也。」〔註110〕焦循亦云：「良，甚之義：……。
良能猶言甚能，良知猶言甚知，甚能甚知，即最能最知，……」〔註111〕又於〈告
子〉章「欲貴者，人之同心。……人之所貴者，非良貴也」訓良爲「善」，且云：
「良之訓爲善。毛之傳《詩》、鄭氏之注《禮記》《周禮》、箋《詩》、何氏注《公
羊傳》、司馬氏注《莊子》、某氏傳《尚書》、孟康如淳注《漢書》、孔晁注《周
書》，無不然。故良心指仁義之心，謂善心也。」〔註112〕

朱熹注亦謂：「良者，本然之善也。」〔註113〕是以「甚」、「善」釋「良」
字，意較釋「實」爲深遠，此仍待辨明者。

至於由「良知良能」出陽明之學近禪學，則此問題亦待乎申說。阮元以
同於清談之「清遠超妙」，又同於佛者之「清遠無虛」；故謂陽明思想爲「由
儒而玄，由玄而釋」，而謂「象山、陽明、白沙」受蓮社（道安、慧遠）、少
林（達摩、慧能）之紿而不悟矣。〔註114〕然則此爲阮元之說，即陽明「良知」
之述是否定染禪學，亦有待商榷。

《傳習錄‧中》云：

良知只是一個天理自然明覺發現處。只是一個眞誠惻怛，便是它本
體。故致此良知之眞誠惻怛以事親，便是孝。致此良知之眞誠惻怛
以從兄，便是弟。致此良知之眞誠惻怛以事君，便是忠。只是一個
良知，一個眞誠惻怛。

〔註109〕《揅經室一集》卷九，頁 182、183。
〔註110〕《十三注疏‧孟子》，頁 232。
〔註111〕焦循《孟子正義》，頁 528。
〔註112〕同上，頁 470。
〔註113〕趙順孫《孟子纂疏》，頁 2250。
〔註114〕《揅經室一集》卷九，頁 184。

又云：

> 著實去致良知，便是誠意。

《傳習錄・下》云：

> 良知只是個是非之心，是非只是個好惡。只好惡就盡了是非，只是
> 非就盡了萬事萬變。

陽明提「良知」，其實在「致良知」，乃將《大學》之「致知」與《孟子》之「良知」連綴而歸之以「誠」耳。所謂「良知」單一字眼，陽明未多所論釋，然不能因此即謂其近禪，就思理而言，究竟仍未見合宜。而「致」也者，亦在踐履篤行，當非空疏虛妄，故陽明云：「區區格致誠正之學，是就學者本心日用事爲間，體究踐履，實地用功，是多少第，多少積累在，正與空虛頓悟之說相反。」〔註115〕則「體究踐履，實地用功」乃陽明成學之歷練，非必定冠之以「清遠超妙」。然則阮元所非，恐非純指陽明，當是非其末流之學。

黃梨洲云：

> 陽明先生學，有泰州（王艮）、龍溪而風行天下，亦因泰州、龍溪而
> 漸失其傳。〔註116〕

劉蕺山亦云：

> 今天下爭言良知矣，及其弊也，猖狂者參之以情識，而一是皆良；
> 超潔者蕩之以玄虛，而夷良於賊，亦用知者之過也。夫陽明之良知，
> 本以救晚近之支離，姑借《大學》，使《大學》之旨晦，又借以通佛
> 氏之玄覺，使陽明之旨復晦。〔註117〕

黃、劉二氏所述，即針就王學後之泰州、浙中二派而言。此二派，一失之情識，一失之玄虛；前者混自然情欲與本然良知爲不可辨，後者使良知與佛、老無別。學風隳毀，影響乃大。而其源頭，無疑自陽明而來，故顧亭林之評王學末流，謂「以明心見性之空言，代修己治人之實學。」，〔註118〕甚至擬爲魏、晉、清談之禍。而王船山尤擯斥陽明爲「陽儒陰釋誣聖之邪說。」〔註119〕則阮元之評陽明，當非無的之矢，蓋其來有自矣。

〔註115〕王陽明《傳習錄・中》，〈答顧東橋書〉，是年五十四歲。
〔註116〕黃宗羲《明儒學案》，〈泰方學案序錄〉。
〔註117〕劉宗周《證學雜錄》，正中版，頁57。
〔註118〕顧炎武《日知錄》，卷七〈夫子之言性與天道〉章。
〔註119〕王夫之《正蒙注疏論》。

「一貫說」、「論仁論」外，阮元尚有「大學格物說」。所訓爲：

> 致知在格物，物格而後知至。

阮元云：

> 此二句雖從身心意知而來，實爲天下國家之事。天下國家以立政行事
> 爲主，《大學》從身心說到意知，極心思之用矣。恐學者終求之于心
> 學，而不驗之行事也，故終顯之曰：致知在格物。物者，事也；格者，
> 至也。事者，家國天下之即止於五倫之至善；明德、新民，皆事也。
> 格有至義，即有止意；履而至止於其他，聖賢實踐之道也。〔註120〕

由此亦知，阮元之釋「格物」章，乃針就陽明而言。陽明解「格物」云：

> 物者，事也。凡意之所發，必有其事。意所在之事謂之物。格者，
> 正也；正其不正，以歸於正之謂。正其不正者，去惡之謂也；歸於
> 正者，爲善之謂也。夫是之謂格。〔註121〕

陽明之「事」與阮元之「事」到底未同。陽明之事乃誠意之事，爲心念所發，
亦即「致良知」之事；阮元之事則五倫之事，二者立意顯即未同。而此物者，
阮元以射爲譬：謂「升階登堂履物而後射」之物，又引《儀禮・鄉射禮》謂：「物
長如（箭幹也）」並引鄭注云「物，謂射時所立處也。」於是云：「物，猶事也。」
再引《釋名・釋言語》云：「事，傳也。傳，立也。」而謂「物」者，即同於堂
上射者所立之位。歸結之意，乃云：「孔子曰：吾道一以貫之。貫者，行事也，
即與格物同道也。」此解顯與陽明有異，而以事爲傳，似又爲一獨抒之見，雖
引鄭注，然推得物即事，事即傳，故物即傳，於理終是牽強。阮元之意，蓋恐
學者求之于心學，故以行事爲驗，至合誼與否，則未計及。

要之，阮元「一貫」說、「論仁論」、「格物致知」，雖以古訓爲說，詮釋
云爲，則稍顯勉強。大抵先擬一結論，之後，方取典籍以證，故覃思用慮，
必結果己得，然後過程方出。本末之間，不免於削足適履；且因反宋、明之
學，故遣詞著意，亦難免流於意氣之爭，因之，說法即難免武斷而有所偏執。
唐君毅先生云：

> 若以此而謂義理唯在漢以前人名書籍文字之訓詁之中，此之書籍文
> 字，更無新訓詁，無新義理，而除在書籍文字訓詁所說義理之外，
> 更無「尚不爲文字所陳述之人心與天地萬物之義理」，則萬不可說。

〔註120〕《揅經室一集》卷二，頁47。
〔註121〕《王陽明全集》卷二六，續編一，大學問。

〔註122〕

此言或具針砭之功。韋政通先生亦云：

> 宋學家並非不重考證，漢學家亦非全不解義理。……清代的漢學
> 有些部分，是代表宋、明儒學發展，但在意氣上卻是宋明儒的反
> 動。這種反動的情緒，往往使他們對前代的新儒學不免存有偏見。

〔註123〕

韋氏之言，當為公允。惟此「反動的情緒」仍非阮元一人所成，與明末清初
理學之反動亦相關聯，此若余英時先生所言：「晚明的考證學是相應於儒學發
展的內在要求而起。」〔註124〕則阮元之反宋明學，殆時代之然耳。

二、以歸納之法解《論》、《孟》

　　阮元治學，雖以古為訓，於古訓相互之聯繫則甚在意。纂修《經籍纂詁》
即以系聯之法為之，即今之所謂統計法。王引之稱《纂詁》之作，為「展一
韻而眾字必備，檢一字而訓皆存，尋一訓而原書可讀。」〔註125〕則展一韻而
備眾字，一韻而諸訓存之說，實即歸納之運用。侯外廬先生主編之《中國思
想史綱》言：

> 戴震一派的治學途徑有二：一為文字學，一為數學。阮元在這兩方
> 面都步戴震的後塵。〔註126〕

　　阮元之學，承戴氏一派，其音韻、文字、訓詁，固受戴門影響，即數算
之學，亦承之於戴氏，章句字數，壹在明確。今以戴氏之學觀之：其《原善》
卷上、終卷，即載「凡十一章，二千七百九十二字，序百九字。」；卷中、終
卷載「凡五章，二千七百二十二字。」卷下、卷終載「凡十六章，三千四百
七字。」；三卷之數「總篇合序三十三章，九千三十一字。」〔註127〕《孟子字
義疏證序》則算計理義條文，計：上卷，理十五條；卷中，天道四條、性九
條；卷下，才三條、道四條、仁義禮智二條、誠二條、權三條；後序一條，
共四十三條。」〔註128〕此諸數目，雖云繁瑣，亦為餖飣，然求數目之精謹，

〔註122〕唐君毅《中國哲學原論・原教篇》，頁701。
〔註123〕韋政通編《中國哲學辭典》，頁371。
〔註124〕余英時《論戴震與章學誠》，頁355。
〔註125〕王引之《經籍纂詁》序。
〔註126〕侯外廬主編《中國思想史綱》〈阮元治學途徑及其重要特點〉，頁449。
〔註127〕胡適《戴東原的哲學》附錄，頁212、221、235。
〔註128〕同上，頁239。

仍有所長，尤以篇章細目，求其字詞之確當，益見治學之不苟，實未可等閒
視之。阮元論學，亦求字詞穩妥，其經術之作，仍有同戴氏。因之，〈論語論
仁論〉首言即謂：

謂仁者凡五十有八章，仁字之見於論語者，凡百有五爲尤詳。〔註129〕

惟此僅基本歸納之例，如用於釋詞之證，則系聯之繫乃爲必要，亦阮元治學
之要項。而〈釋心〉、〈釋蓋〉之例，即以系聯之法爲說者，誠先生儒學表現
之另一形式。

（一）〈釋心〉

漢劉熙《釋名》曰：「心，纖也。言纖微無物不貫也。」此訓最合本
義。蓋纖細而銳者，皆可名曰心，但言心，而其纖銳之意見矣。《說
文》心部次於思部，思不次於囟部，系部囟字從「囟」得聲得意。
今人俗書尖字，古作鐵與纖同意。〈說卦〉云：「坎，其于木也爲堅
多心。」虞翻云：「堅多心者，棗棘之屬。」

按：棗棘之屬，初生未有不先見尖刺者。尖刺，即心也。《說文》束
字，即今刺字。解曰：「木芒也。」故重束爲棗，皆歸束部，皆有尖
心之柄也。《易·坎卦》「上六：寘于叢棘。」〈困卦〉：「六三：據于
蒺藜。」惟爲心而於木多心，故爲叢棘蒺藜之象；叢棘蒺藜，但皆
言其纖銳而已。《詩·凱風》「吹彼棘心，棘心夭夭。」皆言棗棘初
生有尖刺，故名曰「心」，非謂其木皮外裹赤心在內也。心困在內，
風安得吹之。且《易》曰「堅多心」。《禮記》曰：「松柏有心」。皆
謂心爲尖刺，故可曰：「多堅有心」。否則除棗棘松柏，皆無心之木
耶！棗棘松柏，較之他木之內心，又豈獨多耶！《爾雅》「櫵樸，心」。
《詩疏》引孫炎注云：「櫵樸，一名心，此亦棘心有刺之木。」《禮
記》「如竹箭之有筠也。」「如松柏有心也。」松柏枝葉，初生之年，
皆有尖刺，至第二年則刺落而成葉。此言松柏堅木，初生必由心而
來，猶竹箭之由筠而來也。「筠」字不見于《說文》，當即是筍字，
筍或爲旬、尹、勻皆相通，故《禮記》「孚尹旁達」，鄭注：「讀孚尹
爲浮筠，此與松柏有心同例，後人不知筠爲筍之通借，遂與心字並
誤解矣。」〔註130〕

〔註129〕《揅經室一集》卷八，頁157。
〔註130〕《揅經室一集》卷一，頁4。

阮元〈釋心〉引劉熙《釋名》，謂「心，纖也。」於「心」以下所取之字，若「囟」、若「坎」若「刺」、若「棘」、若「蕺」、若「楸樸」、若「浮筠」等諸字，皆「同聲相諧」，皆有「堅刺」之意，而事物之爲堅刺，必在纖而尖銳，方能入內出外，故本訓謂「纖微無物不貫」意即在此，然心之爲「纖」爲「囟」，乃至爲「刺」爲「棘」，或爲「楸樸」、「浮筠」之堅挺事物，其源皆自乎心也。故依同聲相諧之意維繫，系聯相貫，心之爲用，乃爲大明。

　　然而，「心」即謂纖且尖與孔孟之說又何干？實則阮元之言心，乃以植物爲而言其纖銳者也，所重端在「物，事也、傳也。」諸字著意，亦即取物之「心」，與宋儒發明之本心大相脛庭；例證之取，仍自植物以求，依系聯所得，而謂之纖也、微也、銳也；亦可視爲清儒詮解孔孟思想之特例，徐復觀先生以爲阮氏之意，概爲否定宋明之心學；以爲阮元「鐵銳纖細」之說，未合「方寸」之心。〔註131〕實則阮氏所述，乃就考證處爲言，其言「無物不貫」之意，於《孟子》「心之官則思」之意涵仍有所體會，未可全非也。

（二）〈釋蓋〉

　　《爾雅·釋言》：「蓋，割裂也。」郭璞注未詳。今學者皆以蓋、割同聲假借，引鄭康成《禮記·緇衣注》明之，則郭所未詳者，明矣。更謂揭、盍、末、未，古音皆相近，每加偏旁，互相假借，若以爲正字，則失之。《書·呂刑》曰：「鰥寡無蓋」。蓋，即害之借，言堯時鰥寡無害也。《僞傳》云：「使鰥寡得所，無有掩蓋，失之矣。」害字與割而字音義最近。《詩·生民》曰：「無災無害」。《釋名》曰：「害，割也。」《書·堯典》「洪水方割。」〈大誥〉之類，皆害字之借也。害字與蓋字亦近。《爾雅》《釋文》蓋，舍人本作害。《尚書·君奭》割，申勸王之德。」鄭氏〈緇衣〉注曰：「割之言蓋」是也。「盍」與「曷」，同音，故《孟子》：「時日害喪」，害即曷。《呂覽》「葛天氏」即「蓋天氏」也；「盍」與「末、未」亦最近。《春秋襄二十七年·公羊傳》盟曰：「昧雉彼視」，何休云：「昧，割也。」邵公之意若曰：「有渝盟者」視此割雉也。《孟子》「謀蓋都君」，此兼

<hr />

〔註131〕徐復觀《兩漢思想史》卷三，附錄〈清代漢學衡論〉，頁608。徐先生以爲阮元之〈釋心〉，雖以植物爲訓，實則意有所指，且以爲《釋名》原文「心纖也，所識纖微無物不貫也。」之「所識」爲阮元所易，致劉熙原意因之曲解。徐先生之見當不無道理，然如就阮元之捍衛漢學之見觀之，於阮氏者，亦能持同情之理解。

　　掩井焚稟而言之，蓋亦當訓為害也。〔註132〕

蓋者，簡艾切。此「蓋」同「割」者，以同聲相假借也。故「鰥寡無蓋」即「鰥穿無害」也。蓋又為何臘切，同「盍」亦同「曷」，當「何不」之意。《禮記・檀弓》：「子蓋言子之志於公乎？」注：「蓋，盍也。」是蓋之與割、盍、曷，音借可通。而割與眛通，乃「眛雉」即「割雉」也；《公羊傳・襄二十七年》：「獻公歸至殺寧喜，公子鱄挈其妻而去之。與之盟曰：“苟有覆衛地食衛屎者，眛雉彼視。”」注曰：「眛，割也；時割雉以為盟，猶曰視彼割雉。」是「眛」與「割」通，而「蓋」同「割」，則「蓋」亦同「眛」也。且「眛」為暮佩切，隊韻；「未」為物貴切，未韻；「末」為暮活切，曷韻，「眛、未、末」為音近。則「蓋・害、盍、曷、眛、未、末」聲近相假，意可互通，此亦系聯之致。

　　〈釋心〉、〈釋蓋〉當以系聯即歸納統計之法，理解字詞之相同相異，以此鑽研孔孟之道，雖未必全然切中孔、孟本心，然藉方法以行，使儒學精神彰顯明達，殆亦阮元治學之另一途轍。

三、以校勘辨明《論》、《孟》章句

　　阮元詮釋孔孟思想，雖以故為訓，系聯歸納，然於字句之勘定、用辭之排遣，仍甚留意。故《十三經注疏校勘記》二百四十三卷，雖篇帙浩繁，先生仍以生平之力與盧文弨等共勘之，意乃求經典之真切。而校勘也者，厥在「實事求是，多聞闕疑」，〔註133〕蓋非如此，經典之意即未足彰顯。而阮元之學，本即「實事求是，推明古訓」，是其覃研校勘，在所必然，至言及校勘之由，當亦有見於明毛晉汲古閣刻書之缺。葉德輝《書林清話》嘗語：「汲古閣刻書，所刻《十三經》、《十七史》、《說文解字》，傳本尤多，淺學者不知，或據其本以重雕，或奉其書為祕笈。昔人謂明人刻書而書亡，吾於毛氏不能不為賢者之責備矣。」〔註134〕則汲古閣本《十三經注疏》有其瑕疵，阮元亦謂毛刻「亥豕之訛，觸處皆是。」〔註135〕故於校勘之事，乃頗審慎。而阮元《十三經注疏》雖亦有訛誤，〔註136〕於坊間仍為士子必備之籍，可謂宏偉。屈萬里先生即贊云：

〔註132〕《揅經室一集》卷一，頁8、9。

〔註133〕彭叔夏《文苑英華辨證》卷十，引周必大之語。

〔註134〕葉德輝《書林清話》卷七，頁376。

〔註135〕《左傳注疏校勘記》引《毛本春秋左傳注疏六十卷》提要，頁22。

〔註136〕《阮元年譜》、〈《雷庵塘主弟子記》〉卷三，頁65。

近世校勘最精而流布最廣者，莫如阮芸臺刻本。初，阮氏有《十三經注疏校勘記》之作，雖參稽眾本，而大要以十行本為主。厥後巡撫江西，乃以所藏十行本，付諸剞劂。盧句宣氏復摘阮氏《校勘記》附刻於各卷之末。〔註137〕

今取《校勘記》《論》、《孟》所採之本，考之，厥為：

（甲）《論語》

1. 石經本：《漢石經》殘字，唐《開成石經》，《南宋石經》。
2. 注疏本：十行本，高麗本，閩本，北監本，汲古閣本，日本刻皇侃注疏本。

（乙）《孟子》

1. 石經本：宋《石經》殘本。
2. 經注本：北宋蜀刻大字本（據何焯校本），宋劉氏「丹桂堂」刊巾箱本（據何焯校本），元「旰郡」重刻廖瑩中本（據何焯校本），孔微刻本，韓岱雲刻本（據《七經孟子考文並補遺》），足利本（據《七經孟子考文並補遺》）。〔註138〕

（丙）注本：十行本，閩本，北監本，汲古閣本。

由上乃知：《校勘記》所舉《論》、《孟》刻本，皆阮元精心所選，且皆校其同異，後乃刊行，《論語校勘記》即云：

元於《論語注疏》舊有校本，且有籤識，又屬仁和生員孫同元推而廣之，於注、疏、釋文，皆據善本讎其同異，暇輒親訂成書，以詒學者云爾。〔註139〕

刻本而外，字句之勘定亦為緊要。謹就《論語》篇什，依《校勘記》擇其要者，引前賢之言以證之，庶可見阮氏治學之梗概。

（一）《論語》章句校勘

1. 〈學而〉第一

「有朋自遠方來」

陸德明《釋文》：「有，或作友。」

阮元《校勘記》云：「《白虎通・辟雍篇》引『有朋自遠方來。』又鄭氏

〔註137〕屈萬里《書傭論學集》〈十三經注疏板刻述略〉，頁229。
〔註138〕葉德輝《書林清話》卷七，頁492～494。
〔註139〕《揅經室一集》卷十一，頁236。

康成注此云：「同門曰朋，同志曰友。」是舊本皆作友字。」

洪頤煊《讀書叢錄七》：「《文選‧陸機挽歌》：「有朋自遠方。」李善注引《論語》為證，有亦當作友。」

鄭注言朋及友，或連類及之，所據正文是否作友，未敢遽斷。此猶皇侃《義疏》「同處師門曰朋，同執一志為友。」亦朋友並言。《文選‧陸機挽歌注》引此文，宋淳熙本作「友朋自遠方來。」〔註140〕

「不亦說乎」

《皇本》「說」作「悅」，後並放此。《釋文》出，亦「說」云音「悅」，注同。

阮元云：《說文》「說，說釋也，從言兌聲。」一曰「談說」。蓋古人喜悅字，多假借作「說」，唯皇本俱作悅。〈先進〉「無所不說」，〈子路〉「君子易事而難說也。」又仍作說。〔註141〕

說之音讀為說、為悅，言「說」為「悅」，乃古人慣用言。

「其為人也孝弟」

《釋文》：「弟，或作悌，下同。」

阮元云：「皇本弟作悌，注及下並同。」

日本正平本弟亦作悌，下同。《治要》、《御覽》四一引下文並同。

《白虎通》〈三綱六紀篇〉：「弟者，悌也。心順行篤也。」

「孝弟也者，其為仁之本與」

阮元云：「敦文引足利本為"為"字。」

俞樾《平議》云：「為字乃語詞，阮元《校勘記》曰："足利本無為字"蓋語詞無實義，故省之也。"其為仁之本與！"猶云"其仁之本與！"」

「其仁之本與」句，較「其為仁之本與」為順；俞樾謂此乃語詞，頗為明切。

「與朋友交而不信乎」

阮元云：「皇本、高麗本交下有言字。」

王叔岷先生云：正平本交下有言字，據下文「與朋友交，言而有信。」疑有言字是。阮元所稱高麗本，實即正平本。楊守敬《古逸叢書》覆正平本

〔註140〕 王叔岷《慕廬雜著》，頁 43、44。
〔註141〕 《十三經注疏‧論語校勘記》，頁 12。

《論語集解》後序云：「錢遵王述古堂一通，因得自朝鮮，歲誤以爲朝鮮刊本，蓋彼時未知正平爲日本年號也。」阮元蓋亦沿此而誤耳。〔註142〕

是日本正平本與朝鮮高麗本未同，阮元所引略誤耳。

「可謂好學也已」

阮元云：《漢石經》作「可謂好學已矣。」皇本作「可謂好學也已矣。」《筆解》作「可謂好學也矣。」

王叔岷先生云：正平本作「可謂好學也已矣。」與皇本合，是也。〈子張篇〉亦云：「可謂好學也已矣。」《漢石經》脫「也」字，《筆解》脫「已」字，此本脫「矣」字《唐石經》同。〈泰伯篇〉：「泰伯其可謂至德也已矣。」〈子罕篇〉：「吾末如之何也已矣。」（又見〈衛靈公篇〉）〈先進篇〉：「亦各言其志也已矣。」〈顏淵篇〉：「可謂明也已矣。」「可謂達也已矣。」皆以「也已矣」連文。〔註143〕

「子貢曰貧而無諂」

阮元云：皇本作「子貢問曰」。

敦煌皇本無「問」字。《史記・仲尼弟子列傳》有問字，與今皇本合。

「未若貧而樂」

阮元云：皇本、高麗本「樂」下有道字。下二節孔疏及皇、邢兩疏亦有道字。

劉寶楠《論語正義》云：皇本、高麗本、足利本並作「樂道。」《唐石經》「道」字旁注。……孔注《古論》本有「道」字。《史記》所載語亦是《古論》……是《集解》本有「道」字，今各本脫去。〔註144〕

此樂下宜有「道」，今本脫去耳。

「不患人之不己知，患不知人也」

阮元云：皇本作「不患人之不己知也，患己不知人也。」臧琳《經義雜記》云：據《釋文》知古本作「患不知也。」蓋與里仁「不患莫己知，求爲可知也。」先進：「居則曰："不吾知也。"如或知爾，則何以哉？」語意同。今邢疏及集注本皆作「患不知人也。」人字亦淺人所加。此節皇本有「王肅

〔註142〕王叔岷《慕廬雜著》，頁45。
〔註143〕王叔岷《慕廬雜著》，頁46。
〔註144〕劉寶楠《論語正義》，頁32。

－389－

曰"但患己之無能知也。"」十一字注，各本皆脫。〔註145〕按：《釋文》云：「患不知也。」知下爲衍「人」字。《唐石經》及今本亦皆衍人字。而據王肅注「但患己之無能知也。」則此文蓋本作「患己不知也。」因之，「不患人之不己知，己不知也」，語意較「不患人之不己知，患不知人也。」爲順。

2. 〈爲政〉第二

「舉直錯諸枉」

《釋文》：「錯，本作措，投也。」

阮元云：「措，正字。古經傳多假錯爲之。」

〈子路篇〉：「則民無所措手足。」《史記・孔子世家》措作錯。知「錯」爲「措」之借字。

「孝乎惟孝」

皇本「乎」作「于」。《釋文》出，「孝于」一本作「孝乎」。

阮元云：惠棟《九經古義》云：「蔡邕石經亦作于」。包咸注云：「孝于惟孝，美大孝之辭。」後世儒者據晉世所出〈君陳〉篇，改孝「于」爲「乎」，惟以孝屬下句以合之，若非《漢石經》及包氏注，亦安從而是正也。〔註146〕

按：此爲據古籍以正今字之誤。

「雖百世可知也」

阮元云：皇本、高麗本「可」上有「亦」字。〔註147〕

據敦煌、皇本，可上無「亦」字，知下無「也」字。正平本：知下亦無「也」字。

3. 〈八佾〉第三

「天子穆穆・奚取於二家之堂」

阮元云：皇本「穆穆」下有矣字。〔註148〕

敦煌本「穆穆」下無「矣」字。云「天子穆穆」者，雍詩也。

「美目盼兮」

阮元云：毛本「盼」作「盻」，下並同。《說文》：詩曰「美目盼兮」。從

〔註145〕《十三經注疏・論語校勘記》，頁15。
〔註146〕《十三經注疏・論語校勘記》，頁23。
〔註147〕同上。
〔註148〕同上，頁32。

目，分聲。盼，恨視也。從目，盼聲。音義迥別，毛本改從分，是。〔註149〕

　　按：此為《詩・衛風・碩人》句，「盼」為眼睛黑白分明貌。皇本「盼」亦作「盼」。

「邦君為兩君之好友反坫，管氏亦有反坫」

阮元云：毛本「坫」並誤「玷」。〔註150〕

　　按：此字之誤。敦煌、皇本亦並誤玷。

「從之，純如也」

阮元云：〈孔子世家〉從作「縱」，《後漢書・班固傳》注亦引作「縱」。當是古論。〔註151〕

　　按：《玉篇》系部，引「從」作「縱」。

4.〈里仁〉第四

「富與貴，是人之所欲也」

阮元云：此句也字，及下「是人之所惡也」，兩也字疑俱屬後人所加。攷《初學記》十八、《文選・幽通賦》注，引此二段皆無「也」字，又《晉書》〈皇甫謐〉、〈王沈〉二傳並云：「富貴，人之所欲；貧賤，人之所惡。」亦無「也」字……案：此「也」字，唐以前人引述悉略去，恐是當傳本如此。〔註152〕

　　正平本亦無也字，此古人引書每多節省也。

「貧與賤，是人之所惡也；以不其道得之，不去也」

　　《論衡・問孔篇》：「貧賤何故當言得之；顧當言「貧與賤，是人之所惡也；不以其道去，則不去也。」當言去，不當言得。得者，施於得之也；今去之，安得言得乎？獨富貴當言得耳。」

王叔岷先生云：

> 富貴當言德，貧賤不當言得，王（充）說是也。惟此文如作「不以其道去之，不去也。」則上文言富貴，當作「不以其道得之，不得也。」文乃一律。上文既作「不以其道得之，不處也」則此文「得」字義雖不通，亦不當作「去」也。竊疑此文作「不以其道棄之，不去也。」棄與去相應，猶上文「得」與「處」相應。「棄」之作「得」，

〔註149〕同上，頁33。
〔註150〕同上，頁35。
〔註151〕同上，頁35。
〔註152〕同上，頁39。

即涉上文「得」字而誤耳。〔註153〕

此句《校勘記》未列。王氏引《論衡》為「不以其道得之」之「得」，不若「去」字為合宜；而「去」字又不若「棄」為貼切。今依上下文研判，王說為是。

「君子之於天下也，無適也」

阮元云：《釋文》出，「適」字云：「鄭本作敵。」《九經古義》云：「古敵字，皆作適。」《禮記‧雜記》云：「赴於適者」，鄭注云：「適當讀為匹敵之敵。」《史記‧范雎傳》「攻敵伐國」，〈田單傳〉「適人開戶」，〈李斯傳〉「群臣百官皆畔不適」，徐廣皆音「征敵之敵」；《荀卿子‧君子篇》云：「天子四海之內無客禮，告無適也。」注：「讀為敵。」〔註154〕

按：「適」為詩益切，音釋，陌韻；又第櫟切，音迪，錫韻，同敵。此為因音通義者也。

5. 〈公冶長〉第五

「雖在縲絏之中」

皇本、高麗本「絏作紲」，《宋石經》亦作「紲」。

阮元云：字本作「紲」，唐人避太宗諱改作「絏」。《釋文》「紲」字云：「今本作絏。」

《五經文字》云：「絏，本文從世，緣廟諱偏旁」，今經典並準式例變。〔註155〕

劉寶楠云：《說文》無「縲」字，纍下云：綴得理也；一曰，大索也。「縲」與「纍」同。……《史記》此文作「累」，……累即「纍」之省。〔註156〕

按：改「紲」為「絏」，為避諱更偏旁之例。

「朽木不可雕也」

阮元云：《唐石經》、《宋石經》俱作「彫」。《漢書‧董仲舒傳》、《論衡‧問孔篇》、《詩大雅‧域樸》正義，俱引作「彫」，是。作雕者，用假借字。〔註157〕

按：以「彫」為「雕」，為字之假借。正平本「雕」亦並作「彫」。

〔註153〕王叔岷《慕廬雜著》〈論語斠理〉，頁51。
〔註154〕《十三經注疏‧論語校勘記》，頁39。
〔註155〕同上，頁47。
〔註156〕劉寶楠《論語正義》，頁164。
〔註157〕《十三經注疏‧論語校勘記》，頁48。

「糞土之牆，不可杇也」

《釋文》「圬」本或作「杇」，鏝也。

阮元云：《史記·弟子列傳》、《漢書·董仲舒傳》俱作「圬」。蓋《論語》古本作「圬」。《說文》：「杇，所以塗也。」杇當是正字，圬乃杇之假借耳。〔註158〕

阮元以「圬」及「杇」之假借。王叔岷先生則謂「圬，非杇之假借。」引。《御覽》三九三、七六四云「杇」並作「污」。《說文》：「污，一名涂也。」〔註159〕則「杇」乃「污」之假借，非「圬」也。

「敝之而無憾」

阮元云：皇本「敝」作「弊」。敝，正字；弊，俗字。〔註160〕

按：〈子罕篇〉：「衣敝縕袍」之「敝」亦正字，《御覽》六九三引敝並作弊，為俗字，此正、俗字之別。

6. 〈雍也〉第六

「女得人焉耳乎」

皇本、高麗本「乎」下有「哉」字。

阮元云：「焉、耳、乎」三字連文已屬不詞，下又增哉字，更不成文，疑「耳」當「爾」字之訛。玫《太平御覽》一七四、二百六十六，俱引作「爾」，又張栻《論語解》、呂祖謙《論語說》、真德秀《論語集解》暨《論語纂疏》、《四書通》、《四書纂箋》諸本，並作「爾」，又今坊本亦作「爾」，蓋「焉爾」者，猶「於此」也，言「女得人於此乎哉！……」如書作「耳」，則義不可通矣。〔註161〕

以「爾」為「耳」蓋同聲相近，此為記事之誤，亦古人常有。云「焉爾」者，較「焉耳」義通，此或古人撰寫之誤。

7. 〈述而〉第七

「久矣吾不復夢見周公」

皇本、高麗本「公」下有「也」字。又《釋文》「不復」云：本或「無復」字，非。

阮元云：《經義雜記》云：「據陸氏所見，本知經無復字，乃後人援注所

〔註158〕《十三經注疏·論語校勘記》，頁48。

〔註159〕王叔岷《慕廬雜著》，頁54。

〔註160〕《論語校勘記》，頁50。

〔註161〕《論語校勘記》，頁57。

增。」以經云：「久矣！吾不夢見。」此時夢見，故注云：「不復夢見」，「復」字正釋久矣字，陸氏反以無「復」字為非，不審之至。〔註162〕

按：阮元據臧琳《經義雜記》，正訂陸德明《經典釋文》「無復」之非，審之至。

「加我數年，五十以學易，可以無大過矣」

阮元引《釋文》：「魯讀易為亦，今從古。」

王叔岷先生謂：錢穆《先秦諸子繫年》卷一，〈孔子五十學易辨〉云：《論語》：子曰：「加我數年，五十以學易，可以無大過矣。」此條解者，從來不一。

(1) 《易乾鑿度》云：孔子占易，得旅，息志停讀，五十，究作十翼。田藝蘅《留青日札》云：此言五十，即《乾鑿度》之五十也。是謂孔子之五十之學易也。

(2) 〈世家〉云：孔子晚而喜易，序、彖、繫、象、說卦、文言。讀易，韋編三絕，曰：「假我以數年，若是，我於易則彬彬矣。」或云：「古五字加七，孔子晚而好易，或是此語。」是謂孔子以七十之年學易也。

(3) 俞樾《續論語駢枝》云：此當以「加我數年」為一句。「五十」為一句。「以學易」為一句。「五十」二字，承「加我數年」而言，言或五或十也。是亦取〈世家〉「晚而喜易」之說，而略變之也。

(4) 惠棟《論語古義》云：魯論「易」為「亦」，君子愛日以學，及時而成。五十而學，斯為晚矣！然，秉燭之明，尚可寡過。此聖人之謙辭也。

(5) 陳鱣《論語古訓》云：「五十學」者，即「蘧伯玉行年五十而知四十九之非」意也。「亦可以無大過矣」者，即「欲寡其過」意也。

(6) 毛奇齡《論語稽古篇》云：古者四十強仕，五十服官政，六十則不親學矣。

(7) 《正義》曰：此章孔子言其學易年也。

(8) 林春溥《開卷偶得》卷六云：正義以為「四十七時」語，嘗疑其無據，及讀《史記》「孔子四十七歲，以陽虎叛，不仕。退修《詩》、

《書》、《禮》、《樂》，弟子彌眾。」乃知斯言之非妄。

王叔岷先生又按：孔子以五十一出宰中都，其前皆不仕，《正義》「四十七時」言，殆爲近是。惟古者無六經之目，《易》不與《詩》、《書》、《禮》、《樂》科，孔子實未嘗傳《易》。……錢先生詳徵眾說，從魯論；並證孔子未嘗傳《易》，是也。〔註163〕

按：錢、王二先生說是也。後人不識「易」爲「亦」之借字，誤信孔子傳《易》之說，遂以易字屬上斷句耳。

「三人行，必有我師」

阮元云：《唐石經》、皇本三上有「我」字，「有」作「得」。案：《釋文》出「我三人行」云：「一本無我字。」下出「必得我師焉。」云：本或作「必有。」與《唐石經》、皇本合。觀何晏自注及邢昺疏並云：「言我三人行」，即朱子《集注》亦云：「三人同行，其一我也。」當以皇本爲是。

劉寶楠引馮登府《異文考證》：案何注、邢疏並云：「言我三人行」，《穀梁》范注亦云：「我三人行」，至「有」作「得」，《史記‧世家》亦如此。〔註164〕

此「有」猶得也，「必得我師」，乃從古本。

8. 〈泰伯〉第八

「武王曰予有亂臣十人」

《唐石經》臣字旁注。《釋文》出，「予有亂臣十人」云：「本或作亂臣十人，非。」

阮元云：《困學紀聞》云：《論語》釋文：「予有亂十人。」《左傳》叔孫穆子玄曰「武王有亂十人。」劉原父謂：「子無臣母之理」，然本無「臣」字，舊說不必改。攷《皇疏》云：「亂，理也。」……蓋《唐石經》此處及《左傳》襄廿八年「臣」字，皆後人據〈僞秦誓〉妄增。〔註165〕

按：「亂」爲「理」，皇本亦訓爲「治」，殆反訓者也；準此，則「亂十人」爲「治十人」，「臣」字爲增飾可知。

9. 〈子罕〉第九

「子罕言利，與命，與仁」

此章阮元僅謂「命者，天之命也。」論釋，且引段玉裁語：「此當是用董

〔註163〕 王叔岷《慕廬雜著》，頁58。
〔註164〕 劉寶楠《論語正義》，頁273。
〔註165〕 《論語校勘記》，頁75。

子命者，天之令也。」〔註166〕餘則未述。

劉寶楠云：君子知利不外義，故喻於義；小人知利不知義，故喻於利。故夫子罕言利，則以其理精微，人或誤習其說，而惟知有利，不復知義矣。至戰國，而孟子且辭而闢之，豈特如夫子之罕言哉。……利、命、仁三者，皆子所罕言，而「仁」稍多，言「命」次之，言「利」最少。故以「利」承「罕」言之文，而於「命」、於「仁」則以兩「與」字次第言之。〔註167〕

王叔岷先生引楊希枚先生〈論語子罕章句問題評斷〉，云：……意即孔子贊言仁、命，而罕言利。與字為動詞。即「贊舉」、「許與」之「與」或「譽」。……惟兩與字之義，……竊以為當讀為「舉」，舉猶「言」也。

按：《周禮・地官・師氏》「王舉則從。」鄭注：「故書舉為與。」《史記・呂后本紀》「蒼天舉直。」徐廣注：「舉，一作與。」是「與、舉」通用。又《禮記・雜記下》「過而舉君之諱則起。」鄭注：「舉猶言也。」則「與命，與言」者，「言命，言仁」也。〔註168〕

「康棣之華，偏其反而」

阮元云：《春秋繁露・竹林篇》、《文選・廣絕交論》注並引作「棠棣」。

若《廣弘明集》十三〈釋法琳辨正論・十喻篇下〉：「反常合道，詩人美棠棣之華。」康亦作「棠」，蓋屬音近也。

10. 〈鄉黨〉第十

「不使勝食氣」

《說文》引「氣」作「既」。

阮元云：《禮・中庸》「既廩稱事」，鄭君注：「既讀為餼」，……氣即餼字，是「既」與「氣」通也。程瑤田《通藝錄》曰：《論語》「不使勝食氣」，《說文》氣作既，釋之曰：「小食也。」引《論語》以證之。蓋古文氣息字作「气」，加米則為氣，「廩字」與「既字」，然後世於「氣」字無不讀作「氣息」者。〔註169〕

按：「氣、既、餼」古音同，惟氣如訓為「餼」，則為小食之意，與氣息之氣異。

11. 〈先進〉第十一

〔註166〕 同上，頁82。
〔註167〕 劉寶楠《論語正義》，頁320。
〔註168〕 王叔岷《慕廬雜著》，頁64。
〔註169〕 《論語校勘記》，頁94。

「若由也不得其死然」

皇本「若」上有「曰」字。朱子《集注》載洪氏曰：《漢書》引此句，上有「曰」字，或云：「上文樂字即曰字之誤。」

阮元云：《漢書敘傳》〈幽通賦〉云：「固行行其必凶」。顏師古曰：《論語》稱閔子云云，子樂曰：「若由也不得其死然」。蓋集注《漢書》下脫一「注」字耳。……子樂必當作「子曰」，聲之誤也。始以聲相近而轉「曰」爲「悅」，繼又以義相進而轉悅爲樂，知由也不得其死，則何樂之有。〔註170〕

按：言「曰」爲「樂」又爲「悅」，上下意顯不合，知爲聲之誤。

「子路率爾而對曰」

阮元云：皇本「率」作「卒」，注同。「率、卒」非通用字，殆形近相亂，若《莊子・人間世》「率然拊之。」率作卒，亦此類也。〔註171〕

「莫春者」

阮元云：皇本「莫」作「暮」。《釋文》：莫，音暮。本亦作暮。

此《御覽》六三引「莫春者」作「暮春之月」，則「莫、暮」爲正、俗字。

「浴乎沂，風乎舞雩，詠而歸」

《釋文》云：歸，鄭本作饋，謂酒食也。魯讀「饋」爲歸，今從古。

阮元云：《論衡・明雩篇》作「詠而饋」。與古論合。〔註172〕

按：「歸、饋」正、假字。《史記・仲尼弟子列傳》集解引徐廣注亦云：「一作饋。」是「詠而歸」當即「詠即饋」，言詠而酒食也。

12. 〈顏淵〉第十二

「棘子成曰」

阮元云：《漢書・古今人表》、《三國志・秦宓傳》作「革子成。」

按：「棘、革」皆基憶切，音亟，職韻，古通。故「棘子成」亦作「革子成」。

「雖有粟，吾得而食諸」

皇本、高麗本「吾」下有「豈」字。《釋文》「吾焉得而食諸」云：「本亦作焉得而食諸」，「焉」於虔反，本今作「吾得而食諸」。

阮元云：《史記・仲尼世家》及《漢書・武五子傳》並作「豈」，與皇本

〔註170〕同上，頁103。
〔註171〕同上，頁104。
〔註172〕《論語校勘記》，頁105。

合；《太平御覽》二十二。引「吾惡得而食諸」，「豈、焉、惡」三字相近，擬今本「吾」下有脫字。〔註173〕

此阮元以「吾」自下宜增「豈」或「焉」、或「惡」等字，攷今本未有此諸字，疑似有脫字。

「片言可以折獄者」

《釋文》：魯讀折爲「制」，今從古。

阮元云：古多假「折」爲「制」、《墨子・尚同中》引《書・呂刑》「制以刑」，作「折則刑」。〔註174〕

劉寶楠云：「折、制」字通。《廣雅・釋詁》：「制，折也。」《大戴禮・保傅篇》：「不中于制獄。」即「折獄」也。〔註175〕

按：《淮南子・詮言篇》：「聽獄制中者，皋陶也。」《尸子・仁意篇》作「折中」，此「折、制」通用之證，阮、劉二先生之說爲是。

13.〈子路〉第十三

《釋文》「直躬」云：鄭本作「弓」。云：「直人名弓。」

阮元云：《呂氏春秋・常務篇》引孔子云：「異哉！直躬之爲信也。」《淮南・氾論訓》：「直躬攘羊而子證之。」高誘注：「直躬，楚葉縣人也。」蓋字雖作「躬」，亦俱不解爲「直身」。〔註176〕

按：亦知「直躬」即「直弓」，人名也；孔疏訓爲「直身而行」，恐非。

14.〈子貢〉第十四

「子貢方人」

《釋文》出，「方人」云：鄭云作「謗」，謂言人之過惡。

阮元云：「方」與「旁」通，「謗」字從旁，古或與「方」通借，故鄭本作「謗」。《讀書劄錄》孫志祖云：讀《左・襄十四年》「庶人謗」，《正義》云：「謗謂言其過失使在上聞之而自改。」亦是諫之類也。〈昭四年傳〉「鄭人謗子產。」《國語》：「厲王虐，國人謗王，皆是言其實事，謂之爲謗。」〔註177〕

是「方」與「旁」通，「謗」字同旁，方並同謗，此亦通借之例。

〔註173〕同上，頁112。
〔註174〕同上，頁112。
〔註175〕《論語正義》，頁501。
〔註176〕《論語校勘記》，頁122。
〔註177〕《論語校勘記》，頁135。

15. 〈衛靈公〉第十五

「立則見其參於前也」

皇本、高麗本「參」下有「然」字。

阮元云：《釋文》云：「參，所金反。」包注云：「參在目前」。是古讀如「森」，不讀如「驂」，字當作參，與曾子名同，今作參，隸之變體，竟讀如驂，甚誤。〔註178〕

按：「參」音讀爲「森」，今以隸變，竟讀如「驂」，此音之誤也。

「志士仁人，無求生以害仁，有殺身以成仁」

《唐石經》「仁」作「人」。

阮元云：《文選·曹植贈徐幹詩》注及《太平御覽》四百十九，俱引作人，與《唐石經》合。然《皇疏》云：「無求生以害人者，既志善行，恆欲救物，故不自求我之生害於仁恩之理也。」則字當作「仁」。〔註179〕按：《莊子·讓玉篇》郭象注引作「士志於仁者，有殺身以成仁，無求生以害人。」與《文選》、《御覽》、《唐石經》俱言「人」，然先生引皇疏，言「不自求生以害於仁恩」及人之「仁」，似又過之。

「君子義以為質」

《釋文》「爲質」云：一本作君子義以爲質。鄭本略同。

阮元云：文義「君子」字不當有。《孝經·三才章》疏引亦無「君子」字。《經義雜記》云：「有者係衍文，蓋先說議以爲質四句，然後言君子哉。」明不當先言君子也。〔註180〕

原句爲：子曰：「君子義以爲質，禮以行之，孫之出之，信以成之，君子哉。」阮元引臧琳《經義雜記》，謂「不當先言君子」，依上下文，則「君子」可去，臧、阮之言甚確。

16. 〈季氏〉第十六

「且在邦域之中」

《釋文》出邦域，云：邦或作封。

阮元云：邦與封古字雖通，然此處疑本作「封」字。孔注云：「魯七百里之封。邢疏云：魯之封域，方七百里，顓臾爲附庸，枉其域中也」。又云：顓

〔註178〕同上，頁 143。
〔註179〕同上。
〔註180〕同上，頁 144。

與爲附庸，枉此七百里封域之中也。皆作「封」字可證。〔註181〕

阮元疑「邦」作「封」。《釋文》引或本「邦」作「封」；下文「而謀動干戈於邦內。」邦亦作封。劉寶楠謂：《周禮・大宰注》：「邦，疆國之境。」《釋名・釋州國》「邦，封也。封有功於是也。」則「邦、封」二字音義同。……故不必舍「正本」用或本矣。〔註182〕

「民無德而稱焉」

皇本、高麗本「德」作「得」；又皇本無「而」字。

阮元案：「得」與「德」字雖通，然此處自當作「德」。王注云：「此所謂以德爲稱。」《正義》云：「此章貴德也。」又云：「及其死也，無德可稱。」又云：「其此所謂以德爲稱者與！」皆以斯字即指德言，直截自然，若改爲「得」，頗乖文義。〔註183〕

王叔岷先生謂：《治要》引「德」亦作「得」，細審文義，此處實當作得。「無得而稱」者，謂無有可稱者也，不必專指德言，作德者，借字。〈泰伯篇〉：「三以天下讓，民無得而稱焉。」與此作「得」之本合。〔註184〕

按：王說合誼。

17.〈陽貨〉第十七

「涅而不緇」

阮元云：《史記・孔子世家》及《論衡・問孔篇》俱作「不淄」，「淄」與「緇」字通。《後漢書・后妃紀》云：「恩隆好合，遂忘淄蠹。」以淄爲緇。又《隸釋》載〈費鳳別碑〉有云：「泥而不滓」，《史記・屈原賈生傳》云：「皭然泥而不滓者也。」《後漢書・隗囂傳》亦云：「賢者泥而不滓」，此皆本此，當是古魯異文。〔註185〕

按：謝靈運〈過始寧墅詩〉「淄磷謝清曠」，注引此文「緇」亦作「淄」；《大戴禮・曾子制言篇》「涅」作「泥」，是「涅、泥」二字通用。

「惡君下流而訕上者」

《漢石經》無「流」字。

〔註181〕《論語校勘記》，頁151。
〔註182〕劉寶楠《論語正義》，頁646。
〔註183〕《論語校勘記》，頁152。
〔註184〕王叔岷《慕廬雜著》，頁82。
〔註185〕《論語校勘記》，頁160。

阮元引《皇疏》云：又憎惡爲人臣下而毀謗其君上者也。邢疏云：謂人君下位而謗毀在上，所以惡之也。是皇、邢兩本亦無流字。《九經古義》云：當因〈子張篇〉「惡君下流，涉彼而誤。」《鹽鐵論》「大夫曰：文學居下而訕上。」《漢書・朱雲傳》云：「小臣居下訕上。」是漢以前皆無流字。〔註186〕

劉寶楠云：《皇疏》云「又憎惡爲人臣下，而毀謗其君上者也。」邢疏云：「謂人君下位，而謗毀在上。」並無「流字」，今經文有「流」字，後人據誤本加也。〔註187〕

阮、劉二氏舉漢以前典籍引證，知「惡居下流」之「流」爲後人誤增。

18. 〈微子〉第十八

「滔滔者，天下皆是也」

《釋文》出「滔滔」云：鄭本作悠悠。

阮元云：《史記・孔子世家》亦作「悠悠」。《文選・晉紀總論》注引孔注云：「悠悠者，同流之貌也。」鄭作「悠悠」亦從古論，今注中仍作「滔滔」，當是何晏從魯論改。〔註188〕

劉寶楠引洪頤煊《讀書叢錄》：《文選・養生論》「夫悠悠者，既以未效不求。」李善引此文當作「悠悠」，今本作「滔滔」，後人所改。……「滔」聲古音在蕭、幽部，故與「悠」通。〔註189〕

按：阮氏以周流之貌言「悠悠」，較「滔滔」合誼。劉氏則以「滔、悠」古韻同部，謂「悠悠」、「滔滔」可通；再者，阮氏以「悠悠」從鄭注，「滔滔」乃何晏改易，以此謂何氏之以魯論爲非，未知孰是。

「耰而不輟」

阮元云：《漢石經》「耰」作「櫌」。《說文》亦引做「櫌」。

馮登府云：《集韻》「櫌，或從耒。」則「櫌」本字也。〔註190〕

按：「耰、櫌」互通；惟今之《論語》經典及《釋文》皆作「耰」耳。

「以杖荷蓧」

阮元云：皇本「蓧」作「篠」。《史記・孔子世家》引包氏注：「蓧，草器

〔註186〕　《論語校勘記》，頁162。
〔註187〕　劉寶楠《論語正義》，頁701。
〔註188〕　《論語校勘記》，頁168。
〔註189〕　劉寶楠《論語正義》，頁722。
〔註190〕　馮登府《論語異文攷證》卷九。

名也。」字當從艸無疑。今包注作「竹器。」竹乃艸字之訛。皇本竟改從竹作「篠」，並云：「籮簁之屬。」誤益甚矣！〔註191〕

按：「蓧」者，芸田器也；「篠」者，小竹也。郝懿行《爾雅義疏》：篠，《說文》作「筱」，云「箭屬，小竹也。」則蓧、篠未同，阮說是也。

19. 子張第十九

「君子之道，焉可誣也」

阮元云引惠棟《九經古義》云：《漢書·薛宣傳》云：「君子之道，焉可憮也。」蘇林曰：「憮，同也，兼也。」晉灼曰：「憮音誣。」顏師古曰：《論語》載子夏之言，謂行業不同，所守各異，唯聖人為能體備之。⋯⋯據此，是古本有作「憮者」，古、魯異傳。〔註192〕

劉寶楠：《毛詩·巧言傳》「憮，大也。」訓大，故有「同、兼」之義。⋯⋯焦氏循《補疏》謂：「憮乃誣字假借。」《說文》："誣，加也。"加與同、兼義近。其說良然。〔註193〕

古音誣謂憮，「誣」為「憮」之假借，此古論與魯論之異也。

「子貢曰：紂之不善，不如是之甚也」

阮元云：「紂之不善」。皇本、高麗本「善」下有「也」字。「不如是之甚也。」《漢石經》「之」作「其」。

按：《論衡·語增篇、齊世篇》「子貢」並作「孔子」；「不如」並作「不若」。「若」猶「如」也。又「之甚也」，《漢石經》「之」作「其」，之猶其也；敦煌本「也」作「矣」。

「賢者識其大者」

《漢石經》「識」作「志」。

阮元云：「志、識」古今字。康成注：《周禮·保章氏》云：「志，古文識。」疏云：「古之文字少，志意之志與記識之識同。」後代自有記識之字，不復以「志」為識。〔註194〕

按：「識、志」皆止異切，實韻。故可通。

「譬之宮牆」

〔註191〕《論語校勘記》，頁169。
〔註192〕《論語校勘記》，頁176。
〔註193〕劉寶楠《論語正義》，頁744。
〔註194〕《論語校勘記》，頁176。

－402－

阮元云：《漢石經》作「辟諸宮牆」。皇本、高麗本作「譬諸宮牆也。」《白虎通‧社稷篇》亦引作「諸」，與《漢石經》合。譬，正字；辟，假借字。

按：先生此文攷證端詳。「譬諸宮牆也」之「也」，王叔岷先生以爲皇本無「也」字，乃失檢，〔註195〕如據《漢石經》檢校，當無疑議。

「賜之牆也及肩，闚見室家之好」

阮元云：閩本、北監本、毛本，「闚」作「窺」，朱子《集注》本亦作「窺」。《五經文字》云：「窺與闚同。」

馮登府云：《石經》「牆」作「薔」。〔註196〕又《漢石經》「闚」亦「窺」，《說文》：「窺，小視也；闚，閃也。」義別而音近，故二字可通。

「夫子之牆數仞」

皇本「夫子」上有「夫」字；高麗本作「夫子之牆」也。

《釋文》出，「數仞云仞」，一作「刃」，音同。

阮元云：古多假，「刃」爲「仞」；如《書‧旅獒》「爲山九仞」。左氏昭卅二年傳：「刃溝洫」。《釋文》並云：「仞本作刃」。〔註197〕

按：《御覽》一七四引《風俗通》佚文，又引「之牆」作「宮牆」。「仞」，包咸注：「七尺曰仞」。錢坫《論語後錄》云：「王宮牆高五丈，爲六仞四分仞之一，故曰數仞。」劉寶楠則謂：「錢氏據仞爲八尺之說推之，其義未審。」又引〈考工記〉：「外有九室，九卿朝焉。」注：「外，路門之表也。九室，如今朝堂諸曹治事處。」百官之富，即指此。又云：及肩之牆，是士庶人，故以室家爲言；數仞之牆，指天子諸侯，故有宗廟百官。……叔孫武叔未親聖教，本在門外，而但自宮牆窺之，故於士庶人室家之好能見之，於天子諸侯宗廟百官則不得見焉。〔註198〕

20. 〈堯曰〉第二十

「萬方有罪，罪在朕躬」

《漢石經》、皇本、高麗本不重「罪」字。

阮元云：《書‧湯誥》云「其爾萬方，有罪在予一人。」《國語‧周語》引「湯誓」云：「萬夫有罪，在余一人。」《墨子‧兼愛篇下》亦云：「萬方有

〔註195〕 王叔岷《慕廬雜著》，頁90。
〔註196〕 馮登府《論語異文攷證》卷十。
〔註197〕 《論語校勘記》，頁176。
〔註198〕 劉寶楠《論語正義》，頁751。

罪，即當朕身。」《呂氏春秋・秋紀》云：「萬夫有罪，在予一人。」與此並大同而小異。核其文義，俱不重罪字。〔註199〕

按：「罪」字重疊。《論衡・感虛篇》：「萬夫有罪，在余一人。」則「罪在朕躬」之罪，或爲誤字；然藉此引出「雖有周親，不如仁人；百姓有過，在予一人。」亦先後對稱也。

「尊五美屏四惡」

阮元云：《漢平都相蔣君碑》「遵五迸四」；《隸釋》云：《後漢傳》有遵五迸四之文，此碑亦然。蓋漢人傳魯論有如此者。攷《說文》無「迸」字，古多借「屏」爲之。《詩》「作之屏之」。《禮記・王制》「屏之遠方」。《穀梁・宣元年傳》「放，猶屏也」。唯《禮記・大學》「迸諸四夷」作「迸」，《釋文》引《皇》云：「迸」猶「屏」也；又「尊」乃「遵」字之省文。〔註200〕

按：《廣雅・釋詁》「摒，除也」，「摒」與「屏」同；又「屏」同「迸」，故「屏、迸、摒」可互通。而洪适《隸釋》則以「遵」、「迸」爲《魯論》之異文耳。

（二）《孟子》章句校勘

1. 《校勘記》序

《孟子》舊題，漢以來，皆謂漢趙岐注、宋孫奭疏。言趙岐注者，阮元以爲趙氏之學，雖較馬、鄭、許、服諸儒稍固陋，然「屬書離辭、指事類情，於訓詁無所戾。」七篇之微言大義，藉是可推；而唐張鎰、丁著爲之音：宋孫奭采二家之善，補其闕疑，成《音義》二卷，此爲注疏之由。惟以孫氏等未嘗作《正義》，未詳何人擬他經爲《正義》十四卷，於注義多所未解，而「妄說之處，全鈔孫奭音義，略加數語，署曰《孫奭疏》」〔註201〕則此《孫奭疏》者，當爲後人所僞作。阮元又引朱子所云，謂《疏》者，乃邵武一士人爲之；若論其闕失，一以「盡刪章指」，而疏內又往往詮釋其所削於十三卷；再以自稱其例云：「凡於趙注有所要者，雖於文段不錄，然於事實未嘗敢棄之而不明。」故自明以來，學官所貯「注疏本」所疏未免悠謬；且經注之訛舛闕逸，莫能是正。阮元云：

吳中舊有北宋蜀「大字本」、宋劉氏丹桂堂「巾箱本」、相州「岳氏

〔註199〕《論語校勘記》，頁180。
〔註200〕《論語校勘記》，頁181。
〔註201〕《揅經室一集》卷十一，頁238。

本」、盱邵重刊廖瑩中「世綵堂本」，皆經注善本也；

此爲板本傳刊情狀。至傳校者：

> 賴吳寬、毛扆、何焯、何煌、朱奐、余蕭客先後傳注，迄休寧戴震、
> 授曲阜孔繼涵、安邱韓岱雲鋟版，於是經注訛可正，闕可補，而注
> 疏本有十行者，亦較它注疏本爲善。

則此「十行本」者，正設補闕，較它注疏本爲善，是乃可知。而《校勘記》
之作，即：

> 元和生員李銳，合諸本臚其同異，臣（阮元）爲辨其是非，以經注
> 本正注疏本；以注疏十行本正明之閩本、北監本、汲古閣本，爲《校
> 勘記》十四卷。……日本《孟子》考文，所據僅足利本、古本二種，
> 今則所據差廣。〔註202〕

以「經注本」注「注疏本」；復以「注疏本」注他之刊本，層層環扣，校勘之
備，可謂詳盡，此阮元所謂「考孟子者，殆莫能舍是矣。」

2. 章句校勘

（甲）孟子注疏題辭解

校勘孟子章句，宜先知《孟子注疏題辭》解。

宋孫奭謂趙岐《正義》引《史記》云：「孟軻受業子思門人，道既通，與
所干者不合，退與萬章之徒序詩書，述仲尼之意，作《孟子》七篇。」

疏云：

> 至嬴秦焚書坑儒，孟子之徒黨自是盡矣。其七篇書號爲諸子，故篇
> 籍得不泯絕。漢興，高皇未遑庠序之事，孝惠雖除挾書之律，然而
> 公卿皆武力功臣，亦莫以爲意；及孝文黃帝廣遊學之路，天下眾書
> 往往稍出，由是《論語》、《孟子》、《孝經》、《爾雅》皆置博士，當
> 時乃有劉歆九種孟子，凡十一篇，炎漢之後，盛傳於世爲之注音，
> 西京趙岐出焉。至于孝唐又有陸善經出焉，自陸善經已降，其所訓
> 說，雖小有異同，而咸歸宗於趙氏。《隋志》云：趙岐注《孟子》十
> 四卷。又有鄭亢注《孟子》七卷；在梁時，又有綦母邃《孟子》九
> 卷。《唐書藝文志》又云：《孟子》注凡四家，有三十五卷，至於皇
> 朝《崇文總目》《孟子》獨存，趙岐注十四卷、唐陸善經注《孟子》

〔註202〕同上註。

七卷，凡二十一卷，今校定仍據趙注文本。今以爲主「題辭」者，趙岐謂此書孟子之所作，所以題號孟子之書，其題辭爲孟子所作，故曰「孟子題辭」。〔註203〕

此「孟子題辭解」之由來，蓋孫奭所謂「孟子題辭」，趙岐撰也。言及其文，則《孟子校勘記》引謂：

「孟子題辭」者，所以題號孟子之書。本末指義，文辭之表也。

孟，姓也；子者，男子之通稱也。此書孟子之所作也，故總謂之《孟子》，其篇目則各自有名。

孟子，鄒人也。名軻，字則未聞也。鄒本春秋邾子之國，至孟子時，改曰「鄒」矣，國近魯，後爲魯所并，又言邾爲楚所并，非魯也，今鄒縣是也。或曰：孟子，魯公族孟孫之後，故孟子仕於齊，喪母而歸葬於魯也，三桓子孫，既已衰微，分適他國。孟子生有淑質，夙喪其父，幼被慈母三遷之教，長師孔子之孫子思，治儒術之道，通五道，尤長於《詩》、《書》；周衰之末，戰國縱橫，用兵爭強，以相侵奪，當世取士，務先權謀以爲上賢，先王大道，陵遲墮廢；異端並起，若楊朱墨翟放蕩之言，以干時惑眾者非。

孟子閔悼堯舜湯文周孔子之業將湮微，正塗壅底，仁義荒怠，佞僞馳騁，紅紫亂朱，於是則慕仲尼，周流憂世，遂以儒道遊於諸侯，思濟斯民，由不肯枉尺直尋，時君咸謂之迂闊於事，終莫能聽納其說。孟子亦自知遭蒼姬之訖錄，值炎劉之未奮，進不得佐興唐虞雍熙之和，退不能信三代之餘風，恥沒世而無聞焉，是故垂憲言以詒後人。

仲尼有云：我欲託之空言，不如載之行事之深切著明也。於是退而論集所與高弟弟子公孫丑、萬章之徒難疑答問，又自撰其法度之言，著書七篇，二百六十一章，三萬四千六百八十五字，包羅天地，揆敘萬類，仁義道德，性命禍福，粲然靡不所載，帝王公侯遵之，則可以致隆平，頌清廟；卿大夫蹈之，則可以尊君父，立忠信；立志屬操者儀之，則可以崇高節，抗浮雲，有風人之託物、二雅之正言，可誼直而不倨，曲而不屈。

孔子自衛反魯，然後樂正，雅頌各得其所，乃刪《詩》定《書》，繁

〔註203〕《十三經注疏・孟子校勘記》，頁4。

《周易》，作《春秋》；孟子退自齊梁，述堯舜之道而著作焉，此大賢擬聖而作者也。七十子之疇會集夫子所言，以爲《論語》，《論語》者，五經之錧鎋，六藝之喉衿也。孟子之書，衛靈公問陳於孔子，孔子答以俎豆；梁惠王問利國，孟子對以仁義；宋桓魋欲害孔子，孔子稱天生德於予；魯臧倉毀鬲孟子，孟子曰：「臧氏之子，焉能使予不遇哉！」旨意合同，若此者眾。

有《外書》四篇：〈性善辯〉、〈文說〉、〈孝經〉、〈爲政〉，其文不能宏深，不與內篇相似，似非孟子本眞，後世依放而託也。孟子既沒之後，大道歲紬，逮至亡秦，焚滅經術，坑戮儒生，孟子徒黨盡矣；其書號爲諸子，故篇籍得不泯絕。漢興，除秦虐焚，開延道德，孝文皇帝欲廣遊學之路，《論語》、《孝經》、《孟子》、《爾雅》，皆置博士，後罷傳記博士，獨立五經而已。訖今諸經通義，得引孟子以明事，謂之「博文」。

孟子長於譬喻，辭不迫切，而意已獨至。其言曰：說詩者，不以文害辭，不以辭害志，以意逆志，爲得之矣，其說又多乖異不同，孟子以來五百餘載，傳之者亦已眾多。

余（趙岐）生西京，世尋丕作，有自來矣。少蒙義方，訓涉典文，知命之際，嬰戚於天，遘屯離蹇，詭姓遁身，經營八紘之內，十有餘年，心翦形瘵，何勤如焉。嘗息肩弛擔於海岱之間，或有溫故知新，雅德君子。矜我劬瘁，睠我皓首，訪論稽古，慰以大道。余困吝之中，精神遐漂，靡所濟集，聊欲係志於翰墨，得以亂思遺老也。惟六籍之學，先覺之士，釋之辯之者，既已詳矣。儒家惟有孟子，闡道微妙，縕奧難見，宜在條理之科。於是乃述己所聞，證以經傳，爲之章句，具載本文，章別其指，分爲上下，凡十四卷。究而言之，不敢以當達者，施於新學，可以寤疑辯惑。愚亦未能審於是非，後之明者，見其違闕，儻改而正，不亦宜乎！〔註204〕

本〈題辭序〉敘趙氏作注之由，亦孟子學之簡縮，文雖稍長，於孟學原委，蓋得其權輿，爲孟子學者，斯篇參考之價值亦大矣！

　　阮元云：「十行本、閩本無此篇。」；監、毛本有；〈山井鼎考文〉所謂〈孟

―――――――――

〔註204〕《孟子校勘記》，頁4～8、頁11。

子題辭〉注疏本或無之者是也。又按〈音義孟子題辭〉，張縊云：「即序也。」不云題辭解，疑此「解」字是《僞疏》增。又〈孟子題辭下〉出趙氏字，今本無之，蓋失其舊。〔註205〕

焦循云：「音義云、張鎰云，即序也」。趙注尙異，故不謂之序，而謂之「題辭」。阮元《校勘記》云：「十行本、閩本無此篇，監、毛本有。〈山井鼎考文〉所謂〈孟子題辭〉，注疏本或無之，是也。」

阮、焦之說，所謂〈題辭〉者，趙氏之尙異也；而其爲文，不言序而言題辭，蓋有以異他人之見也。《劉熙‧釋名》〈釋書契〉云：書稱「題」。題，諦也。審諦其名號也，亦言第，因其次第也。……襄公十年《左傳》：「舞獅題以旌。」夏注云：「題，識也」。故焦循云：趙氏自釋稱「題辭」之義，稱述孟子氏名事實之本末，所以著書之指義，以表其文辭，猶識題號之常，故謂之題辭也。〔註206〕至孫奭〈題辭解〉，依上文所示，尙有裨趙氏。

（乙）章句校勘

1.〈梁惠王章句上〉釋辭

凡七章。

阮元云：宋高宗御書、《孟子石經殘本》篇題，並頂格不空字。十行本正與之合，蓋猶是舊款，閩、監、毛三本，並低一字非；又肩題下，近孔繼涵、韓岱雲所刻，經注本及考文古本無「凡幾章」。

又云：字、音義足利本有趙氏注、孫奭疏

且云：十行本「孫奭疏」三字，在第二行篇題下；趙氏注三字，在第三行上低一字，下接注文。閩、監、毛三本，並作漢趙氏注，宋孫奭疏在篇題之前，其注移在「凡幾章」之下，考文、古文注在趙氏注下，與十行本合，足利本注及題名在篇題後，其題名作「後漢太常趙岐邠卿注」，與各本皆不合，非也；廖瑩中經注本「趙氏」作「趙岐」亦非：按〈音義題辭〉下，出趙氏字，然則舊本題名不作趙岐并無注字也。〔註207〕

按：阮元謂足利本篇題名作「後漢太常趙岐邠卿注」及廖瑩中經注本「趙氏」作「趙岐」爲非是，此即如《毛詩正義》所言：「不言名而言氏者」。焦循《正義》云：「漢承滅學之後，典籍出於人間，各專門命氏以顯其家之學，

〔註205〕同上。
〔註206〕焦循《孟子正義》，頁2。
〔註207〕《孟子校勘記》，頁17。

故諸爲傳、訓者，皆云氏不言名。」〔註208〕趙岐爲後漢京兆長陵人，其注孟子，蓋亦顯其家學，是言氏不言名也。

2.〈梁惠王章句上〉讎校

（1）「皆亡爲偕亡」

「湯誓云：時日害喪，予及女皆亡」

阮元云：孔本、韓本同閩、監、毛三本皆作「偕」。

《揅經室一集》〈釋蓋〉謂「蓋、盍、曷、害、何」皆同聲相假借也。此已釋之於前，〔註209〕故「害喪」即「何喪」也；而皆之爲偕，朱熹《集注》「皆亦作偕」，此同「古之人與民偕樂，故能樂也。」之「偕」。趙注云：「偕，俱也。」〔註210〕焦循云：「偕，俱也，《毛詩》傳文：《說文》人部云："俱，皆也"。偕與皆通，皆亦同也。」〔註211〕則「皆亡」爲「偕亡」可知。

（2）「無饑爲無飢」

「百畝之田，勿奪其時。數口之家，可以無飢矣」

監本、毛本、同宋本、岳本、咸淳衢州本、孔子、韓本、閩本，「饑」「作飢」。

阮元云：飢餓之字當作「飢」；「饑」乃饑饉字，此經當以「飢」爲正。〔註212〕

按：此「飢」與「黎民不飢不寒」之「飢」同，毛本正作「飢」。

（3）「頒白爲斑白」

「頒白者不負戴於道路矣」

閩、監、毛三本同，宋本「白」下有「曰」字；岳本、廖本、韓本者，上並有「然」字，孔本作「頭半白曰："頒斑"，斑然者也。」

阮元云：以「班」爲「斑」古字假借。毛本、孔本、韓本「班」作「斑」非也；足利本作「頭白曰頒，班班者也。」山井鼎云：曰當作曰，是。〔註213〕

〔註208〕焦循《孟子正義》，頁 4。
〔註209〕《揅經室一集》，頁 8。
〔註210〕《孟子注疏》，頁 11。
〔註211〕焦循《孟子正義》，頁 29。
〔註212〕《孟子校勘記》，頁 19。
〔註213〕《孟子校勘記》，頁 19。

按：焦循引段玉裁《說文解字注》云：《說文》「頒，頭髮半白也。」此孟子「頒白」之正字也。又謂：趙注云：「頒者，班也。頭半白班班者也。」卑與斑雙聲，是以《漢書・地理志》「卑水縣」孟康音「斑」；蓋古「頒」讀如「斑」〔註 214〕則「頒」、「斑」同「頒」也，「頒」爲正字，「頒、班、斑」者，蓋皆聲同之假借也。

(4)「木梃非木挺」

「殺人以梃以刃」

閩本同宋本、廖本、岳本、韓本、監本、毛本，「挺作梃」。

阮元云：《音義》云：「從本」、……此本注俱作「梃」，閩本經注並作「挺」。〔註 215〕

此閩本誤也。《呂氏春秋・簡選篇》云：「鋤櫌白梃，可以勝人之長銚利兵。」高誘注云：「梃，杖也。」是從木之梃，非從才之梃也。

(5)「易耨為薅易」

「省刑罰，薄稅斂，深耕易耨」

阮元云：《音義》出「易耨」云下：「奴豆切」，字亦作「薅」。〔註 216〕焦循云：《說文》木部云：「耨，薅器也，或作鎒。」《呂氏春秋・任地篇》云：「耨柄尺，此其度也；其耨六寸，所以間稼也。」高誘注云：「耨，所以芸苗也。」刃廣六寸，所以入苗間也。「耨、鎒」字同，芸苗之器名耨，因而即稱芸苗爲「耨」；〈盡心篇〉「易其田疇」注：「訓易爲治」本《詩》「禾易長畝」，毛傳也；此耨爲芸苗，若訓易爲治，「治耨」於辭爲不達；且上云深耕，謂「耕之深」，此云易耨，則爲「耨之易」也。禾中有草雜之，則煩擾矣，故芸之使簡易。〔註 217〕

按：盡心篇：「易其田疇」。注云：「易，治也」。惟「深耕易耨」者，果如焦氏所言「耕氏深」、「耨之易」，則「治耨」也者，辭較未達，是焦氏之言，未爲非也。

(6)「釁鍾為舋鐘」

「將以釁鍾」

〔註 214〕焦循《孟子正義》，頁 35。
〔註 215〕《孟子校勘記》，頁 19。
〔註 216〕同上，頁 20。
〔註 217〕焦循《孟子正義》，頁 40。

阮元云：宋九經本、咸淳衢州本、閩本同孔本、韓本、監本、毛本，「鍾」作「鐘」，……此經亦當作「鍾」且於趙注所引「上春釁寶鍾」云：閩本同宋本、岳本、孔本、韓本、監、毛本作「鐘」；《周禮》作「鎮」形相近而誤。

「釁」與「衅」同，「釁鍾」即「衅鐘」，「鐘」字阮元校定之，「釁」字則無，而「釁」之與「衅」，蓋音同而部首異耳。而「釁」字者，即焦循所謂：「釁」本間隙之名，故殺牲以血塗器物之隙，即名爲「釁」；隙即「郤」也；《漢書・高帝紀》「釁鼓」注，應劭云：「釁，祭也。」殺牲以血塗鼓釁，呼爲釁，呼同「㭲」，「釁㭲」猶言「釁隙」今人以瓦器有列跡者爲璺，讀若「閔」，即「釁」也；以木之有列縫者爲㭲，讀若呵，「呼、乎」音之轉也，《周禮》「大祝」、「天府」俱屬春宮，「大祝」作「隨釁」。鄭氏注云：謂薦血也，凡血祭日「釁」；《疏》引賈氏云：「釁釁宗廟」。馬氏云：「血以塗鐘」，鄭不從；然則血祭之釁與釁器之釁，自是兩事，趙氏合爲一事，與應劭同。〔註218〕

然則「釁」之義有三：一是茇除不祥，一是彌縫㭲隙使完固之義，一是取其膏澤。趙注與應劭蓋取第一義，鄭氏則取「塗其㭲隙」之義，合而觀之，則謂「血祭之釁與釁器之釁」者，理較合誼。

（7）「蓋爲盍」

「蓋亦反其本矣」

阮元云：閩、監、毛三本、宋本同韓本、足利本。「蓋作盍」；……〈檀弓〉「子蓋慎諸」。並以「盍」爲蓋。〔註219〕

按：蓋與盍同。下文「則盍反其本矣？」即回應此文，字正作「盍」；「盍，何不也。」反，猶求也，《墨子・非攻》「必反大國之說。」反即求之意。「矣」猶「乎」也。〈盡心〉云：「敢問何如斯可謂狂矣？」「矣」亦並與乎同義。故「蓋亦反其本矣？」猶云：「何不亦求其本乎？」

（8）「欲疾其君爲疾其君也」

「天下之欲疾其君者，皆欲告愬於王」

本句阮元未勘定。

王叔岷先生引俞樾《群經平議》云：兩欲字異議，上「欲」字猶好也，「欲、疾」二字平例。欲君者，謂好其君者也；疾其君者，謂惡其君者也。天下之

〔註218〕同上，頁48。
〔註219〕《孟子校勘記》，頁28。

好、惡其君者，莫不來告，故曰：「皆欲告愬於王。」且云：俞說未審。天下之所以「皆欲赴愬於王」，正由疾（惡）其君也，欲（好）其君者，尚何必赴愬於王邪？上「欲」字蓋涉下文「皆欲」或涉上文「皆欲」而衍，不必強為之說。《春秋繁露・隨本消息篇》：「天下之疾其君者，皆起愬而乘之。」即本此文，疾上正無「欲」字。〔註220〕

按：王說確當。由上下文連讀，則「疾其君者」本即有「欲」字，言「皆欲」者，蓋涉上下文而為衍詞。

3. 〈梁惠王章句下〉讎校

阮元於《孟子注疏經卷第二上》云：自此至「不如與眾共聽之樂」，十行本缺，今所出者，據閩本。〔註221〕

按：此《注疏經卷》十行本缺，所採仍據閩本。

又同章〈梁惠王章句下〉

監、毛本「此」下有《正義》一段，閩本無。

阮元云：十行本缺一頁，計其篇幅當有《正義》，閩本無者，蓋李元陽所見十行本已有缺頁，別據經注本補足，故無偽疏也。又各卷卷上、篇題下，並有「凡幾章」字，閩、監、毛本，此卷獨缺，蓋《經注本》本無也。

又云：此下《正義》是監本所補，監本若別有注疏本可據，不應脫漏「凡幾章」字，然則十行本及閩所缺之《正義》，而監、毛本有者，疑是偽中之偽。

按：經注本、十行本、閩本為《注疏經卷》所從，所缺《正義》當不為他本所有，今監、毛本有者，非真之處頗明，此阮元以「偽中偽」目之也。

（1）「昆夷為混夷」

「文王事昆夷」

閩、監、毛三本同《音義》，石經、廖本、孔本、韓本作「混夷」。阮元云：《詩・綿》「混夷兌矣」《箋》「患夷即混夷」，與此經正合，作「昆」非也。

按：《箋》云：「患夷即混夷」，西戎國名也。患同串，與「混」一音之轉；串亦與「犬」一音之轉，《書大傳》作「畎夷」是「混、患、串、畎」皆一音之轉，文王所事乃「混夷」非「昆夷」。

（2）「遊豫為遊譽」

〔註220〕 王叔岷《慕廬雜著》，頁104。
〔註221〕 《孟子校勘記》，頁37。

「一遊一豫，爲諸侯度」

《校勘本》謂「遊亦豫也」者：閩、監、毛三本同宋本、岳本、廖本、孔本、韓本、考文古本無此四字。阮元亦云：「無是者」。

諸本雖無「遊亦豫也」之句，然遊解爲豫，於文可通；遊又爲「譽」。焦循云：《左・昭二年傳》文「宴于季氏，有嘉樹焉，宣子譽之。」《左傳正義》引服虔：「譽，遊也。宣子遊其樹下，夏諺曰：一遊一譽，爲諸侯度。」惠氏棟《左傳補注》云：《周易・序卦傳》「豫必有隨」。鄭康成注：引孟子「吾君不豫以爲遊。」則知此傳「譽」字本作「豫」。故服、趙互引爲證。《孫子兵法》云：「人效死而一能用之，雖優遊暇譽。」……外傳作「暇豫」，李善云：「譽與豫，古字通。」〔註222〕故「遊豫」爲「遊譽」可通。

（3）「興發與興廢」

「景公說，大戒於國，出舍於郊，於是使興發，補不足。」

此句阮元未勘定。

焦循云：「興」與「發」義同，並言則有別。《周禮・地官》「遂大夫則帥其吏而興甿。」注云：「興，舉也。故謂舉行惠政。」《廣雅・釋詁》云：「發，開也。」〈月令〉「雷乃發聲」。注云：「發，出也。」故謂開發倉廩而出其粟。……〔註223〕

王叔岷先生則以「興發」爲「興廢」。且云：「興發」猶「興廢」，與「補不足」平列。謂廢者興之，不足者補之也。發、廢古通，《莊子・列禦寇篇》「先生既來，曾不發藥乎？」釋文引司馬彪本作「廢」；《荀子・禮運篇》「大昏之未發齊也」。《史記・禮書》發作廢；《列子・仲尼篇》「發無知，可能情？發不能，何能爲？」釋文引一本「發作廢」，皆其此。〔註234〕

按：王說依並列句式相校，謂「廢者興之，不足者補之也。」言廢之倉廩使興，不足之食補之，文義較妥。

（4）「轉乎溝壑爲專乎溝壑」

「凶年饑饉，君之民，老弱轉乎溝壑」

此句阮元未勘定。焦循《孟子正義》亦未提異議。

〔註222〕焦循《孟子正義》，頁73。
〔註223〕同上，頁76。
〔註234〕王叔岷《慕盧雜著》，頁106。

　　王叔岷先生則以爲「轉爲專」之借字。云：《國語‧魯語下》：「獲骨焉，節專車。」（又見《史記‧孔子世家》、《說苑‧辨物篇》、《家語‧辯物篇》）「專車」猶「滿車」，「轉乎溝壑」猶「滿乎溝壑」。《莊子‧人間世篇》：「死者以國量乎澤若蕉」。《呂氏春秋‧期賢篇》：「無罪之民，其死者量於澤矣。」高誘注：「量，滿也。」所謂「量乎澤」或「量於澤」，猶此文之「轉乎溝壑」也。〔註225〕

　　按：言轉爲專，蓋借字之用。《國言‧魯語》：「吳伐越，墮會稽，獲骨焉，節專車。」注：「骨一節其長專車，專，擅也。」又補注：「專車，滿一車也。」是專借爲轉，專爲擅爲滿，此轉之遞嬗復爲「滿」也，故「轉乎溝壑」爲「專乎溝壑」，即「滿乎溝壑」也。

　　（5）「所爲猶可謂」

　　「何哉？君所爲輕身以先於匹夫者，以爲賢乎？」

　　此句阮元未勘定。

　　趙注云：「匹夫，一夫也。臧倉言君何爲輕千乘而先匹夫乎？」

　　王叔岷先生以爲「所爲」當爲「所謂」，引下文：「何哉？君所謂踰者，前以士，後以大夫；前以三鼎，而後以五鼎與？」而請此作「所爲」彼作「所謂」互文也。且引《風俗通義‧窮通篇》謂「所爲」正作「所謂」〔註226〕

　　王氏云「所爲」必爲「所謂」，然經文之「所爲」與下文之「所謂」可否互文？此值爭議。且「所爲」之所，其義若何？注、疏皆未云及。王引之《經傳釋詞》第五「可」字條云：

　　　　可，猶所也。《禮記‧中庸》：「體物而不可遺。」鄭注曰：「體，
　　　　猶生也；可，猶所也。」……又曰：《大戴禮‧武王踐阼篇》：「席
　　　　前左端之銘曰：無行可悔。」可，所也；前有所悔，後不復行，
　　　　故曰「無行所悔」《說苑‧敬慎篇》作「無行所悔」是其證也。又
　　　　曰《賈子‧翰誠篇》：「人謂豫讓曰："子不死中行而反事其讎何
　　　　無可恥之甚也。"」言無所恥之甚也。《史記‧萬石君傳》：「衛綰
　　　　自初官以至丞相，終無可言。」言始終一無所言也。《後漢書‧竇
　　　　憲傳》〈燕然山銘〉：「茲所謂一勞而久逸，暫費兒永寧者也。」又
　　　　《文選》「所」作「可」，可與所同義，故可得訓爲所，所亦得訓

〔註225〕同上，頁107。
〔註226〕王叔岷《慕盧雜著》，頁107。

為可。〔註 227〕

則「君所爲輕身以先於匹夫者」猶「君可謂輕身以先於匹夫者」，以疑詞相觀，殆爲合宜。

4. 〈公孫丑章句上〉讎校

(1)「鎡基為茲基」

阮元云：《音義》出「鎡基」云：「或作茲」。

焦循引王念孫《廣雅疏證》云：釋器：「鎡，鎛鉏也。」鉏也言除也。又《說文》：「鉏，立薅斫也。」又云「斫」其謂之「茲」……「鉏，茲基也。」

《孟子》「雖有鎡基，不如待時。」……《周官・薙氏》注作「茲基」，〈月令〉注作「鎡錤」。……〔註 228〕

按：「鎡基」可爲「茲基」，亦可爲「鎡錤」，並字異而義同。

(2)「思以一豪為使以一豪」

「思以一豪挫於人」

阮元云：宋九經本、岳本、咸淳衢州本、孔本、韓本、同閩、監、毛三本，「豪」作「毫」非。

「豪」猶長毛也。故「豪」非「毫」，經注本所言爲是。至「思以一豪」之思，校勘本皆無異議，王叔岷先生以「思」爲「使」，意頗新穎。

案：思猶使也，下文「思與鄉人立，其冠不正，望望然去之。」思亦猶使也（吳昌瑩《經詞衍釋一八》謂「思，詞之惟也」未審）。《說苑・辨物篇》：「思無忘職業。」《史記・孔子世家》思作使，即思、使同義之證，此義前人未發。〔註 229〕

王氏以「思」爲「使」固前人未發，然依上下文義，「思」是否定爲「使」？而云吳昌瑩《經詞衍釋一八》當爲「卷八」者也，吳氏引《經傳釋詞》曰：「思，語已詞也；思，發語詞也；思，句中語助也。」凡三義，衍曰：「思，詞之惟也。」「惟」訓曰思，……孟子：「思以一毫挫於人」。以此也；言此一毫見挫也。〔註 230〕此王氏所謂之「未審」也。然思亦可謂「計慮」也。

《禮・曲禮》「儼若思」《毛詩指說》引梁簡文說：「發慮在心謂之思。」

〔註 227〕王引之《經傳釋詞》，頁 55。
〔註 228〕焦循《孟子正義》，頁 108。
〔註 229〕王叔岷《慕廬雜著》，頁 108。
〔註 230〕吳昌瑩《經詞衍釋》，頁 83〜84。

則「思之惟」者謂語詞固未妥，以言「計慮」，義仍可通，如《易·艮》：「兼山，艮，君子思不出其位。」注：「各止其所，不侵害也。」又《論語·憲問》：「曾子曰：君子思不出其位。」皆言慮事不逾己之分限也。是思之言「使」，不若思之言「慮」也。

（3）「不縮為不直」

「自反而不縮，雖褐寬博，吾不惴焉」

阮元云：《音義》「之睡切」，本作遄音揣。〔註231〕

「惴」同「栗」，懼也；而「縮」者，趙岐注：「縮，義也。」

焦循謂：《說文》云：「縮，直也。」《廣雅·釋詁》云：「直義也。」「縮」之為義，猶縮之為直；蓋縮之訓為「從」。從故宜，從亦順也；順故義，義者宜也。趙氏既以「義」訓縮，又申之云「不義不直」，明「義」即「直」也。

按：「義、從、順」者，皆「直」也，亦「縮」之義。

（4）「勿正心與勿忘」

「必有事焉而勿正心勿忘勿助長也」

此句阮元未校。

「必有事焉而勿正心勿忘勿助長也」，斷句有二：

若「必有事焉而勿正，心勿忘，勿助長也」，此其一。

又「必有事焉而勿正心，勿忘；勿助長也」，此其二。

依其一：

焦循謂趙岐以「福」釋事，乃「事」無「福」訓也。翟灝《孟子考異》云：「通段凡十見福字。古文福但作畐，中筆引長形，便類事。」舊本《孟子》作「必有畐焉」故趙氏注之如此。

又謂：「而勿正」，……《詩·終風序》箋云：「正，猶止也。」《莊子·應帝王篇》云：「不正」。《釋文》云：「正本作止」正之義通於止也。……趙氏以「必有事焉」為必有福焉，故而勿正，是不可助長其福也。〔註232〕

則焦氏從趙氏之說，以「止」訓「正」也。

依其二：

顧炎武《日知錄》卷七引倪文節（思）云：

〔註231〕《孟子校勘記》，頁61。
〔註232〕焦循《孟子正義》，頁120。

謂當作「必有事焉，而勿忘；勿忘，勿助長也。」傳寫之誤，以「忘」
字作「正心」二字，言養浩然之氣，必當有事而勿忘；既已勿忘，
又當勿助長也。疊二「勿忘」作文法也。〔註233〕
趙注言「事」爲「福」，實則「福」乃「畐」字，此筆畫之誤，焦氏亦以正之
矣；以「止」爲「正」　解說「勿正」，意乃訓「福」也，於此上下行文未免
牽強；《日知錄》引倪說，謂「忘」字誤爲「正心」二字，說則確當。

　　以「亡」、「正」形近易亂，譬《淮南子‧精神篇》：「若然者，亡肝膽，
潰耳目」，今本「亡」誤「正」，即其例；故此文「忘」字上半既誤爲正，又
誤爲「正心」二字，有如趙氏注，竟似勉強湊合。故此句當如顧氏言：「必有
事焉而勿忘；勿忘，勿助長也」所謂疊二「勿忘」，乃作文之法也。

　　（5）「所離為所罹」

　　「邪辭知其所離」

　　此句阮元未校定。

　　焦循《正義》於「離」字未嘗異議。

　　王叔岷先生以則以「離」爲「罹」之借字。且謂：

　　　　《莊子‧天地篇》：「故離此患也」〈盜跖篇〉：「故服其殃，離其患也。」
　　　　成玄英疏「離」並作「罹」，即「離、罹」通用之證。「罹」有困義。
　　　　「蔽、陷、離、窮」，義並一律。注以爲「離間」字；正義以爲「離
　　　　畔」字；朱熹集注亦云：「離，叛去也」。皆望文生訓。〔註234〕
按：王氏謂「罹」有「困」意。有值商榷。成玄英疏云：「離並作罹」未言罹即
困也。《說文》謂罹者，蓋心憂也；《詩‧王風‧兔爰》：「逢此百罹」。傳。「罹，
憂也。」；羅亦訓被也，遭也。《書‧湯誥》：「罹其凶害」注：「罹，被也。」《漢
書‧文帝紀》：「以罹寒暑之數」。注：「罹音離，遭也」《文選‧張衡思玄賦》：「循
法度而離殃」。注：「罹也」，「罹殃」即「遭殃」；與「困」相左，與「蔽、陷、
窮」者，亦未相契，則朱熹《集注》之言「叛去」，文意較切。

　　（6）「為之氓猶為其甿」

　　「天下之民皆悅而願爲之氓矣」

　　《音義》出「氓」字云：「或作萌、或作甿。」

〔註233〕黃汝成《日知錄集釋》卷七，頁252。
〔註234〕王叔岷《慕廬雜著》，頁109。

阮元云：作「萌」最古，漢人多用萌字，經典內「萌」多改「岷」改「甿」，如《說文》引《周禮》「以興鋤利萌」是也。

焦循云：岷者，謂其民也，閩、監、毛三本同。……「謂其」三字：按尋「謂」字，則經文本作「萌」，翟氏灝《考異》云：「一讀以天下之民皆悅斷句，上士商旅農，悉連下皆悅二字句」，似亦可通。王氏引之《經傳釋詞》云：《呂氏春秋·音律篇》注云：「之，其也。」故「為之岷」，《周官·載師》注，引作「為其民」，「之」可訓為「其」，「其」亦可訓為「之」。

按：「為之岷」之「之」訓為「其」，即「為其岷」也，岷音盲，《詩》：「岷之蚩蚩」，傳云：「岷，民也」，是為之岷者，為之民也；岷又作「萌」作「甿」，故「為之岷」當作「為其盟」、「為其甿」也。

5.〈公孫丑下〉讎校

（1）「今日弔為今以弔」

「昔者辭以病，今日弔，或者不可乎」

阮元云：閩、監本、乙本、韓本同，廖本、毛本「日」作「以」，以形近之訛；考文所作「今以弔」，云：今下古文有「日」字，足利本同，尤非。〔註235〕

以「今日弔」為「今以弔」，「以」之訛為「日」，形近之訛也。

（2）「宿於晝非宿於畫」

「孟子去齊宿於晝」

各本同孔本、韓本，「晝」作「畫」，注同。

阮元云：此當是采用舊說，不必有本子也。

又云：《廣韻》四十九「宥、晝」字下云：備又姓，晝邑大夫之後，因氏焉。出《風俗通》。孟子「晝」字，不當改為「畫」字。〔註236〕趙岐注：「晝，其西南近邑也，孟子去齊欲歸鄒，至鄒地而宿也。」此「晝」地乃在齊西南之近邑也。周密《齊東野語》云：高郵黃彥利謂孟子去齊宿晝，讀如「晝夜之晝」，非也。《史記·田單傳》「晝邑」注云：「齊西南近邑，音獲，故孟子三宿而出，時人以為濡滯也。焦循引毛奇齡《經問》云：「齊固有晝邑，然焉知無畫邑。」

又云：趙岐云「晝，齊西南近邑」。是明有晝邑矣。且趙岐注孟子，正在

〔註235〕《孟子校勘記》，頁77。
〔註236〕同上，頁87。

齊郡，城在臨淄縣西南，相傳孟子出宿處，故鑿然注此，此眞身歷其境，見之眞故言之確者；若「畫」邑在臨淄西北三十里，即戟里城，戰國燕破齊時，將封王蠋以萬家，即此地，是燕從西北至齊，當是「畫」邑，孟子從西南至滕，當是「晝」邑，一南一北，字形雖相蒙，地勢無可混也。〔註237〕

《括地志》云：「戟里城，在臨淄西北三十里，春秋時棘邑，又云漧邑，蠋所居，即此邑，因漧水爲名也。」梁玉繩《史記地名考》云：「齊有畫邑，畫邑；畫邑在臨淄西北三十里，齊將封王蠋以萬家，即此地；晝邑在臨淄西南，孟子出宿處，一北一南。」〔註238〕則「畫」邑與「晝」邑本末同，孔、韓本必以子之「畫」邑爲王蠋之「晝」邑，無怪乎若焦循所云：「字形雖相蒙，地勢無可混也。」

（3）「齊宿作齋宿」

「弟子齊宿而後敢言」

阮元：《音義》出「齊宿」云：「字亦作齋」。

按：孔本作「齋」，經典通作「齊」，《毛詩‧召南》「齊，敬也。」是齊爲敬也；而「齋」者，經傳通作齊，是「齊宿」即「齋宿」，言齋戒越宿以致虔也。《史記‧秦本紀》：「繆公虜晉君以歸，令於國齋宿，吾將以晉君祠上帝。」此齋宿之謂也。

（4）「悻悻然作俓俓然」

「怒悻悻然見於其面」

阮元云：《音義》出「悻悻」云：「字或作俓俓然」。

「悻悻」當作「婞婞」，形眞切，很也、直也；又胡耿切，字或作「俓俓」然，《論語》音「鏗」，今《論語‧子路篇》作「硜硜然小人哉」；《禮記‧樂記》「石聲磬」《史記‧樂書》作「石聲硜」。《集解》引王肅《曹記》注云：「硜聲果勁」；《說文》石部「磬」，古文從「巠」，巠即「磬」字；劉熙《釋名‧樂器》云：「磬，罄也」。其聲罄罄然堅緻也。《離騷》云：「鯀婞直以亡身兮」。《說文》女部云：「婞，很也」。《楚辭》曰：「鯀婞直果勁」，與「很、直」義近，蓋堅執不回，不知通變；故鄭氏注《論語》云：「硜硜，小人之貌也」，「婞婞」「磬磬」聲近，相通借也；故「悻、婞、俓、硜、磬、罄」與「很、直」

〔註237〕《孟子正義》，頁179。
〔註238〕《史記會注考證》，頁998～999。

義近，皆通借也。

6. 〈滕文公章句上〉讎校

（1）「草上之風為草尚若風」

「草上之風必偃」

阮元云：閩、監、毛三本同廖本、孔本、韓本，「上」作「尚」。〔註239〕

《釋文》云：「尚或作上」。是陸德明所見《論語》作「草尚之風」與《孟子》同；趙注以「加」解尚，與孔本同；朱熹《集註》亦作「尚」。之猶「若」也，「草尚之風」猶言「草尚若風」也。吳昌瑩《經詞衍釋》卷九，言「之」猶「若」也，云《論語》「其言之不怍」、「天子將喪斯文也」、「天之未喪斯文也，我之大賢與！我之不賢與？」、「夫子之得邦家者」之「之」，與《孟子·離婁篇》「君之視臣如手足，則臣視君如腹心；君之視臣如犬馬，則臣視君如國人；君之視臣如土芥，則臣視君如寇讎。」三「之」字與「若」同義可得。

（2）「盼盼然與胖胖然」

「為民父母，使民盼盼然；將終歲勤勤，不得以養其父母」

《音義》丁作「胖」

阮元云：「盼」字見《說文》云「恨視貌」。但趙注以「勤苦不休息」為訓，趙作「胖」不作「叛」也；《說文》「胖，蠻布也」。……胖胖猶「屑屑」，《方言》曰：「屑屑，不安也。」〔註240〕

「盼」，橃詣切，音係，霽韻；又疑禮切，音堄，薺韻。恨視也。《國策·楚策》：「韓挾齊魏以盼楚。」注：「盼，怒視也。」朱注亦云：「盼，恨視也。」而《音義》「盼」作「胖」，趙注言「勤苦不休息」者，語意牽強，蓋「胖胖」者「笑聲散布也」。戴望元〈翫月詩〉：「洗杯問勞苦，天女笑胖胖。」即此也，若云為「屑屑」，則勉為可通，此阮元之言為是。

7. 〈滕文公章句下〉讎校

（1）「範我非范氏」

「吾我之範我，馳驅終日不獲一，為之詭遇，一朝而獲十」

《音義》「範我」或作「范氏」。

阮元云：《後漢書·班固傳》注引《孟子》正作「范氏」，《文選》注同，

〔註239〕《孟子校勘記》，頁95。

〔註240〕同上。

今亦誤改爲「範我」。

　　又云：「范氏」見《左傳》：劉累學擾龍事，孔甲賜氏曰：「御龍晉范氏其後也。」李善引《括地圖》即此事，但孔甲訛爲禹耳。《孟子》作「范氏」爲長，「範我」乃淺人所改。〔註241〕

　　按：然則阮元必以「范氏」爲是，「範我」乃非也。

　　焦循辯云：

　　　　《音義》出「範我」，云：「備或作范氏。」范氏古之善後者，「範」古與「范」通；「範」或作「范」者有之，我氏形近，其作氏者訛也。趙氏訓範爲法，則其經文必不作范氏矣。《音義》見誤本，而以爲古之善後者。班固〈東都賦〉云：「遊基發射，范氏施後，弦不失禽，彎不詭遇。」《文選李善注》引《括地圖》云「夏德盛，一一龍降之，禹使范氏御之，以行程南方。」又引《孟子》此文，仍作「吾爲之範我馳驅」，連下「爲之詭遇」；又引劉熙注：「橫而射之曰詭遇」；耶引《括地圖》注范氏施御句，引《孟子》注「彎不詭遇」句，非「范氏」即《孟子》之「範我也。李賢注《後漢書・班固傳》此文，則云：「范氏，趙之御人也。」此「趙」字誤，當是古字，引《孟子》此文，下作「範我」，又引趙注「範，法也。」云云，然則李賢所引《孟子》，不作范氏可知；又云：弦不失禽，謂「由基」也；「彎不詭遇」，謂「范氏」也；「范氏」指賦所云之范氏，非孟子之「範我」也。《宋書・樂志・馬君篇》云：「願爲范氏驅，雖容步中繳，豈效詭遇子，馳騁趣危機」。此則本班固賦言之，皆未足以證孟子之爲范氏馳驅也。……即使誠有異本《孟子》作「范氏馳驅」，究以趙氏爲正而已。〔註242〕

焦氏之論，則「範我」非「范氏」，「我」之與「氏」，乃形近之訛，蓋以說經先求辭達，若作「范氏」，則云：「我爲之范氏馳區」，於辭不達，而王良何取於范氏？復以范氏遇由（游）基，若范氏爲「範我」矣，由（游）基何屬邪。《白氏六帖・執御篇》引《孟子》此文及注云：「範，法也。爲以法式爲御，故不獲禽；詭，譎也，不依御，故苟得矣。」與趙氏異注，白氏引之，蓋唐

〔註241〕　《孟子校勘記》，頁113。
〔註242〕　《孟子正義》，頁243。

以前舊注，其釋範爲法，亦同於趙，《音義》作范氏，非也。〔註243〕則阮元必以「范氏」爲是，「範我」爲非，論稍纖弱。

（2）「與鑽穴為鑽穴隙」

「不由其道而往者，與鑽穴隙之類也」

趙注：如不由其道，亦與鑽穴隙者無異。

阮元云：閩、監、毛三本同廖本、孔本、韓本。考文古本，「道」上有「正」字；「亦」作「是」；「無」作「何」。〔註244〕

孔廣森《經學厄言》云：「與，音歟，絕句。」王引之《經傳釋詞》云：「與，語助詞也，無意義。」俞樾《群經平議》云：「此句文意未定。」孔廣森《經學厄言》言曰：「與，音歟，絕句。」然於義亦未安。「與」當訓爲「如」，《廣雅·釋言》曰：「與，如也」。不由其道而往者，如鑽穴之類也。「與」訓爲「如」，則文義明矣。

此諸家各有其說，王叔岷先生則以爲「與」字之義，「舊說皆未安」。且云：

> 「與」當讀爲「舉」，「與、舉」古通，《周禮·地官·師氏》：「王舉則從」鄭注：「故書舉爲與」。《史記·呂后本紀》：「蒼大舉直」。（《集解》引徐廣曰：「舉，一作與」。並其證）〈告子篇〉：「凡同類者，舉相似也。」與此句法同。「舉」，皆也；《左·宣十七年傳》「舉言群臣不信」。〈哀六年傳〉：「君舉不信群臣乎？」杜注並云：「舉，皆也也。」本書〈公孫丑篇〉：「天下之民舉安」舉亦「皆」也與亦「皆」也。《墨子·天志篇》：「故天下之君子與謂之祥」。《荀子·正論篇》：「則與無益於人也。」「與」並與「皆」同義。不由其道而往者，皆鑽穴隙之類也。「與」詁爲「皆」，於義似勝。《韓非子·五蠹篇》：「今欲以先王之道，治當世之民，皆守株之類也。」與此句法尤合。〔註245〕

「與、舉」古通。《禮記·禮運》「選賢與能」即「選賢舉能」也；「舉」又爲「皆」也，凡也，全也。《左·哀六年》：「君舉不信群臣乎。」《史記·衛將軍傳》：「舉大將軍門下多去事驃騎。」《後漢書·孔奮傳》：「舉郡莫不改操。」

〔註243〕同上。
〔註244〕《孟子校勘記》，頁114。
〔註245〕王叔岷《慕廬雜著》，頁115～116。

之「舉」皆言「皆」也；是「與、舉、皆」者，義可互通，「與鑽穴隙之類」，乃「皆鑽穴隙之類」，王氏之說確鑿。

（3）「頻蹙為嚬蹙」

「他日歸，則有饋其兄生鵝者，已頻蹙曰」

《音義》「頻」亦作「嚬」

阮元云：《文選》注引《孟》曰：「嚬蹙而言」。正作「嚬」字。

「頻」亦作「嚬」。《易·復卦·六三》「頻復」，《釋文》云：「本又作嚬」。「嚬」，眉也，鄭作「顰」，音同；又〈巽卦·九三〉「頻巽」，李鼎祚《集解》虞翻云：「頻，額也。」王弼注云：「頻，頻蹙。不樂而窮不得已之謂也。」《文選·魯靈光殿賦》云：「憖嚬蹙而含悴」。「憖悴」即不樂，不樂即不悅也。《說文》云：「頻，水涯。」人所瀕附，顰蹙不前而止；又顰涉水顰蹙也，從頻卑聲。《文選·弔魏武帝文》云：「執姬女而嚬瘁。」注云：「孟子曰：嚬蹙而言」。嚬蹙，謂人嚬眉蹙顙，憂貌也。《莊子·至樂篇》「髑髏深矉蹙嚬」。「矉」即「頻」字之假借；「蹙、頻」連文，則「深頻」指頻眉可知。故「頻、嚬、矉」普眉蹙也。

8. 〈離婁章句上〉讎校

（1）「以六律正五音為以六律以正五音」

「既竭耳力焉，繼之以六律正五音」

本句阮元未勘定。

按：「正」字上疑脫「以」字；上文「繼之以規距準繩以為方員平直」，連用二「以」，而「繼之以六律正五音」為求句法一律，必增「以」字，言「以正五音」乃通。

（2）「爾為邇」

「所惡勿施爾也」

本句阮元未校定。

趙注云：「爾，近也。必施行其所惡，使民近則民心可得矣。」〔註246〕王叔岷先生云趙氏蓋讀爾為邇，故訓為近，其說非也。「爾」猶「而已」也，言民之所惡則勿施而已矣。〔註247〕

〔註246〕《十三經注疏·孟子》，頁132。
〔註247〕王叔岷《慕盧雜著》，頁120。

王氏蓋以「所惡勿施爾也」爲一句，故謂「爾」者，「而已」也。

焦循則斷爲「所惡勿施，爾也」。說仍依趙氏，訓「爾」爲「近」，且云：

「爾」與「邇」同，《儀禮・燕禮》「南鄉爾卿」。〈特牲・饋食禮〉「我命爾敦」；爾字皆訓「近」，皆爲「邇」；趙氏佑溫《故錄》云：「讀爾也，自爲句。」〔註248〕

朱注：「民之所惡，則勿施於民」。則此「爾」之訓「近」，語稍勉強，以其文詞相較，當近《禮・雜記》「有君命焉爾也」。《經傳釋詞》云：「焉，猶乃也，爾，如此也；凡後人言不爾、乃爾、果爾、聊復爾耳者，並與此同義。」；又如《公羊傳・僖三十一年》：「不崇朝而遍雨乎天下者，唯太山爾」。云「爾」者，猶「而已」也；又同爲《公羊傳・宣十五年》：「莊公圍宋，軍有七日之糧爾。盡此不勝，將去而歸爾。」此二「爾」，上爲「而已」，下爲「矣」，皆未訓爲「近」也；而《穀梁傳・莊十八年》：「不使戎爾於我也」。此「爾」方爲「邇」方爲「邇」爲「近」也；故盱衡全句，語焦、王二說，王說較近理可知。

9.〈離婁章句下〉讎校

(1)「遷於負夏乃懋遷於負夏」

「舜生於諸馮，遷於負夏」

此句阮元未校定。

《疏》云：「言舜帝始生於諸馮之地，其後遷居於負夏之地。」〔註249〕

洪頤煊云：「遷」讀如「懋遷有無」之遷；《史記・舜本紀》：「就時於負夏」。《索隱》：「就時猶逐時，若言乘時，射利也。」此所謂遷徙物貨於負夏之地以相貿易。《正義》以爲遷居，失之。〔註250〕

焦循亦云：《史記・五帝本紀》云：「舜，冀州之人也。舜耕歷山，漁雷澤，作什器於壽邱，就時於負夏。」《集解》引鄭康成云：「負夏，衛地」。《索隱》云：「就時猶逐時，若言乘時，射利也。」《尚書大傳》云：「販於頓邱，就負夏。」孟子曰：「遷於負夏」是也。翟氏灝《考異》云：司馬遷、伏生之意，似讀孟子「遷」字，如〈益稷篇〉「懋遷之遷」。〔註251〕

按：言「遷徙物貨於負夏之地以相貿易」，即《書大傳》「販於頓邱，就

〔註248〕焦循《孟子正義》，頁296。
〔註249〕《十三經・孟子》，頁141。
〔註250〕洪頤煊《讀書叢錄》，頁262。
〔註251〕焦循《孟子正義》，頁317。

時負夏」之意，故「戀遷」者，較「遷居」為宜。

（2）「而救之為而往救之」

「今有同室之人鬥者，救之。雖被髮纓冠而救之，可也」

阮元云：考文古本「而」下有「往」字。〔註252〕

俞樾《群經平議・孟子・離婁》云：阮云《校勘記》曰：「考文古本而下有往字。」愚案：往字宜補，「救之」二字衍文也。上有「救之」字，此不必更言「救之」矣。本作「今有同室之人鬥者，救之，雖被法纓冠而往，可也。」涉下文「被髮纓冠而往救之」句，誤衍「救之」二字，考文古本是也；校者不刪「救之」二字，而誤刪往字，今各本是也。

此文本作「今有同室之人入鬥者，雖被髮纓冠而往救之，可也。」

與下文「鄉鄰有鬥者，被髮纓冠而往救之，則惑也。」對言，句法亦一律。今本上「救之」二字，即涉下文而衍。俞氏從考文古本補「注」字，是也；惟以下「救之」二字為衍文，則待勘酌。

（3）「微乃徽識」

「曾子，師也，父兄也；子思，臣也，微也」

此句阮元未校定。

趙注云：孟子以為二人同道，曾子為武城人作師，則其父兄故去留無毀：子思微小，又為臣，委質為臣當死難，故不去也。〔註253〕

洪頤煊云：「微，職也。」《左傳》杜預注作「徽識也」，皆同聲假借字。〔註254〕

《左傳・昭二十年》：「揚徽者，公徒也。」注：「徽，識也。」疏：「徽識制如旌旗，書其所任之官與姓名於上，被之於背，以備其死知是誰之尸也。」今則通用為標識也。故子思者，臣也，乃其標識也；故赴君難，以其臣義當不去也，就字訓言，云「少」較合誼，此洪氏所謂「微、徽」同聲假借字也。

（4）「瞷與矙」

「王使人瞷夫子，果有以異於人乎」

阮元云：《音義》出「矙」，本作「瞷」，蓋此正與〈滕文公篇〉「陽貨矙

〔註252〕《孟子校勘記》，頁 158。
〔註253〕《十三經・孟子》，頁 155。
〔註254〕洪頤煊《讀書叢錄》，頁 262。

－425－

孔同，字音「勘」，訛爲「瞷」，而以「古莧」切之，非也。

　　焦循引王念孫《廣雅疏證》云：「瞷之音間也」。「間，視也」。《方言》云：瞷，晛也，吳揚江淮之間曰瞷。《孟子·離婁篇》「王使人瞷夫子」。注云：「瞷，視也」。……按趙氏以「視」釋「瞷」，自非「瞷」字。〔註255〕

　　「瞷」，渴濫切，音瞰，勘韻，視也。《孟子·滕文公》：「陽貨瞷孔子之亡也，而饋孔子蒸豚。」注：「瞷，視也」，謂覘視也，則「瞷」者，爲躲藏貌；而「瞷」，記晏切，音諫，諫韻，視也。亦覘視貌，然「瞷」同「晛」，乃斜視也；《史記·鄒陽傳》：「人無不按劍相晛者」，《列子·黃帝》：「一晛而已」，皆此意。此蓋「瞷」、「瞷」之異耳。

10.〈萬章章句上〉讎校

（1）「堯典及為舜典逸書」

「帝使其子九男二女，百官牛羊倉廩備，以事舜於畎畝之中」

　　趙注云：「帝，堯也。堯使九子事舜以爲師，以二女妻舜，百官致牛羊倉廩，致粟米之饌，備具饋食，以奉事舜於畎畝之中，由是遂賜舜以倉廩牛羊，使得自有之。〈堯典〉曰：釐降二女，不見九男。孟子時《尙書》凡百二十篇，逸書有〈堯典〉之敘，亡失其文，孟子諸所言舜事，皆〈堯典〉及逸書所載，獨丹朱以胤嗣之子臣下以距堯求禪，其餘八庶無事，故不見於〈堯典〉，猶晉獻公子之九人，五人以事見於《春秋》，其餘四字亦不復見。」〔註256〕

　　趙注：「皆〈堯典〉及逸書所載」句

　　阮元云：段玉裁《尙書撰異》曰：「此堯典字，乃舜典之誤，及字衍，傳寫之失也。」此章及「不告而娶」章，及「原原而來」數語，及祇載見瞽瞍數語，皆當是〈堯典〉中語；蓋舜登庸以後事，全見於〈堯典〉之敘，亡失其文。則此正當作孟子所言：「諸舜事皆〈堯典〉逸書所載，謂亡失文中語也。」舜既訛堯，後人乃又妄沾「及」字。〔註257〕

焦循引毛奇齡《舜典補亡》云：

> 《尚書》有堯舜二典，出伏生壁中，謂之今文。漢司馬談作本紀
> 時，采其文，依次抄入記中，相傳亡〈堯典〉一篇，不知何時而
> 亡，細檢其辭，則〈堯典〉尚存半篇在〈堯典〉後，徒以編今文

〔註255〕焦循《孟子正義》，頁350。
〔註256〕《十三經·孟子》，頁160。
〔註257〕《孟子校勘記》，頁166。

者脫去書序，誤以〈堯典〉連篇，謂但有〈堯典〉而無〈堯典〉，而其在古文，則亡〈堯典〉前截，未嘗全亡，而不曉〈舜典〉後截在〈堯典〉中，以致蕭齊建武間，吳人姚方興得〈堯典〉二十八字於大桁頭，妄攙之「釐降二女」之後，始是〈堯典〉春秋戰國間，諸書引經，凡稱〈堯典〉者，衹在「慎徽五典」以後，「放勳殂落」以前；《史記‧五帝本紀》則正載二典之全者，雖引撦皆不用原文，然蹤跡可見，是自「曰若稽古帝堯」起，至「放勳乃殂落」止，是堯紀，即是〈堯典〉；自「月正元日」起，至「舜生三十徵庸」止，是舜紀，即是〈舜典〉。而雖其辭與本經不同，然大概可睹也。

此毛氏於堯、舜典之始末，闡釋甚明。故焦循乃云：毛氏此說，則《史記》言「九男」即刺取〈舜典〉之文，正可申明趙氏注義。惠棟《古文尚書考》云：「孟子趙岐注云云，則可證其未嘗見古文〈舜典〉矣。」蓋古文〈舜典〉別自有一篇，與今文之《尚書》析〈堯典〉而二者不同，故孟子引二十有八載「放勳乃殂落」爲〈堯典〉不爲〈舜典〉，《史記》載「慎徽五典」至「天下咸服」於堯本紀，不於舜本紀，孟子時典謨完具，篇次未亂，固的然可信，馬遷亦親從安國問古文，其言亦未爲謬也。余嘗意舜往于田祇載見瞽瞍，與「不及貢以政接於有庳」等語，安知非〈舜典〉之文，又「父母使舜完廩」一段，文辭古拙，不類孟子本文，《史記‧舜本紀》亦載其事，其爲〈舜典〉之文無疑。〔註258〕

　　此焦氏之言，可補阮語之未足，亦知趙注所謂〈堯典〉者，乃〈舜典〉之語也。

　　（2）「二十在位」

「大孝終身慕父母，五十而慕者，予於大舜見之」

　　趙注：……《書》曰：「舜生二十徵庸，三十在位，在位時尚慕，故言五十。」廖本、孔本、韓本、足利本同閩、毛三本，三作五；考文古本作二。阮元引段玉裁云：作「五」者非也，作「三」者亦未是，作二者是也。《古文尚書》「舜生三十登庸，三十在位，五十載。」馬融、王肅、姚方興本之，爲舜年百十二歲之說；《今文尚書》「舜生三十徵庸，二十在位，五十載。」《大戴禮‧五帝德》、《史記‧五帝本紀》、皇甫氏《帝王本紀》皆本之，爲舜百歲

〔註258〕焦循《孟子正義》，頁361。

之說；王充、趙岐皆從今文者也，《論衡・氣壽篇》曰：「舜生三十徵用，二十在位，五十載陟方乃死，適百歲矣。」趙注此章「五十而慕」云：《書》曰：「舜生三十徵庸，二十在位。在位時尚慕，故言五十也，合三十、二十，正是五十」。乃爲五十而慕之證。今本作「二十在位」，作「二十在位」，使下文「適百歲」之語不可接，皆由不知今文、古文之異也。〔註259〕

古文言舜生百十二歲，今文言舜百歲，今古文之異，由此可知。以古文言，則舜「三十在位」；以今文言，則舜「二十在位」。而《正義》引鄭玄語，謂鄭元讀此經云：「舜生三十，謂生三十年也；登庸二十，謂歷試二十年，在位五十載，陟乃以死，謂攝位至死，爲五十年，舜年百歲也。」此正鄭說「三當爲二」，以今正古，故《正義》冠之以「鄭元讀此經云」六字，不直曰鄭某，云鄭云而已，未嘗有鄭元讀此經之例，讀此經者，明此經本不如是也。是依鄭說，探今文之見，則舜「二十在位」之言較妥。

（3）「否不然爲不也」

「萬章問曰：人有言至於禹而德衰，不傳於賢而傳於子有諸？孟子曰：否，不然也」

此經下岳本、廖本、孔本、韓本、考文古本、足利本並有注「否，不也，不如人所言。」八字，注疏本並無之。

阮元云：有者是也。但因此可正今本經文之誤。經文本作「孟子曰：否，然也。」三字一句，無「不」字，故注云：「否，不也，不如人所言」〈癩疽章〉注曰：「否，不也，不如是也。」〈割烹章〉注亦同；而今本奪三字，孟子之「否然」，即今人之「不然」也。他「否」字皆不注，獨此注者，恐人之誤斷其句，於「否」字句絕，則「然」也不可通矣。不得其意，而或增經或刪注，今乃了然。〔註260〕按：「否不然」之「不」爲衍文，即「否然」也，亦「不然」之意；如「否」下作一斷句，云「否，然也」是爲不可通，故經注本增「否，不也，不如人所言」八字，即正今本經文之誤，此即阮元所謂「不得其意」，是以增經或刪注也。

（4）「浚井出爲浚井土」

「父母使舜完廩，捐階，瞽瞍焚廩，使浚井出，從而揜之」

〔註259〕 《孟子校勘記》，頁166。
〔註260〕 《孟子校勘記》，頁174。

趙注：完，治也；廩，倉；階，梯也。使舜登廩屋而捐去其階，焚其廩也。一說捐階，舜即旋從階下，瞽瞍不知其已下，故焚廩也，使舜浚井，舜入而即出，瞽瞍不知其已出，從而蓋〈揜〉其井，以為死矣。〔註261〕

「從而蓋揜其井」

阮元云：閩、監、毛三本同宋本、孔本、韓本、考文古本，無「揜」字。〔註262〕

俞樾云：竊謂「出」者，非舜出也，乃出井中之土地。蓋舜入井後，井中之土，必瞽瞍與象縋而出之，瞍與象即以所出之土揜於井，於曰「從而揜之」也。

王叔岷先生云：趙注固迂曲；俞說亦嫌牽強。竊疑「出」乃「土」之誤，「使浚井土」為句，文意粲然明白。「出」，隸書或省作「土」，與土形近，故「出、土」往往相溷。〔註263〕

按：王說是也。「使浚井出」未若「使浚井土」之合上下文。蓋隸書所謂「出」或省作「土」也；《管子・形勢解》：「後必相咄」。《意林》引「咄」作「吐」，即此也。

（5）「謨蓋為謀害」

「象曰：謨蓋都君咸我績」

此句阮元未校定。

趙注：謨，謀也；蓋，覆也。……象言謀覆於君而殺之者，皆我之功。〔註264〕

洪頤煊云：《爾雅・釋言》「蓋，割裂也。」《釋文》：「蓋，舍人本作害。」《禮記・緇衣》鄭注：「割之言蓋也。」割字從「害」，「謨蓋」猶言「謀害」也，趙注失之。〔註265〕

《書・呂刑》：「鰥寡無蓋。」《爾雅・釋言》：「蓋，割裂也。」郝懿行《義疏》引阮元云：「言堯時鰥寡無害也。」〔註266〕則「謨蓋都君」即「謀害都君」

〔註261〕《十三經注疏・孟子》，頁161。
〔註262〕《孟子校勘記》，頁166。
〔註263〕王叔岷《慕廬雜著》，頁122。
〔註264〕《十三經・孟子注疏》，頁162。
〔註265〕洪頤煊《讀書叢錄》，頁263。
〔註266〕郝懿行《爾雅義疏》，頁416。

也，洪氏之言爲是。

（6）「癰疽爲睢」

「或謂：孔子於衛主癰疽，於齊主侍人瘠環，有諸乎」

本句阮元未勘定。

趙注：有人以孔子孫，然癰疽，癰疽之醫者也；瘠姓環名侍人也，衛君、君之所近狎人也。〔註267〕

「癰疽」，衛靈公狎近之人。《說苑・至公篇》作「雍鉏」；《戰國策・趙策》作「雍疽」；司馬遷〈報任少卿書〉、《史記・孔子世家》、《孔子家語》並作「雍渠」，皆同。

11.〈萬章章句下〉讎校

（1）「接淅而行乃竟淅而行」

「孔子之去齊，接淅而行」

本句阮元未勘定。

趙注：「淅，漬米也。」〔註268〕

孫疏：「言孔子之去齊急速，但漬米不及炊而行，以其避惡，故如是也。」洪頤煊云：《說文》「竟，浚乾漬米也。從水，竟聲。」《孟子》曰：「夫子去齊，竟淅而形。」《荀子・仲尼篇》：「可炊而竟也。」「竟」即「憿」，「憿，接」因字形相近而訛。〔註269〕

焦循云：淅，漬米也。……自其方漚未淘言之曰「漬米」，及淘予而起之曰「竟」。〈萬章篇〉今「竟」作「接」，當是字之誤。〔註270〕

王念孫《廣雅疏證》云：《說文》引《孟子》「竟淅」，今本「竟」作「接」，所見異本也。「竟」之言「竟」，謂漉乾之也，今俗語猶謂漉乾漬米爲「竟乾矣」。

《西溪叢語》引李吉甫〈南銘〉云：「孟子去齊而竟淅，唐本作竟字。」按：「竟」同「竟」，浚乾漬米也；淅，爲漬米。孔子去齊雖速，仍浚乾漬米而行，則言「接淅」者，當「竟淅」之誤。

（2）「先簿乃先薄」

「孔子先簿正祭器，不以四方之食供簿正」

〔註267〕《十三經・孟子注疏》，頁171。
〔註268〕同上，頁176。
〔註269〕洪頤煊《讀書叢錄》，頁264。
〔註270〕焦循《孟子正義》，頁397。

趙岐引《孟子》謂：孔子仕於衰世，不可卒暴改戾，故以漸正之先爲簿書，以正其宗廟祭祀之器。〔註271〕

阮元云：《音義》云「簿」本多「薄」，誤。

洪頤煊云：《隸釋》〈夏承碑〉爲「主薄都郵」。〈韓勑敕碑〉「陰主薄」，〈魯薛陶武榮碑〉「郡曹史主薄」，古「簿」字皆作「薄」。〔註272〕焦循謂錢氏大昕《養新錄》云：經典無簿字，惟《孟子》有「先簿正祭器」一語。孫奭《音義》云：「本或作薄」。劉熙《釋名・釋書契》云：「笏，忽也。君有教命及所啓白，則書其上，備忽忘也，或曰簿，言可以簿疏物也。」畢氏沅《釋名疏證》云：「簿，俗字也」。〔註273〕

此若洪氏言，古「簿」字接作「薄」，然揆諸史書並從竹，如「籍、藉」之類，亦互相借。故用笏，漢魏以來謂之「簿」，即手板也，書之於簿謂之「簿」，故先爲簿而書之，以正其宗廟祭祀之器，是「先簿」、「先薄」乃互通也。

12. 〈告子章句上〉讎校

(1)「生之謂性即性之謂性」

「告子曰：生之謂性」

此句阮元未勘定。

洪頤煊云：《禮記・樂記》「則性命不同矣。」鄭注：「性之言生也」《論語・公冶長》：「夫子之言性與天道」，何晏注：「性者，人所受以生者也。」皇侃疏：「性，生也。」《白虎通・情性篇》：「性者，生也」《莊子・庚桑楚》：「性者，生之質也。」《荀子・正名篇》：「生之所以然者，謂之性。」漢儒言性皆同此說。

俞樾云：「性」與「生」古字通用，《荀子・禮論篇》：「天地者，生之本也。」《大戴禮・禮三本篇》：「生作性。」《戰國策・秦策》「生命壽長。」《史記・范雎傳》：「生作性。」並其證也。「生之謂性」猶「性之謂性」，故孟子以「白之謂白」破之，上字作「生」，下字作「性」；猶〈公孫丑篇〉「有仕於此」作仕，夫士也作士，彼「士、仕」同字，此「生、性」亦同字。〔註274〕

《說文・心部》云：「性，人之陽氣，性善者也；從心生聲。性從生，故生之生也」。是「生、性」同字。告子此說，即所謂無善無不善者，其意若曰

〔註271〕《十三經・孟子注疏》，頁183。
〔註272〕洪頤煊《讀書叢錄》，頁265。
〔註273〕焦循《孟子正義》，頁415。
〔註274〕俞樾《春在堂全書》經三十三，頁6。

「所謂性者，止是性而已矣。」論者但當就性言性，性其善其不善，皆非性中所有，不必論也，此是告子論性之本旨，因之，「生之謂性」與「性之謂性」意本相同，未必區分也。

（2）「亦有外與為亦在外與」

「然則耆炙亦有外與」

《音義》本亦作「嗜」。

阮元云：「嗜」正字，「耆」假借字。〔註275〕

趙注：如耆炙之意，豈在外邪？

「有外」，當作「在外」，注文可證。焦循亦云：「耆炙同，情亦出中，嗜同則情出於中，豈長同而情在於外乎！」〔註276〕且「此在外」與下章「然則飲食亦在外也？」句法同。是今本作「有」，「有、在」形近，又涉上文「有然」字而誤也。

（3）「乃若其情猶乃若其性」

「乃若有情，則可以為善」

此句阮元未勘定。

趙注：若，順也。性與情相為表裏，性善勝情，情則從之。《孝經》云：「此哀戚之情，情從性也。」能順此情使之善者，真所謂善也。〔註277〕

俞樾云：性、情二字，在後人言之，則區以別矣。而在古人言之，則情即性也。《呂氏春秋‧上德篇》「此之謂順情。」《淮南子‧本經篇》「人愛其情。」高誘注並曰：「情，性也。」下章孟子言〈牛山之木〉則曰：「此豈山之性也哉！」其言人則曰：「是豈人之情也哉！」然則「性、情」一也。〔註278〕

程瑤田《通藝錄‧論學小記》云：孟子以情驗性，總就「下愚不移」者，指出其情以曉人；如言「惻隱、羞惡、辭讓、是非」之情，為仁、義、禮、智之端，謂人皆有之者，下愚不移者亦有也；故乍見孺子入井，皆有怵惕惻隱之心，正謂下愚不移者皆如是也。故曰「乃若其情，則可以為善。」乃若者，轉語也，即從下文「若夫」字生根；其情者，下愚不移之情，即下文「為不善者之情」也；曰「可以為善者」，可不可未可知也；性善之意，至孟子言

〔註275〕《孟子校勘記》，頁198。
〔註276〕焦循《孟子正義》，頁438。
〔註277〕《十三經‧孟子注疏》，頁195。
〔註278〕俞樾《春在堂全書》經三十三，頁7。

之，乃眞透根之論。

　　性從心，生聲；情從心，青聲，而青亦從生聲，故從生從青之字，於義得通。《荀子·正名篇》謂：「生之所以然者，謂之性；性之好惡，喜、怒、哀、樂謂之情。」此蓋古義如此。孟子之於荀子不能有異，特自孟子言之，性善而情亦善；荀子言之，性惡而情亦惡，此則其說之異也。《荀子·性惡篇》引舜之言曰：「人情甚不美，妻子具孝衰於親；嗜欲得而信衰於有；爵祿盈而忠衰於君，人之情乎！人之情乎！」楊倞注曰：「引此亦以明生之惡。」可見古人言性必言情；孟、荀雖異，要未嘗區性與情而二之也。

　　（4）「民之秉彝即民之秉夷」

　　「民之秉彝，好是懿德」

　　阮元云：閩本同石經，「彝」作「夷」；監本、毛本、孔本、韓本、考文古本、足利本同石經。〔註279〕

　　「彝」，音夷，支韻。《詩·大雅·烝民》：「民之秉彝。」傳：「彝，常也。」常謂常道，《書·酒誥》：「聰聽祖考之彝訓。」傳：「言子孫皆聰聽父祖之常教。」又韓愈〈送區弘詩〉：

　　「爰有區子熒熒輝，觀以彝訓或從違。」則「彝訓」亦常訓也。而「夷」者，音姨，支韻，常也；是「彝，夷」聲韻皆同，「秉彝」即「秉夷」也。

　　（5）「有放心而不知求猶有放心則不知求」

　　「人有雞犬放則知求之，有放心而不知求」

　　趙注：人知求雞犬，莫知求此心者，惑也。〔註280〕

　　阮元云：閩、監、毛三本同岳本、孔本、韓本、考文古本，「犬」作「狗」。〔註281〕

　　俞樾云：「而」猶「則」也。人有雞犬放則知求之，有放心則不知求，猶下章云：「指不若人則知惡之；心不若人則不知惡也。」「而」與「則」義同。故古書每以「而、則」互用，《墨子·明鬼篇》「非父則母，非兄而姒。」《史記·樂存傳》「與楚則漢破，與漢而楚破。」並其證也。〔註282〕

　　按：此文上句用「則」字，下句用「而」字，亦猶是矣。

〔註279〕《孟子校勘記》，頁198。
〔註280〕《十三經·孟子注疏》，頁202。
〔註281〕《孟子校勘記》，頁206。
〔註282〕俞樾《春在堂全書》經三十三，頁7。

（6）「樲棘為酸棗」

「舍其梧檟，養其樲棘」

阮元云：「樲棘」，古書皆作「樲棗」。《爾雅》遵羊棗注引孟子「養其樲棘。」古本《爾雅》皆同。……唐宋人本艸注音皆作「樲棗」。毛傳曰：「棘者，棗也。」統言之也，故羊棗雖小而得稱棗。〔註283〕

趙注：樲棘，小棘，所謂酸棗也。

阮元云：此是樲棗、小棗之誤，不可不正；小棘之語，尤為不通。焦循引《說文解字注》云：〈釋本〉曰：「樲，酸棗。」……孟子本作酸棗，宋刻《爾雅》及《玉篇·廣本草》，又《本草圖經》皆可證。今本改作「樲棘」非是。「樲」之言副貳也。為棗之副貳也，故曰「樲棗」。……錢氏大昕《養新錄》云：《爾雅》「樲酸棗」，不聞樲棗為小棗，梧檟二物，則樲棗必非一物，棘即「荊棘」之棘也。〔註284〕

《本草經》曰：「酸棗味酸，平，主心腹寒熱邪結氣聚，四肢酸疼，溫痹煩心不得眠，諸家皆云似棗而味酸。」由此亦知「樲棗」者，乃酸棗，究非「樲棘」，「棗」之與「棘」，蓋偏旁之誤也。

13.〈告子章句下〉讎校

（1）「一匹雛為一小雛」

「有人於此，力不能勝一匹雛，則為無力人矣」

《音義》「匹」亦作「疋」，注云：疋雛，小雛也；匹不訓小，而詁訓及諸書「疋」訓「耦」，訓小無文。

阮元云：《方言》「少」，小也；音節蓋與「疋」字相似，後人傳寫誤耳。〔註285〕

焦循引王念孫《廣雅疏證》云：《說文》：「疋，少也。」物多則大，少則小，故《方言》云：「少，小也。」《廣韻》：「嶬，少小也。」《孟子·告子篇》「力不能勝一匹雛。」趙岐注云：「言我力不能勝一小雛。」孫奭《音義》謂「小」與「疋」字相似，後人傳寫誤耳。

按：孫說是也。「小」與「疋」，本字之誤；「疋」又作「匹」，以「小」為「匹」，蓋誤「疋」、「匹」同也，此傳寫之誤，阮元引《方言》之說為是。

〔註283〕《孟子校勘記》，頁207。
〔註284〕焦循《孟子正義》，頁466。
〔註285〕《孟子校勘記》，頁215。

（2）「不可磯與不可激」

「親之過大而不怨，是愈疏也；親之過小而怨，是不可磯也」

阮元云：段玉裁曰注中訓「磯，激也。」但於雙聲求之，磯與杚、概字古音同謂「摩」也。故《毛詩音義》曰：「磯，居依反。」又「古愛反」。古借字耳。近人「石激水」解之，殊誤。《說文》固無磯字。

《說文‧木部》云：「概所以杚斗斛也。」杚，平也。易月幾望，荀爽作「月既望」；《周禮‧犬人‧幾珥》注云：「幾讀爲刉。」從既從气。與從幾原可通。《廣雅‧釋詁》云：「杚，摩也。」摩之即所所以平之，然則不可磯，即不可摩，亦即不可平，此與不可激義不近，故阮元辯之耳。

（3）「不稅冕爲不脫冕」

「燔肉不至，不稅冕而行」

阮元云：閩、監、監毛三本同廖本、孔本、韓本、考文古本，「稅」卜有「解祭之」三字。〔註286〕

《正義》云：未及脫祭祀之冕而適他國。

《說苑》「稅」作「脫」，「稅、稅」古通。又「燔」亦作「膰」，「燔」爲借字；「膰」爲俗字。

14.〈盡心章句上〉讎校

（1）「莫非命猶莫非天命」

「莫非命也，順受其正」

本句阮元未勘定。

朱熹注：「人物之生，吉凶禍福，皆天所命。」而《論衡‧刺孟篇》引「命」上有「天」字。故此「莫非命也」，當即「莫非天命也」。且而「順受其正」之「其」猶「爲」也。

（2）「盎於背即顯於背」

「仁義禮智，根於心；其生色也，睟然見於面，盎於背」

此句阮元未勘定。

趙注：四者根於心，色見於面，睟然潤澤之貌也；盎視其背而可知其背盎盎然，盛流於四體。〔註287〕

〔註286〕《孟子校勘記》，頁 217。
〔註287〕《十三經‧孟子注疏》，頁 233。

洪頤煊云：鈕氏樹玉《說文新附》攷「盎」與「㿻」對，是盎義近「映」；……《詩‧北山》「或王事鞅掌。」鄭注：「鞅，猶何也。」盎於背，猶言「如負何於背也。」〔註288〕

焦循云：《音義》云：「盎，烏曩切，又烏浪切。」陸云：「盎於背，如負之於背。」按《爾雅‧釋器》云：「盎，謂之缶。」《說文‧皿部》：「盎，盆也。」此陸氏所以言「如負之於背。」然如盆缶之器，負之於背，何以見仁義禮智之盛？……劉熙《釋名‧釋飲食》云：「盎齊：盎，滃也；滃，滃然濁色也。」《說文‧水部》云：「泱，滃也。」《襄公二十九年‧左傳》：吳季札來聘爲之歌齊曰：「美哉！泱泱，宏大之聲。」《史記‧吳世家》載此。裴駰《集解》引服虔云：「泱泱，舒緩深遠，有大和之意。」索隱云：「泱泱，猶汪汪洋洋，美盛貌也。」《呂氏春秋‧古樂篇》云：「其音英。」高誘注云：「英，和盛貌。」《詩‧小雅‧白華篇》：「英英白雲。」《釋文》云：「韓詩作泱泱。」「盎」通於「泱」，即通於「英」；《爾雅‧釋草》云：「榮而不實者謂之英。」《呂氏春秋‧務大篇》云：「其名無不榮者。」高誘注云：「榮，顯也。」然則「盎於背」，即「英於背」；「英於背」，即「榮於背」；「榮於背」，即「顯於背」。〔註289〕

趙氏言「盎盎然盛」，正顯於背；陸氏不明聲音假借之事，而以爲「如負」，皆有失誤，若洪頤煊引陸氏之言，而未詳加勘察，殆亦失矣。

（3）「易其田疇猶休其田疇」

「易其田疇，薄其稅斂，民可使富也」

趙注：易，治也；疇，一升也。

阮元云：《文選‧登樓賦》注及唐釋玄應《眾經音義》卷一引賈逵說「一井爲疇」，邠鄉所本也；《文選‧送應民詩》注引「二井爲疇」，「二」乃譌字。〔註290〕

俞樾云：「易」者，所以休地方也。《周官‧大司徒》：「職不易之地，家百畝；一易之地，家二百畝；再易之地，家三百畝。」鄭司農云，不易之地，歲種之地厚，故家百畝，一易之地，休一歲，乃復種地薄，故家二百畝；再易之地，休二歲乃復種，故家三百畝；是地有一易再易之分，「易其田疇」謂此也。不易之地，惟都鄙有之，若遂人所掌郊甸之制，土地亦有五十畝，則

〔註288〕洪頤煊《讀書叢錄》，頁266。
〔註289〕焦循《孟子正義》，頁536。
〔註290〕《孟子校勘記》，頁244。

亦非不易矣。蓋休而不耕，故地力有餘，有黍多稌，實由於此乃先王制民之產之精意。若如趙氏訓「易」爲「治」，則是憂百畝之不易者農夫也，非聖人治天下之道矣。〔註291〕

疇者，《正義》謂《說文》云：「爲耕治之田也。」不知一井何據？〔註292〕如以《周官》爲證，則「不易之地，家百畝。」當「一井」爲據，則俞氏爲「易者，所以休地方也。」乃較趙注「易者，治也。」切合理義。

（4）「放踵與致踵」

「墨子摩頂放踵，利天下爲之」

阮元云：《文選》注引作「作於踵」，引注「致，至」也。〔註293〕

焦循云：《文選・江淹上建平王書》注引《孟子》「墨子兼愛，摩頂致於踵，利天下爲之。」劉熙曰：「致，至也。」又任昉〈奏彈〉，曹景宗注引《孟子》「摩頂致於踵。」趙岐曰：「致，至也。」……據此，則趙、劉所有之本，注並同矣。《困學紀聞・文選注》引趙岐作「致於踵。」今本作「放踵」，注無「致至也」三字，孫宣公《音義》「放踵」下，據丁氏云：「方往切，至也。」是唐宋本已皆作「放」。……可見趙氏注本，唐世已有其二，非至宋始作「放踵」也。〔註294〕

按：翟灝《孟子攷異》云：《風俗通・十反篇》「墨翟摩頂以放踵，楊朱拔一毛而不爲。」「放」字與今孟子同，江淹、任昉兩注所引「致於踵」者，疑當時劉注本獨如是。〔註295〕是知阮元所據《文選》「摩頂致踵」，唐宋以後爲「摩頂放踵」矣。

（5）「孳孳爲善猶孳孳爲義」

「雞鳴而起，孳孳爲善者，舜之徒也；雞鳴而起，孳孳爲利者，蹠之徒也。」此句阮元未勘定。

正義云：好善從舜，好利從蹠，明明求之，常若不足，君子小人，各一趣也。〔註296〕

〔註291〕俞樾《春在堂全書》經三十三，頁819。
〔註292〕《十三經・孟子注疏》，頁238。
〔註293〕《孟子校勘記》，頁245。
〔註294〕焦循《孟子正義》，頁540。
〔註295〕同上。
〔註296〕《十三經・孟子注疏》，頁239。

　　王叔岷先生謂《藝文類聚》十一引兩「雞」字下並有初字。且云：「善、利」對言，猶「義、利」對言。《禮記・緇衣篇》：「章善癉惡。」《釋文》本「善」作「義」，《韓非子・姦劫弒君篇》：「廢正適而立不義。」《韓詩外傳》四「義」，作「善」，並「善」與「義」同義之證。〔註297〕

　　按：為善為利，阮元、焦循皆未以為非，然就句法言，「義、利」對言，較「善、利」對言尤有過有之，王說為是。

（6）

〈子莫執中，執中為近之〉

　　此句阮元未勘定。

　　趙注：「子莫」，魯之賢人也；其性中和專一者也。〔註298〕

　　焦循云：「子莫執中」一家之說。《音義》云：陸云「言子等無執中。」此異於趙氏，非也。孔子稱堯咨舜執中，孟子稱湯執中；此句下云：「執中為近之。」何遽戒人莫執中也，陸氏穿鑿，不足以易趙也。〔註299〕

　　俞樾云：「子莫」無考。趙氏以為魯人，未知何據，竊疑即「子車」也。《漢書・藝文志・道家》有〈公子車〉四篇，注曰：「魏之公子也。」先莊子，莊子稱之；《呂氏春秋・審為篇》中山公子車謂詹子曰：「身在江海之上，心居魏闕之下。」高誘注曰：「子車，魏公子也。」「車」與「莫」雙聲；《方言》曰：「侔，莫強也。北燕之外郊，凡勞而相勉者謂之侔莫。」是「侔」與「莫」聲近義通，「子車」亦為「子莫」矣，但非魯人，與趙注不合。〔註300〕

　　焦氏謂「子莫未詳」，則已疑趙岐「子莫，魯之賢人也。」陸氏以「子等無執中」上下文義未合，焦氏駁之以穿鑿；則「子莫」魯人者甚可議；俞氏以「莫」、「車」聲義相通，謂「子莫」為「子車」，當可正趙氏之失。

15.〈盡心章句下〉讎校

（1）「丘民猶眾民」

「民為貴，社稷次之，君為輕。是故得乎丘民而為天子」

　　此句阮元未勘定。

　　趙注：君輕於社稷，社稷輕於民；邱，十六井也，天下邱民，皆樂其政

〔註297〕王叔岷《慕廬雜著》，頁131。
〔註298〕《十三經・孟子注疏》，頁239。
〔註299〕焦循《孟子正義》，頁541。
〔註300〕俞樾《春在堂全書》說十六，頁6。

則爲天子，殷湯周文是也。〔註301〕

　　焦循引王念孫《廣雅疏證》云：「邱，眾也。」……《莊子・則陽篇》云：「邱里者，合十姓百名以爲風俗也。」《釋名》云：「四邑爲邱。邱，聚也。」皆「聚」之義也。〔註302〕

　　俞樾云：《廣雅・釋詁》曰：「區，小也。」邱與區古同聲而通用。「邱民」猶「小民」，必以「十六井」釋之，非是。〔註303〕

　　又云：言民而但舉十六井之民，殊爲無義，趙注非也。丘者，空也；《昭十二年・左傳》「八索九丘」，張平子說云：「九丘，周禮之九刑。丘，空也，空設之也。」是古以「空」爲「丘」。《漢書・元王傳》「之丘叟」。孟康注：「之丘婿，其義並爲空。」丘民之丘與丘嫂、丘婿同其義，亦爲空。……《莊子・天道篇》：「元聖素王之道。」注曰：「有其道爲天下所歸而無其爵者，所謂素王。」素亦空也，《廣雅・釋詁》丘與素並訓空，王而無爵謂之素王；民而無爵謂之丘民矣。……愚前者《群經平議》讀丘爲「區」，而訓爲「小」，今又爲此說，未知孰是。〔註304〕

　　按：丘，即邱也。俞氏訓「丘」爲「區」爲「空」。《廣雅・釋詁》謂「丘」爲「空」，《釋名・釋典藝》謂「丘」爲「區」；此俞氏所取義者也。然以之解「丘民」，謂「空名」、「區名」者，義頗勉強，此即俞是所謂「未知孰是」者也。焦氏則取《釋名・釋州國》條，謂「丘」爲「聚」，「聚」乃「眾」，則「丘民」爲「聚民」、「眾民」也。就「得乎丘民爲天子」觀之，焦氏之意，自較俞氏允妥；若趙氏之謂「丘，十六井也」之說，則未入文。

（2）「戹於陳蔡即厄於陳蔡」

「君子之戹於陳蔡之間」

　　阮元云：《音義》出「戹」於云或作「厄」，同。〔註305〕

　　《說文・食部》云「餀，飢也。從食戹聲。」厄於陳蔡之間，謂絕糧，厄當食，藜羹不糂，弟子皆有飢色；故「厄」、「戹」，皆同食部之「餀」，言其飢也。

〔註301〕《十三經・孟子注疏》，頁251。

〔註302〕焦循《孟子正義》，頁573。

〔註303〕俞樾《春在堂全書》經三十三，頁9。

〔註304〕俞樾《春在堂全書》說十六，頁6。

〔註305〕《孟子校勘記》，頁256。

（3）「子之設科乃予之設科」

「夫子之設科也，往者不追，來者不拒」

　　闕、監、毛三本同宋本、岳本、廖本、孔本、韓本，「子」作「予」。

　　阮元云：注云：「夫我設教授之科。」僞疏亦云：「夫我之設科以教人，則作予是也。」「予、子」蓋字形相涉而訛。〔註306〕

　　「予、子」蓋字形相涉而訛。趙注謂孟子之言乃：「夫我設教授之科，教人以道德也，其去者亦不追，其來者亦不拒。」〔註307〕則趙岐亦云「我」，「我」者，「予」也，非「子」之謂。故漢人經文當不作「夫子」，云「夫子」者，乃後人所改，此亦阮元亟欲辨明者也。

（4）「穿窬猶穿踰」

「人能無充穿窬之心」

　　阮元云：闕、監、毛三本同宋九經本、岳本、咸淳衢州本、廖本、孔本、韓本，「窬」作「踰」。〔註308〕

　　焦循云：《說文‧穴部》「窬，穿木戶也。」〈辵部〉「踰，越進也。」「踰」即「踰」，「窬、踰」二字本異。《禮記‧儒行》「蓽門圭窬。」注云：「圭窬」，門旁窬也。穿牆爲之如圭矣。「圭窬」即《左傳》之「圭竇」，故徐氏音「豆」，即讀「窬」爲「竇」也；其實「竇、窬」皆爲空，而字不同，「窬」自音「臾」，耳。趙氏云：「穿牆踰盜」，則自爲踰越之踰；《論語‧陽貨篇》云：「其猶穿窬之盜也。」……《釋文》云：「踰，本又作窬。」〔註309〕

　　「窬」，《釋文》、《論語》本作「穿踰」，是《論語》之「穿窬」與《孟子》之「穿踰」一也。故「踰、窬」本字雖異，自「穿牆」言則同也。

（5）「亦無有乎爾或亦有乎爾」

「然而無有乎爾，則亦無有乎爾」

　　趙注：……然而世謂之無有，此乃天不欲使我行道也，故重言之，知天意之審之；言「則亦」者，非實無有，則亦當使爲無有也乎。〔註310〕

〔註306〕同上，頁265。
〔註307〕《十三經‧孟子注疏》，頁260。
〔註308〕《孟子校勘記》，頁266。
〔註309〕焦循《孟子正義》，頁592。
〔註310〕《十三經‧孟子注疏》，頁264。

阮元云：《音義》陸本作「然而無乎爾，則亦有乎爾」〔註311〕

趙岐以爲「則亦無有乎爾」句，乃「非實無有」，其亦肯定有矣；而陸德明以「則亦有乎爾」言，阮元未爲非，即爲是矣；故「無之爾」、「有之爾」者，乃疑問之詞，亦反語之詞，此故阮元歸結云：

> 章指言天地剖判，開元建始，三皇以來，人倫攸敘，宏析道德，班垂文采，莫貴乎聖人，聖人不出，名世承間，雖有此限，蓋有遇有不遇焉；是以仲尼至獲麟而止筆，孟子以無有乎爾終其篇章，斯亦一契之趣也。

焦循亦云：「爾」者，辭之終也。「乎爾」者，決絕之中，尚有餘望也。此孟子爲王者之不作，而不欲徒託空言，其辭遜，其恉婉，或乃以孟子道統自居，夫道無所爲統也，爲道統之說者，夫孟子之教也。〔註312〕

依阮、焦二氏之言，則孟子言外之意可知。

〔註311〕《孟子校勘記》，頁267。
〔註312〕焦循《孟子正義》，頁611。

第七章　總　結

　　言阮元學術之成就；若總論其訓詁與儒學之說，則以「經學」一詞涵蓋，庶幾得之。而第五章「阮元之經學訓詁」，於諸經之說，僅取《詩》、《書》、《禮》爲言，於《易》及《春秋》則著墨不多。蓋以《揅經室集》之言《詩》、《書》、《禮》者多，所以取材皆切中肯綮，亦見阮元之重綜述歸納之思惟；而《易》、《春秋》者，一以道陰陽，一以正名分；所重厥爲哲理之思辨及君臣之大義，與阮元所謂「唯實」之學，稍有距離。故雖《揅經室一集》選錄〈易書不盡言、言不盡意說〉、〈釋易象音〉、〈釋易象意〉及〈春秋公羊通義序〉；惟言《易》者，若「後世之言語文字，皆出于易卦也」、「周易象之爲音，今俗皆讀團之去聲，與古音有異；古音當讀若弛，音近于才，亦與蠡字音近」、「孔子訓象爲材也。……古人音意相同，字多假借，材即裁也。」〔註1〕乃自聲音處求之，與義理之闡，略無聯貫；至〈公羊通義序〉乃爲孔廣森作，所謂「《春秋公羊通義》十一卷，序一卷；凡諸經籍義有可通於公羊者，多著錄之，其不同於解詁者，大有數焉：……又謂左氏之事詳，公羊之義長，春秋重義不重事。」〔註2〕僅能言作序之由，非眞能知其梗概。故於阮元言經學所在，乃取《詩》、《書》、《禮》，未及《易》、《春秋》，良有以也。

　　再者，阮元之學，以訓詁考據爲主，然其推明義理，仍有可說者。譬如言「性」、「一貫」之說，乃至彰漢學反宋儒之論，皆能見先生壁壘堅實之處；復以校勘古籍、羅列金石碑銘，窮研鐘鼎文字，亦皆有裨後之學者。因此，論及先生經學成就，綜而言之，仍在於「經史」與「文化」二者之聯結；知其「經史」之要，則知「詁訓」與「金石」之助益；知「文化」之意，則知「漢學考

〔註1〕《揅經室一集》卷一，頁1、2。
〔註2〕同上，卷十一，頁223。

證」之功。由是亦知先生於乾、嘉之世，位高德隆，獎掖教化，拔擢人才，且編纂群籍，嘉惠士林，於儒門學子之影響，何其寬廣！又何其深遠！

第一節　訓詁考證，有裨經史

通觀《揅經室集》之作，阮元言義理之文少，辨證史料之言多。與同時期之姻婭焦循相較，則阮、焦治學態度顯有不同；阮氏於《二集》卷四〈通儒揚州焦君傳〉，直稱焦循爲通儒，以焦氏爲學有所貫通也。阮元則否，其學自始至終皆主訓詁，故目之以考證學家則宜，謂爲通儒，則有不洽。此支偉成《清代樸學大師列傳》雖列阮元第六《皖派經學家列傳》，及第二十五《提倡樸學諸顯達列傳》，〔註3〕然其傳則列阮元爲樸學之顯達，此雖支氏之分，亦時人之見也。阮元之學包涵雖廣，譬若編纂古籍，究心經史子集，乃至天文、曆算、輿地、物理（如《三集》卷五，〈自鳴鐘說〉）；甚而由小學以求之吉金、石鼓、刻石、石經諸學；然其自我思維之體系則未建立。故先生可稱古籍之考證者，未必謂思維之開創者。以是焦循得能樹立如《易》、《孟子》等，一家之說，阮氏則否。然則先生治學之法，蓋順戴震「由字以通辭，由辭以通道。」脈絡而來，亦即由訓詁字義以明義理之治學方法，乃即乾嘉治學精神之所在，依此精神以治經，則經義可明矣。故阮元所承襲者，乃此一精神所在；所成就者，亦在藉此法以研議古籍，故其長處，頗值治學者之重視。再就《揅經室集》觀之，則先生以訓詁考證裨益經史，且具開創之思者，乃綜而爲：一、實事求是，不偏一家。二、蒐羅金石，證經訂史。三、釋字訓辭，闡明經義。

一、實事求是，不偏一家

阮元之學承皖派而來，與吳派有異。蓋吳派崇漢，凡古必眞；皖派審斷，條理嚴密，此其別也。

章太炎〈論清儒〉云：

> 始故明職方郎昆山顧炎武爲《唐韻正》、《易·詩本音》，古韻始明，其後言聲音訓詁者稟焉；……其成學著系統者，自乾隆朝始；一自吳，一自皖南。吳始棟，其學博而尊聞。皖南始江永、戴震，綜形名，任裁斷。此其所異也。〔註4〕

〔註3〕　支偉成《清代樸學大師列傳》目錄。
〔註4〕　傅杰編《章太炎學術論集》，頁327；亦見章氏《檢論·清儒》卷四。

此「綜形名，論裁斷」爲皖學之特質，亦阮元所宗。故先生治經雖緣訓詁以求義理，然實事求是，不偏主一家，乃其治學之主軸；即以經學所持「疏不破注」之說，阮元亦以爲不當株守。有如〈焦里堂群經宮室圖〉所言：

> 余以爲儒者之于經，但求是而已矣。是之所在，從注可，違注亦可，不必定如孔、賈義疏之例也。歙程易田近之善說經者也，其說〈考工〉戈、戟、鐘、磬等篇，率皆與鄭注相違，而證之於古器之僅存者，無有不合，通儒碩學，咸以爲不刊之論，未聞以違注見譏。

又云：

> 蓋株守傳注，曲爲附會，其弊與不從傳注憑臆空談者等。夫不從傳注憑臆空談之弊，近人類能言之，而株守傳注曲爲會之弊，非心知其意者，未必能言之也。元向有《考工記車制圖解》，其說亦頗異于鄭君，今得里堂此書，而鄙見爲不孤矣。〔註5〕

此段言語，可見阮元之不爲傳注所拘；而所以力贊焦氏〈群經宮室圖〉者，乃在「顧其書往往異于先儒之舊，學侶或致疑焉。」〔註6〕尤有進者，阮元特以爲「株守傳注，曲爲附會。」者，其弊與不從傳注憑臆空談者等，以其泥於古注而弊於己見也。故此說雖凌廷堪氏未以爲然，〔註7〕然先生之不曲從附會，蓋亦可見。乃章氏所謂「上溯古義，而斷以己之律令。」者也。至謂「憑空胸臆」者，阮元之意，實亦本戴震而來。戴氏〈與某書〉云：

> 治經先考字義，次通文理。志存聞道，必空所依傍。漢儒故訓有師承，亦有時傅會，晉人傅會鑿空益多，宋人則恃胸臆爲斷，故其襲取者多謬，而不謬者在其所棄。我輩讀書原非與後儒競立說，宜平心體會經文，有一字非其的解，則于所言之意必差，而道從此失。宋以來，儒者以己之見硬坐爲古聖賢立言之意，而言語文字實未之知；其于天下之事也，以己所謂強斷行之，而事情原委隱曲實未能得，是以大道失而行事乖。〔註8〕

戴氏之意，治經者，當先考字義，次通文理；且讀書之道，宜平心體會經文，有一字非其詳確，則所言之意必差。漢儒訓詁有師承，仍不免時有傅會；若

〔註5〕《揅經室一集》卷十一，頁226。
〔註6〕同上。
〔註7〕凌廷堪《校禮堂文集》，頁199。
〔註8〕《戴東原文集》卷九。

晉宋之人，一為鑿空，一恃胸臆，皆非的當。尤以宋之儒者，每以己見抒聖賢之立言，而語言文字實未之知，是為大謬。此說當即阮元所謂「不從傳注、憑臆空談」之弊也。故其〈擬國史儒林傳序〉即云：

> 聖人之道，譬若宮牆，文字訓詁，其門徑也。門徑苟誤，躓步皆歧，安能升堂入室乎！〔註9〕

是故欲通聖人之道，舍文字訓詁，莫由也已！再者，學人賢者，亦非必專注一家，各以所長，抉發懿旨，無高亢之論，篤實以行，使經義確然，雖道不踰閑，德之出入可也。因之，阮元特舉諸賢為證：

> ……閻若璩、胡渭等，卓然不惑，求是辨誣；惠棟、戴震等，精發古義，詁釋聖言，近時孔廣森之於公羊春秋、張惠言之於孟虞易說，亦專家孤學也；且我朝諸儒，好古敏求，各造其域，不立門戶，不相黨伐，束身踐行，闇然自脩。〔註10〕

所謂「好古敏求，各造其域。」在學之不主一端，不自居門戶也。故阮元雖立詁經精舍，設學海堂精舍，皆未以開創者自居，正所謂「束身踐行」者也，此亦先生德孚重望之故。

至於研經之道，阮元雖尊鄭玄，然非必以鄭說為是；苟鄭氏於注經未至確鑿，阮元仍直駁其非。

其尊鄭玄者，譬〈西湖詁經精舍記〉所言：

> 聖賢之道存乎經，經非詁不明。漢人之詁，去聖賢為尤近。……及撫浙，……選兩浙諸生學古者，讀書其中，題曰「詁經精舍」，精舍者，漢學生徒所居之名，詁經者，不忘舊業且勖新知也。諸生請業之席，則元與刑部侍郎青浦王君述庵（昶）、克沂曹濟道陽孫君淵如（星衍）、迭主之。諸生謂周秦經訓，至漢高密鄭大司農集其成，請祀於舍，孫君曰：「非汝南許淓長，則三代文字不傳於世，其有功于經尤中，宜並祀之。」……元昔督學齊魯，修鄭司農祠墓，建通德們，立其候人，是鄭君有祀，而許君之祀未有聞，今得並祀于吳越之間，匪特諸生之志，亦元與王、孫二君之志。〔註11〕

此為阮元宗鄭之例。又若〈重修高密鄭公祠碑〉云：

〔註9〕《揅經室一集》卷二，頁32。
〔註10〕同上。
〔註11〕《揅經室二集》卷七，頁505、506。

元嘗博綜遺經，仰述往哲，行藏契乎孔顏，微言紹乎游夏，則漢大
司馬高密鄭公其人矣。……兩京學術，用集大成；天下師法，久而
彌篤。固不以齊魯域演。〔註12〕

則先生之尊鄭亦可知曉。惟尊則尊矣，阮元非全然以鄭說爲是，於鄭玄經解
有異議者，先生皆舉而明之，此於〈詩十月之交四篇屬幽王說〉及〈考工記
車制圖解〉蓋可見之：

若〈十月之交四篇屬幽王說〉：

1. 謂十月之交四篇屬屬王時詩者，魯詩申培公及中侯摛雒貳鄭司農
詩箋之說也。……至於鄭箋從魯詩，非從魯也；東漢中侯襲用魯
詩，石渠說經，往往稱制臨決，鄭君尊時制也。……元於所著詩
補箋中，各隨章句辨之。恐元此說不足以振積非，而學者株守鄭
義，反執彼一二端爲言，致被以異說也。〔註13〕

2. 〈節南山〉：
序以〈節南山〉以下皆屬王時詩，毛詩說與序同，惟鄭箋據緯書
中侯摘雒以《十月之交》以下四詩，爲刺屬王，今推驗皆不合。
〔註14〕

3. 「弗問弗仕，勿罔君子。」
阮元《補箋》：「尹氏不問察讒言，致誣罔君子」
鄭箋：「仕，察也。」義本《爾雅》。傳謂庶民之言不可信，箋謂
下民勿罔于上，皆非。〔註15〕

4. 「式夷式已，無小人殆。」
阮元《補箋》：「夷，傷也。王不察讒言，君子之在位者或傷或已，
皆爲小人所危，尹氏當諫。《易・序卦》曰："夷，傷也。"」
箋訓「夷」爲「平」，言當用平正之人，非是。

5. 「君子如屆，俾民心闋，君子如夷，惡怒是違。」
阮元《補箋》：「屆，至也；夷，傷也。君子如至其位，可使民惡
怒之心止息；君子如傷廢去位，則民怒之，心與上相違。」

〔註12〕《揅經室四集》卷二，頁681。
〔註13〕《揅經室一集》卷四，頁73、74。
〔註14〕同上，頁75。
〔註15〕同上，頁76。

鄭箋：「居，至也。言君子當行至誠之道，平易之行。」非是。〔註16〕

又若〈考工記車制圖解〉：

1. 「輪輞謂之牙。」條

所謂牙圍者，乃輞牙周匝之大圜圍。……《記》又曰：「參分其牙圍，而漆其二。」是漆其近輻之二分寬七寸三分二釐三毫，下漆其近地之一分寬三寸六分六釐六也。

自鄭康成氏誤註牙圍及漆牙之度，即爲輸制者首加一蔽。……

2. 「綠輻以內爲大穿，綠輻以外爲小穿。大穿賢，小穿軹。」條

穿者，在輻外近轄之轂名。大穿圍大，小穿圍小。……記曰：五分其轂之長去一以爲賢，去三以爲軹。是賢圍當二三寸三分零七毫也。此轂太薄、穿太大，無此理，故鄭康成氏曰：「大穿甚大。」似誤矣。〔註17〕

3. 「曲轅輈」條

輈者，曲轅駕馬者也。以其形曲，故與舟同聲，曰輈。……記又曰：「軓前十尺，而策半之。」鄭注曰，謂輈軓以前之長也。據此，則鄭意以輈深四尺七寸，爲輈端直垂下至軓平處之高，得四尺七寸，除輪半崇及加軫與轐之四尺不入筭也，且以爲輈身之長也。……且記明言輈深，今解爲輈高，于字義亦遠失之。又案，鄭注曰：「軓前十尺或作七。」令七爲弦、四尺七寸爲句以求股，股則短矣，七非也。〔註18〕

4. 「輈兩端木爲任木，前端駕馬爲衡任，後端持輿爲任正。」條

考工記于輈人持出任木之名，又言衡任、任正之制，漢以來說者多誤。鄭康成任正爲輿下三面材，戴侗已辨其爲軫矣。〔註19〕

綜此諸例，則阮元之於鄭玄，雖崇之，然非必定以鄭爲是，此亦見學之去取，未必以古爲是。且於解經者，若爲無稽，必不信從；不信者，必反復參證而後安，此爲先生徵實之道也。

〔註16〕同上。

〔註17〕《揅經室一集》卷六，頁116、117。

〔註18〕同上，頁132。

〔註19〕同上，頁136。

二、蒐羅金石，證經訂史

阮元潛研金石，非爲賞玩，實乃以之證經，有如「散氏盤」銘文，由韻讀之別，得識周金文字，用以佐證經說；再以周器考證，得識殷周古制，而開創覃研古史之塗。故《揅經室三集》卷三〈商周銅器說上〉開宗明義即云：

> 吾欲觀三代以上之道與器，九經之外，舍鐘鼎之屬，曷由觀之！

道器之說，爲宋明與清儒者爭辯頗深之課題。阮元提此課題，一爲見其金石之觀，一爲隱寓道器二者歷史之淵源。所謂：

> 形上謂道，形下謂器。商周二代之道，存乎今者有九經焉，若器則罕有存者，所存銅器鐘鼎之屬耳。古銅器有銘，銘之文爲古人篆跡（銘文爲西周古文，與後來之篆字大有區分，漢人所謂古人，乃指六國古文，非殷周古文），非經文隸楷縑楮傳寫之比，且其詞爲古王侯大夫賢者所爲，其重與九經同之。……今之所傳者，使古聖賢見之，安知不載入經傳也？器者，所以藏禮，故孔子曰：「唯器與名不可以假人。」先王之制器也，齊其量度，同其文字，別其尊卑，用之朝覲燕饗，則見天子之尊，錫命之寵；……用之于祭祀飲射，則見德功之美，勛賞之名，孝子孝孫，永享其祖先而寶用之焉。且天子諸侯卿大夫，非有德位保其富貴，則不能制其器。……然則器者，先王所以馴天下尊王敬祖之心，教天下習禮博文之學，商祚六百，周祚八百，道與器皆不墜也。禮明而文達，位定而王尊，愚慢狂暴好作亂者鮮矣！故窮而在下，則顏子瓢飲不爲儉；貴而在上，則晉絳鐘鎛不爲奢，此古聖王之大道，亦古聖王之精意也。

然則禮者，所以別貴賤；乃所謂「君子勤禮，小人盡力」者，即阮元「別其尊卑」之意。而「禮」之字，存於周之社會，殷墟甲骨尙無禮字；故言禮者，所繫社會當以周爲主。再以「禮器」析論，「禮」乃指古文明社會之法權；「器」則指表徵此制度之物，此即「名與器不可以假人」之謂。而禮之文，有其限制，大抵天子、諸侯行其禮制，庶民也者，則無以與焉！且此禮之制與道德文明又爲相輔相成，因而形成周文特有之文化背景。此王國維之《殷周制度論》以爲：

> 且古之國家者，非徒奉其制度典禮，以親親、尊尊、賢賢，明男女之別於上，而民風化於下，此之謂治，反是則謂之亂。是故天子、諸侯、卿大夫、士者，民之表也；制度典禮者，道德之器也。周人

爲政之精髓，實存於此，此非無徵之說也。〔註20〕
所謂「制度典禮者，道德之器也。」意在道德文明之行，制度典禮爲一鈐鍵；
而此制度典禮，一則存於宗法，一則藏於九經，然「非有德位保其富貴，則
不能制其器。」故阮元以爲「器」者，所以表禮，乃天子諸侯之族，得以行
之，庶民之流，未足與焉。以是，宗法制度所成之階級社群，於典禮諸器皆
有以見之。故器者，乃「先王所以馴天下尊王敬祖之心，教天下習禮博文之
學。」、「先王使用其才與力與禮與文于器之中，禮明而文達，位定而王尊。」
於究心先王之道，皆有助益，非可等閒觀之。至於用器物之治經研史，《商周
銅器說下》所舉之例，亦具體明確：

> 三代時，鼎鐘爲最重之器。故有立國以鼎彝爲分器者：武王有分器
> 之篇；魯公有彝器之分。

此例若：

> 《書·序》：「武王封諸侯，班宗彝作分器。」
>
> 《左·定四年》：「分魯公官司彝器，分康叔大呂，分康叔姑洗，皆鐘也。」

又如周王予虢公以爵，乃諸侯大夫朝享而賜以重器之例。其事爲：

> 《左·莊二十一年》：「鄭伯之享王也。王以后之鞶鑑予之。虢公請器，
> 王予之爵，鄭伯由是惡王。」

阮元案：

> 鞶鑑者，后之器也。《說文》：「鑑，大盆也。」鞶與盤皆鑑。故《左·
> 定六年》「定之盤鑑。」《釋文》作「槃」，可見鞶非本字。鄭伯以其
> 爲婦人之物而惡之耳。杜註，解爲帶飾以鑑，此望文生義；夫以小
> 鏡飾于鞶帶之上，經傳無徵，且令如此，當云鑑鞶，今云「鞶鑑」，
> 文義倒置矣。〔註21〕

《左傳》所載，即《呂氏春秋》、《戰國策》、《說苑》亦有是說，或以之述德
徵身，如孔悝之銘；或鑄政令于鼎彝，或約書約劑于宗彝；或以鼎器繫乎王
綱之廢墜，則鐘鼎彝器之於考察經史，可謂裨補甚大。尤有進者，於「稽考
古籍國邑大夫之名，有可補經傳所未備者；偏旁篆籀之字，有可補《說文》
所未及者。」甚有所謂「古器銘字多者，或至數百字，縱不及《尚書》百篇，
而有過于汲冢者遠甚。」且而「此器之作，此文之鑄，尚在周公孔子未生之

〔註20〕王國維《定本觀堂集林》卷十，頁475。
〔註21〕《揅經室三集》卷三，頁592。

前，何論秦漢乎！由簡策而卷軸，其竹帛已灰燼矣，此乃巋然獨存。世人得西嶽一碑，既珍如鴻寶，何況三代法物乎；世人得世綵書函、麻沙宋板，即藏爲祕冊，何況商周文字乎。」〔註22〕皆阮元有得於鐘銘者也。至於言經史之例，如《積古齋》論《頌鼎》、《頌敦》、《頌壺》諸器謂：

> 惟三年五月既死霸，甲戌。

此諸器有伯吉父之名，有伐玁狁之事，當即《詩・六月》之「文武吉甫」所作，必宣王三月己丑，朔；二十六日得庚寅。

> 因之，二十六日、三十日，皆得謂之既死霸也。〔註23〕

此是證經史之例，類此者甚多，前已述之。然阮元之考器物亦有誤者，如觥之與匜，則觥爲飲酒之器，匜則否；實不難於辨認，惟古人未措意耳。而阮元以角爲觥，王國維先生則以爲待乎商榷，其〈說觥〉云：

> 阮文達（元）所藏器，有「有𡨥兕觥。」其器今在吳縣潘氏，不可得見。據文達所記，則云器制爵而高大，蓋作犧首形，有兩角。文達名之曰兕觥，又爲之說曰：《毛詩・卷耳》：「我姑酌彼兕觥。」傳曰：「角爵。」毛說蓋以兕觥似角之爵。其制：無雙柱，無流，同於角；有三足，同於爵。詁訓甚明，非謂以兕角爲之云云。〔註24〕

朱劍心亦云：

> 阮氏毛傳非是。然由其所說，足知此器無雙柱而有三足，又比爵爲高大，與宋以來所名爲角者無一不合；惟蓋作牛首形，與他角蓋異。余謂此亦角也。亦猶陽端氏所藏「飛燕角」，蓋作燕張兩翅形，皆古人隨意象物，未足爲兕觥之明證。〔註25〕

阮元之誤認此蓋，乃以角爲觥；王、朱二氏則以爲蓋者，作牛角形，蓋亦角也，與無蓋之匜有異，古人未措意耳。而阮元之說，雖略有差誤，亦更正古人之說。以是知先生於金石者，亦兼具開創之意。

三、釋字訓辭，闡明經義

阮元考證詁訓，於典禮制度、金石之外，釋字訓辭，亦爲所重。《揅經室集》首卷，即以釋辭爲其要旨，亦即自《易》〈書不盡言，言不盡意說〉，迄〈釋相〉

〔註22〕《揅經室三集》卷三，頁595。
〔註23〕朱劍心《揅經室三集》，頁89。
〔註24〕王國維《定本觀堂集林》卷三，頁148。
〔註25〕朱劍心《金石學》，頁117。

之章，皆爲文字流衍之述，所以如此，壹在「推明故訓」以闡經義。

　　而《揅經室》之釋辭，不出聲近音同及聲近義同之字，蓋以此知古今用字之不同，亦以此明古籍辭句之正訛，益處匪淺。因此，阮元所釋之辭，所取之字，大抵合於音韻之準則，亦訓詁之旨趣。惟阮氏於此，未提條例之說，其意旨僅得於字裏行間得之，稍嫌闕憾。其弟子王引之承王念孫家之家學，言訓詁之道，乃有助阮元釋辭之理解，茲先引王氏之說以爲佐證。

　　王引之於〈經籍纂詁序〉云：

　　夫訓詁之旨，本於聲音，揆厥所由，實同條貫。

　　如〈周南·關雎篇〉：「左右芼之。」傳訓「芼」爲擇，後人不從；而不知芼、苗聲近義同。「左右芼之」之芼，傳以爲「擇」，猶田曲蒐狩之苗；《白虎通》以爲擇取《爾雅》「芼，搴也。」亦與擇取之義相近也。

　　〈召南·甘棠篇〉：「勿翦勿拜。」箋訓拜爲拔，後人不從，而不知拜與拔聲近而義同也。

　　〈邶風·柏舟〉：「不可選也。」傳訓「選」爲數，後人不從，而不知「選、算」古字通。朱穆〈絕交論〉作「不可算也。」鄭注《論語》：「何足算也。」以算爲數，正與此同義也。……〔註26〕

揆諸此例甚多，則阮元之釋辭，其旨歸本於聲音者也。如：

1. 〈釋鮮〉：「鮮，義屬于魚，而古音與斯近，遂相通借。顧氏亭林、惠氏定于，已發之矣。」

　　自註云：

　　如《詩·瓠葉》云：「有兔斯首。」箋云：「斯，白也。」今俗語斯、白之字鮮，齊魯之間聲近斯。〔註27〕

是「斯」之謂「鮮」，蓋古音相通也。

2. 〈釋矤〉：「……且，始也。且既與祖字同音，則其誼同。」

　　自註云：

　　《說文》：「咀、祖、俎、租……三十五字，皆從且得聲，皆有誼可尋。」〔註28〕

〔註26〕王引之《經籍纂詁·序》。
〔註27〕《揅經室一集》卷一，頁5。
〔註28〕頁上，頁11。

－452－

3. 〈釋矢〉：「義從音生也，字從音義造也。試開口直發其聲曰施，重讀
　　之曰矢。施矢之音，皆有自此直施而去之彼之義。」

黃永武先生於此章節，特贊云：

自〈釋矢〉一節中，可知阮氏之證以聲爲義，有二項概念極爲重要：

（一）「試開口直發聲曰施，重讀之曰矢」一語，實啓後人以唇舌口
氣象意之說。

（二）「施矢之音，皆有自此直施而去之彼之義」一語，可知阮元著
眼在「音」，而非施矢之字。故其所謂多不圈於字形，而能觸長無
方。〔註29〕

則阮元由「矢」字之衍引，而得唇舌口氣之氣象，當爲啓益後人者。惟唇舌
口氣之如何象意，其意安在？仍待細說。劉師培〈原字音篇上〉即有所發抒：

《中論・貴驗篇》引子思之言曰：「事，自名也；聲，自呼也。」孔
氏《尚書疏》曰：「言者，意之聲。」近陳（澧）氏《東塾讀書記》
申其誼，又引鄭伯奇說謂：「聲象乎意，以唇舌口氣象之，其蘊至精。」
蓋人聲精者爲言，既爲斯意，即象斯製斯音，而人意所宣之音即爲
字音之所本，例如喜怒哀樂爲人之情，惟樂無正字，喜怒哀三字之
音，即象喜怒哀所發之音，愛惡亦然。……是則文字之音，即象言
語所發之音；而言語之音，又象唇舌口氣所宣之氣，凡古之音，奚
可不窮其始哉！〔註30〕

是文字之音，象言語所發之音；言語所發之音，象唇舌口氣所宣之音。推其
原始，則音之始發，乃即初民唇、舌、口、氣所宣也。劉氏以「原音」目之，
而此說，阮元之釋字，蓋已先發之矣。

阮元之闡明聲義，復著意「語根」之推求，〈釋門〉即爲一例。《揅經室
一集》卷一所謂「凡事物有間可進，進而靡已者，其音皆讀若門，或讀若免、
若每、若敏、若孟，而其義皆同。其字則展轉相假，或假之於同部之疊韻，
或假之於同紐之雙聲。」黃永武先生則贊云：

〈釋門〉一節，可謂精微獨造，實已超絕字形之拘闔，而深入語根
之探求矣。

且以爲此章節，於今之探就形聲字者，得有如下之提示：

〔註29〕黃永武《形聲兼會意考》，頁29。
〔註30〕劉師培《左盦集》卷四，頁1472。

> 研究聲義之展轉相假，當以同部之疊韻，或同紐之雙聲爲依據。章
> 太炎氏《文始》之作，展轉孳乳，必依聲韻，正無悖乎阮元之意。……
> 凡形聲字之字根有假借者，亦必循雙聲、疊韻爲其軌跡，蓋嚴守阮
> 氏此說也。〔註31〕

而劉師培《中國文學教科書・論字音之起源》，於阮氏〈矢〉、〈門〉之說，亦有補充，一併記出：

> ……二曰：「聲起於義」，此由古代析字，既立義象以爲標，復觀察
> 事物之義象。凡某事某物之義象相類者，即寄以同一之音，以表其
> 義象，故音同之字，義即相同。例如：凡開口直發其聲曰施，重讀
> 曰矢。凡與施、矢音近者，如尸、旗、夷、易、雉、止、水、犀諸
> 字，或寒有平陳之義，或含有施舍之義。

凡事物又有間可進者，或進而靡已者，其音皆讀若門；如門、每、敏……是也。

黃侃先生亦云：

> 文字之基，在於語言，文字之始則爲指事、象形，指事、象形既爲
> 語根，故意同之字往往音相同。〔註32〕

故知同爲語根，意同之字往往音同。此劉、黃二氏之說，實與阮氏之見相契合。

第二節　纂輯校勘，獎掖士林

　　阮元之所以望重士林，且爲漢學最後之重鎮者，在其興建學舍，編纂叢書，拔滯人才，而不遺餘力，風會所致，東南人才，乃紛然蔚起。因之，語及先生經學之成就，獎掖士林之績，仍必言述。

一、纂輯校勘

　　《經籍纂詁》、《十三經注疏校勘》及《皇清經解》之編纂，乃至《詩書古訓》、《曾子注釋》、《四庫未收書目提要》、《文選樓叢書》之纂輯，皆阮元之功，諸書纂輯過程，「阮元之著述」一章概已論及，不再敘述，茲以先生所述及諸儒相與推贊之言以說明。

〔註31〕同註29。
〔註32〕黃侃《說文研究條例》第三條。

（一）纂輯之由

阮元纂輯叢書，皆以載籍未有彙萃成編者為之。即以《經籍纂詁》言，乃以戴震、朱筠二先生有志於斯，而多年來所未逮者。阮元督學浙江時，即擇江浙英秀之士，不一載而成，啓迪士林，受益不淺。又如撫江西時，校刻《十三經注疏》，所取十一經，為據南宋岳珂之十行本；《儀禮》、《爾雅》兩經，則據北宋所刻之單疏板本，為賈公彥、邢昺之原書，更在十行本之前，備極珍貴。再如彙刻《皇清經解》，為督兩廣時所纂。乃以唐宋以前之經解，多集於《十三經注疏》；元明之經解，多載於《通志堂九經解》（計一千八百餘卷）；清初之經解，則收入《四庫全書》之經部。先生則上起顧、閻，至凌曙、阮福，以清代為斷，以人之先後為序，成書一百八十種，為一千四百卷，可謂盛舉。而《詩書古訓》乃自《經郛》所出，道光十五年由門下士畢韞齋者，校定之，刪節之，增補之。而其《曾子校釋》，即就《大戴記》所校注北周盧辯遺本，博考群書，正其文字，參以諸家之說，擇善而從，如有不同，裁以己意，而有所得也。至若《四庫未收書目提要》，乃嘉慶中，先生視學浙江，繼官巡撫，先後採進遺書一百七十四種，皆四庫未經著錄者。每書仿欽定提要，撮舉大凡，各有解題，隨書奏進仁廟，獎賚之餘，因建「宛委別藏」以庋之。又如《文選樓叢書》，雖其弟阮亨於道光二十二年（1842）始付梓，而所彙者實為阮元，其中所輯，半為先生之功，半為同時學者之力，堪謂乾嘉學術之盛者。

（二）精微要旨

阮元之纂輯，非為應世好名，誠乃啓迪後學，嘉惠士林，而所以得同時學人之贊許，實有載籍之博且精。以其博，故卷數之多，軼越前代；以其精，故考證詳覈，深入腠理。是阮元編纂校讎之精博，當為望重四方，弁冕群才，允為學者之所宗。譬如：

（1）編輯《纂詁》一百零六卷，手定凡例，即字而審其義，依韻而類其字，本訓轉訓，次第布列。於是展一韻而眾字畢備，檢一字而諸訓皆存，尋一訓而原書可識。所謂「握六藝之鈐鍵，廓九流之潭奧者矣。」〔註33〕

於此，錢大昕之言，特為剴切：

　　夫六經定于至聖，舍經則無以為學；學道要於好古，蔑古則無以見

〔註33〕《經籍纂詁》王引之序。

道。此書出而窮經之彥，焯然有所尊循，鄉壁虛造之輩不得騰其說以衒世；學術正而士習端其必由是矣。〔註34〕

然則潛研《篹詁》，蓋可知六藝之微旨，悉九流之奧義；窮經之士，有所遵循，不致嚮壁虛構。

（2）先生校勘《十三經注疏》，於〈恭進十三經注疏校勘記摺子〉則云：

> 臣幼被治化，肄業諸經，校理注疏，綜核經義，於諸本之異同，見相沿之舛誤，每多訂正，尚未成書。乾隆五十六年，奉敕分校太學石經，曾以唐石經及各宋板悉心校勘，比之幼時所校，又加詳備。自後出任外省，復聚漢唐宋石刻，暨各宋元板本，選長於校經之士，詳家校勘。自唐以後，單疏分合之不同，明閩附音之有別，皆使異同畢錄，得失兼明。〔註35〕

是則「異同畢錄，得失兼明」者，必以諸本同列，別其異同，有所取擇。而〈江西校刻宋本十三經注疏書後〉，言讀經之道，所述尤明：

> 刻書者，最患以臆見改古書，今重刻宋板，凡有明知宋板之誤字，亦不使輕改，但加圈於誤字之旁，而別據校勘記，擇其說附載於每卷之末，俾後之學者，不疑於古籍之不可據，慎之至也。其經文注文，有與明本不同，恐後人皆讀明本，而反臆疑宋本之誤。故盧氏（指武寧盧宣旬）亦引校勘記，載於卷後，慎之至也。

阮元因之論云：

> 竊謂士人讀書，當從經學始，經學當從注疏始。空疏之士，高明之徒，讀注疏不終卷而思臥者，是不能潛心研索，終身不知有聖賢諸儒經傳之學矣。至於注疏諸義，有是有非，我朝經學最盛，諸儒論之甚詳，是又在好學深思、實事求是之士，由注疏而推求尋覽之也。
> 〔註36〕

此先生以為由注疏而通經學，則經學可至；然注疏有是有非，一味從之，仍為未宜，必因諸儒所論，推求而尋覽。推求之道，先生未能明言，江藩云得失之論，則取例明指，可為佐證：

> 經非注不明，故注疏必須研求古注。云注家者，舉凡釋經之書，若

〔註34〕同上，錢大昕序。
〔註35〕《揅經室二集》卷八，頁541。
〔註36〕《揅經室三集》卷二，頁580。

傳、若箋、若解、若疏，而賅言之也。然注家之得失不知，則胸中之去取無據，平日無所致力，臨時無所折衷。

於《易》言，江氏謂：

> 《周易注疏本》，王（弼）、韓（康伯）二注，空言說理，失漢法，孔注依注敷衍，毫無根據。

於《書》言，江氏謂：

> 《尚書‧孔安國傳》真僞雜亂，辨僞篇所舉二十五篇之傳，則枚氏作也。治《尚書》者固所不取，孔氏《正義》不知其僞，從而附之，其失孰甚；就其所引，則較《易疏》爲富。

於《詩》言，江氏謂：

> 鄭君申毛之處，疏有未達，即以鄭爲異，則疏之咎也。

於《三禮》言，江氏謂：

> 三禮惟鄭康成爲折衷。故禮學先儒即稱鄭學。譏其改字，議其引緯，皆不知者之談。公彥二疏，不及《禮記正義》之詳核，《儀禮》疏則亦不在孔下，杜子春、鄭司農、鄭大夫、盧植、射慈、馬融諸儒之散見於注疏者，雖存異義，亦多有合於鄭。

於《三傳》言，江氏謂：

> 《春秋公羊》，何邵公深得大義，確守師說，以爲謬誕者非是；徐疏則微嫌冗沓；《穀梁》范注，亦愼且密；揚疏則與徐不相高下；左氏杜注，名爲集解，實則多棄古說；賈逵、服虔之注，間存《正義》，則孔氏之功多也；至其回護杜注，疏例當然，不可以此爲責。杜預《釋例》則頗有功左氏。

於《孝經》言，江氏謂：

> 《孝經》玄宗注，遵用今文，而古文後乃漸微，是其罪也。邢（昺）疏無足長短，所遺鄭小同注，古義存焉。

於《論語》言，江氏謂：

> 《論語》何注本，集安國、包咸、馬、鄭、王諸家之成，間參己意，而古義猶備。邢氏之疏則尚不如皇侃之善。退之《筆解》，僞託無疑。

於《孟子》言，江氏謂：

> 《爾雅》郭注，去古未遠，其所不知，善在能闕，疏亦就範；間采

樊、李諸家，尤爲有得，鄭樵之注，無足算也。〔註37〕

以上之述，則江藩於阮元語之未盡處，多所彌補可知。

至於沈豫〈阮宮保十三經注疏校勘記〉則歸結云：

> 粵自蟲鳥肇興，圖史發跡，木觚竹簡，大策小方；綴前聖之微言，記歷朝之掌故，於板本有厚賴焉。惟亥豕有三寫之訛，魯魚啓中祕之惑，李唐以上，帛石同珍；趙宋以還，始付梨棗。是編緣落，起於宋代，歷元明善刻，海外鴻編叢集，案頭搜剔毫髮或一字之訛，或數語之錯；或點畫之稍殊，或偏旁之偶異；或援古以證今，或別行而辨疑。三占從二，得所折衷。還胚胎之舊觀，足垂示於來哲。斯亦四庫之離婁，群儒所頫首也已。〔註38〕

於《十三經注疏校勘》之評斷，宜爲美善。

（3）復次，語及《皇清經解》者，夏修恕〈皇清經解序〉云

> 前人注疏，罕言推算，編中所載天算各書，使孔沖遠明乎此，不致誤爲三統以庚戌之歲，爲太極上元矣。〔註39〕
> 賈公彥明乎此，自無中氣帀則爲歲，朔氣帀則爲年之也。〔註40〕

沈豫《皇清經解淵源錄》亦云：

> 揚州相國《揅經室集》，校勘十三經札記，搜索殆盡，非特孔孟之功臣，亦鄭孔之諍友。哲嗣部郎所著《孝經疏》、《歷代帝王續表》等書，眞能世其學者。〔註41〕

沈氏以「孔孟之功臣，鄭孔之諍友」推贊阮元，必以阮氏爲眞名世者也。

又云：

> 棲霞郝戶部懿行著《爾雅義疏・釋詁》，「善」字疏下，阮芸臺師曰：《書》云：「惠鮮鰥寡」，又云：「知恤鮮哉。」《詩》云：「鮮民之生。」「鮮」皆「斯」字之假借。嘉慶朝，如陳左海（壽祺）、朱蕉堂（爲弼）諸賢，皆出自門下。《南史》云：「徐孝嗣教授朝士到門。」豈獨戶部也哉。〔註42〕

〔註37〕江藩《經解入門》卷一，頁19～21。
〔註38〕沈豫《皇清經解提要》卷六，頁94。
〔註39〕見襄公二十八年《左傳正義》注。
〔註40〕見《周禮春官太史》鄭玄注及賈公彥疏。
〔註41〕分見《皇清經解提要》，頁8。
〔註42〕同上，頁11。

謂「教授朝士到門」者，乃阮元之感召諸士也。

> 錢塘嚴杰《經義叢鈔》，編輯手也。芸臺相國《揅經室集》〈車制圖
> 解〉尾跋云：宮保師《考工記・車制圖解》，乾隆戊申（五十三年，
> 1788）秋，從丁教授小雅杰所見之教授云：解中言：「漢以前任正因
> 近軫，而冒軫之名；漢以後歸軫于輿，而失任正之木。」是論確不
> 可易。近編《經解》，合眾說觀之，實非考證賅洽，亦何能精審若是
> 也。〔註43〕

然則嚴杰以「考證賅洽」言阮元，蓋為知師也。

（4）再者，《曾子十篇注釋》亦能見阮元微意之所在。其自序云：

> 元今所注《曾子》，仍據北周盧僕射之書，博考群書，正其文字，參
> 以諸家之說，擇善而從，如有不同，即下己意，稱名以別之。至於
> 文字異同，及訓義所本，皆釋之，以明從違之意，又嘗博訪有人，
> 商榷疑義，說之善者，擇而載之。

按：本段文字，前曾述及，所以不厭其煩，有所申敘，壹以知先生撰作之用
心。

嚴杰云：

> 《曾子》一書，列代著錄，惜佚而不傳其說。宮保師據《大戴記》
> 所載，為之注釋，正諸家之得失，辨文字之異同，可謂第一善冊矣。
> 而師於中西天算考覈尤深，〈天員〉一篇，便非它人所能及也。

沈豫於嚴氏之說，則稍有意見，以為嚴說或有文過其實之嫌，因之云：

> 《揅經室集》中所解者，心性之理居多。而《論語》論仁、《孟子》
> 論仁兩論，尤極推闡孔孟不言之秘。昔臧文仲有言曰：「其次有立言
> 不朽之業非在是。」與一貫之傳屬之曾子，曾子體道甚力，十篇之
> 注，豈專剔蠹搜魚，爭勝於盧（文弨）、孔（廣森）、戴（震）、汪（中）
> 哉！而問字者，以〈天員〉一篇欽崇之，恐不能得立言者本恉之所
> 在矣！（《提要卷六》）

而所謂〈天員〉者，乃《曾子十篇》卷四之第十。阮元注云：

> 此篇言聖人察天地陰陽之道，制禮樂以治民。所言多《周易》、《禮
> 經》、《明堂月令》之事。首言天員之道，遂以名篇。《大戴禮記》弟
> 五十八，今為《曾子弟十》。（《曾子十篇注釋》卷六）

〔註43〕同上，頁95。

此「員」本作「圓」，員為古字，圓乃俗字。而嚴杰謂「師於中西天算考覈尤深。」者，在於阮元〈天員〉之注，有取日行圓周之說，與「天圓地方」之說誠有異，是不盲從於古說也。

如篇載：單居離問曾子天員地方之道，曾子答以「上首之謂員，下首之謂方。如誠天員而地方，則是四角之不揜也。」阮元注云：

> 方員同積，則員者，必不不能揜方之四角。今地皆為天所揜，明在天中，天體渾員，地體亦員也。《曾子》及《周髀》本言地員，自周末疇人子弟，散在四夷，古法始微。《周髀》曰：「日運行處極北，北方日中，南方夜半；日在極東，東方日中，西方夜半；日在極南，南方日中，北方夜半；日在極西，西方日中，東方夜半。」據此，則知周時說地體亦渾員，所由准北極高下，分里時差，以驗交食，蓋實具渾天法也。梅君文鼎云：「地員可信。」〔註44〕

又釋曰：

> ……其意以地體渾圓，在天之中，若令地球不在天中，則在地之景，必不能隨日周轉，且遲速不等矣，今春秋二分，日輪六時在地平上，為晝；六時在地平下，為夜，非在正中而何？地體本圓，故一日十二辰，更迭互見，如正向日之處得午時，其正背日之處得子時；處其東三十度得未時，處其西三十度得巳時；相去二百五十里，而差一度，又七千五百里而差一時。若以地為方體，則惟對日下者，其時正，處左處右處者，必長短不均矣。〔註45〕

阮元以為此亦曾子地圓之意，又為《周髀》日行之旨，且以為此非所謂之創解。然細思先生之說，所取觀點，曾子未必述之，即《周髀》所云，亦未必明確，蓋此為元、明以來相傳之西洋之說也。而何以地之圓，人立其中，反未攲斜，此乃「地心引力」之說，先生或未知之，故舉例謂：「置丸豬膀胱中，吹氣足，閉之，丸可居中。」〔註46〕即以天為圓，雖云未實，然於此亦知先生為前瞻之人。

至於沈豫謂嚴杰「以〈天員〉一篇欽崇之，恐不能得立言者本恉之所在。」乃以〈天員〉所言，雖如阮元所云：「聖人察天地陰陽之道，制禮樂以民。」大

〔註44〕阮元《曾子十篇注釋》卷四，頁71。
〔註45〕同上。
〔註46〕同上。

端所在，亦在曾子之本乎孝者。所以如此，又以曾子傳習聖業，窮極禮經之變，直通天律之本，皆與年並進，非敢恃機悟也。此即「庸德之行，庸言之謹」之謂。而注本之間，阮元列舉盧文弨、孔廣森等諸先生，沈氏又以「爭勝」目之，蓋以《曾子十篇》不必專注於剔蠹搜魚，宜暢言其立言之不朽乃得。

綜上所述，則阮元不僅著意典籍勘定，於經注之微言亦多所發抒，皆在詳覈考證之外，而入乎媵理之密。雖有小疵，亦無礙先生學之醇。

二、獎掖士林

阮元之風會士林，雖以纂輯群籍，倫越碩儒。其爲學人，念茲在茲者，又以拔擢後進，獎掖士子爲緊要之務。由前述「阮元之師友」及「幕府學人」之表，所見最明。而諸篇之外，若干逸文墜事，亦能豁顯先生獎掖碩彥之方，有如桂文燦氏所撰《經學博采錄》，輯阮元逸事甚夥，茲擇其精要者，以爲披露，亦見先生爲揚州學人之佼佼者，非爲無因。

《經學博采錄》卷一：

> 國初以來，特科人最盛。康熙己未，開博學鴻詞科，……至嘉慶己未（四年，1799），雖未開特科，然是科會試正總裁爲朱文正（珪）相國，囑阮文達（元）相國，先盡閱二、三場之卷，而後閱首場四書文，是科中式者，如王文簡（引之）尚書、張皋文（惠言）編修、郝蘭皋（懿行）、戶部許周生（宗彥）、兵部胡春喬（秉虔）、陳詩庭大令，皆湛深經學之士，論者比之康熙己未、乾隆丙辰焉。〔註47〕

是王引之、張惠言、郝懿行、許宗彥、胡秉虔、陳詩庭等一時之彥，皆其時所選，而主其試者爲阮元，師弟之誼，殊爲匪淺。

又載：

> 阮文達公督粵，建學海堂。初擬於前明南園故址，略覺湫隘；又擬于城西文瀾書院，以地少風景；又擬於河南海幢寺旁，亦嫌近市。久之，始定於粵秀山麓堂中，遠眺海門可見，堂階南出，循西下行折而東，有石磴迤南，至於外垣，其中百竿一碧，三伏時，不知暑也。堂後爲啓秀山房，居山之前故名。今祀公栗主於其中。堂東石磴坡陀，梅花夾道，西達於山房，其東最高處有亭，曰：「至山」。堂名「學海」，取何邵公（休）語亭名；「至山」則取揚子雲

〔註47〕桂文燦《經學博采錄》卷一，頁7、9。

（雄）語也。堂南有室，爲藏書處。堂之外門西向，與文瀾閣外
門相對，閣上碧瓦朱欄，與堂相輝映。《皇清經解》板藏於此，此
公之初命題也第一課，係王伯厚《困學紀聞》、顧亭林《日知錄》、
錢辛楣《十駕齋養新錄》三跋。公在粵凡十八課，移節雲南，乃
命高才生爲學長，額定八人，分擬經、史、詩賦等題，分閱諸卷；
有缺七人，公舉肄業、舉頁充補。論者謂：自有書院以來，其法
莫善於此也。〔註48〕

以是知阮元之建學海堂，頗煞費苦心，而學海書院之經營，乃循次第，選才
以行，非所謂冒然創設者。

又載：

京師萬柳堂者，元平章廉文正希憲別業，與趙文敏孟頫宴集之
地。……嘉慶五、六年（1810～1811），阮文達與朱野雲處士，嘗遊
此地，補栽桃柳，春秋吟詠。道光十八年（戊戌，1838），文達出都，
僧請書「元萬柳堂」四字扁，此京城東南隅之萬柳堂也。文達家揚
州邵城北湖四十里，僧度橋東八里赤岸湖，有珠湖草堂，乃文達之
祖琢庵將軍釣遊之地。嘉慶初，文達之父湘圃大夫復購田莊，文達
在此穫稻捕魚，嘉慶八年（癸亥，1803）過此，有八詠：曰珠湖草
堂、……道光十九年（己亥，1839）春，文達在揚州，以昔年水深
八、九尺，近年尚五、六尺，直築園堤北渚，乃擇田之低者五百畝
堤之，而棄其太低者，……且舊莊本有老柳數十株，乃于莊門前署
曰：「萬柳堂」。文達以爲可以課稼觀魚，返於先疇，遠於城俗，後
之人庶以揚州之萬柳堂，與京師之萬柳堂，並爲儒林古蹟矣。〔註49〕

言萬柳堂者，雖爲陳跡，於此亦見阮元生輩建業之苦心。所謂「返於先疇」
之意，蓋即發思古之幽情。而先生之以柳爲名，乃期後人以揚州之「萬柳堂」，
爲名於儒林之古蹟。

又載：

阮文達已輯之書，惟《經郛》百餘卷未刻，其書之例，詳閩中陳恭
甫（壽祺）《左海文集》中。文燦自幼讀陳集，恨未見之，積疑十年，
壬子（咸豐二年，1852）之夏，晤晉江陳頌南（慶鏞）侍御於京師，

〔註48〕 同上。
〔註49〕 桂文燦《經學博采錄》，頁10。

侍御爲陳恭甫編修入室弟子，言道光壬辰（十二年，1832）、癸巳（十年，1833）間，阮文達欲館侍御於家，俾校正《經郛》叢稿，侍御彼時初通籍，牽於人事，未果，終身恨之，近詢之阮氏公子，聞已散佚云。

桂文燦案云：

余讀《揅經室再續集》言：「甘泉畢韞齋光琦，乃蕭山湯敦甫相國督學時所取佳士，爲余門生門下士也。歲乙未（嘉慶四年，1799），余入閣，每宿集賢院，在《經郛》中，錄出《詩》、《書》二經，爲《詩書古訓》六卷，尚須校正刪補。蕭山言光琦可任之，歸里晤言，知其經學明敏。閱三年而校刻成書。」是文達此書雖未盡梓人，已可即此窺見一班矣。此書粵東近已刊入《粵雅堂叢書》，後之人即此而補成《十三經經郛》，抑亦文達所企於後學之夫。〔註50〕

是《經郛》未成之作，阮元仍企望於後學，而未敢專己，先生胸懷之闊，可以知矣。

又載阮元與戚族焦循與焦廷琥父子，情誼亦篤厚。焦循於《阮元之師友》章已敘及，其爲江北大儒，阮氏「嘗稱孝廉，博文強記，識力精卓，於學無所不通，著書數百卷，尤邃於經；於經無所不治，而於《周易》、《孟子》專勒成書云，可以知其所學矣。」是爲熟識焦氏者。而焦循之子廷琥，阮元亦甚器之，《博采錄》載：

江都焦里堂（循）孝廉之子，名廷琥，字虎玉。讀書頗具慧心，能傳家學。年十四，隨里堂至杭州時，阮文達督學浙江校士，以天文算術別爲一科，里堂襄校，虎玉知平圓三角之法，嘗步籌推算，以驗，得數百不失一云，《定香亭筆談》詳言之。〔註51〕

《清代樸學大師列傳》則謂廷琥「善承家學」，譬里堂著《群經宮室考》，廷琥則別撰《冕服考》四卷輔翼之；辨析精微，不下乃父。於算學亦頗深造，如孫星衍作《釋方》，不信「地圓」，以西人誤解《大戴禮記》「死四角不揜」一語，始創爲地圓之說。君讀其書，則謂：「《大戴》有曾子之言，《內經》有岐伯之言，末後有邵子、程子之言，其說非西人所自刱。」於是博搜古籍，合諸家言而臚列之，成《地圓說》二卷，則阮元《曾子十篇・天員》之說，

〔註50〕同上，頁12。
〔註51〕《經學博采錄》卷一，頁31。

於廷琥之作可證，知後人之智，亦足破舊說之見。

卷二載：

> 寶應劉端臨訓導之長女阮恭人，儀徵太傅之家婦，公子常生之室，
> 公孫恩海之母也。太傅嘗稱恭人能讀書，可謂賢女公子已。嘉慶十
> 年（1805）訓導卒於家，太傅嘗刻其遺書三卷。道光初，常生續求
> 之，共得《論語駢枝》、《經傳小記》、《國語補校》、《荀子補注》、《方
> 言補校》、《淮南子補校》、《漢學拾遺文集》凡八卷，編定未刊。而
> 常生卒，恩海少，恭人乃發訓導遺書，授恩海付梓。且曰：「吾在母
> 家，嘗見先君校定《明皇甫錄》、《廣雅刊本》，有段若膺先生書後云：
> 　「劉端臨以此本見借，凡與無瑂及本異者，以朱圈之卷三撕次也，
> 本禮器注別本皆訛繫矣，其餘佳處尚多。」……」〔註52〕

阮元〈劉端臨先生墓表〉所記劉氏之事甚詳，且云「女三，長適余長子常生。」
又云：「元與先生友學最深，且爲姻家。」〔註53〕故其長女爲阮元之媳，嫻淑
好禮，恭謹持家，在所必然，要皆出於肫肫之教。亦知先生澤庇後生，非僅
門弟子，即師友姻婭亦多所照料。

又載：

> 孔幼鬐，名廣林，字叢伯，山東曲阜廩貢生，署太常博士，博雅好
> 古，治經專治鄭學。……年二十六，即絕意進取，閉門著述。阮元
> 達嘗謂：「海內治經之士，無其專勤。」云。……博士，巽軒檢討之
> 兄也。檢討之學，出于博士；檢討弱冠成進士，官翰林。而博士僅
> 攝世官。檢討所著《公羊通義》、《大戴禮記補注》、《禮學‧經學巵
> 言》，著錄《皇清經解》，風行宇內。〔註54〕

孔廣森文名較其兄廣林爲顯，世皆知廣森，而不知廣林。而廣森之學出自廣林，
世又罕知之。阮元謂：「海內治經之士，無其專勤。」是又爲廣林之知音者。

卷三載：

> 雲南自漢時已歸化中國。……其窮經考古之士，……一曰王大令崧。
> 王大令者，浪穹縣人也。字樂山，嘉慶己未（四年，1799）進士。
> 出儀徵阮文達公之門，學問淹博，爲滇中老宿，曾總纂《雲南通志》。

〔註52〕《經學博采錄》卷二，頁43。
〔註53〕《經學博采錄》卷二，頁375。
〔註54〕同註53，頁61。

　　道光十年（庚寅，1830）年已七十九矣。時阮文達公督滇、黔，與
　　大令爲竹林茶隱之遊。《揅經室續集》有正月廿日，〈偕劉、王叟茶
　　隱詩〉，王叟即大令也。所著《緯》一卷，……已刊入《皇清經解》，
　　又著有《雲南備徵志》二十一卷，亦賅洽可觀。〔註55〕

王崧，乾隆十七年（壬申，1752）生，年長阮元十二歲，仍師事阮氏，可謂恭
己。阮元亦延王氏主修通志，相處之道，至樂融融。庚寅（道光十年，1830，
先生六十七歲）〈正月二十日，偕劉王二叟竹林茶隱〉詩作，王即王崧，時年七
十九。觀詩作所謂：「三人二百五十歲，隱入竹林同所憩。舉甌啜茗入壽朋，少
破從前獨遊例。桐城壽者四百齡，談卑遊行囓甘絕。自言弱冠入滇池，眼見乾
隆平緬裔。浪穹（王崧）老年七十九，手披經解（《學海堂經解》）講六藝。此
乃門中古桃李，卻並尚書紅杏麗。南中地暖纔立春，已似山陰欲修禊。時花香
葉青春深，惟條新篁夕陽霽。兒輩燒松烹洱茶，竹亭爐煙風細細。羊求三徑寂
無聲，惟有林間鶴清唳。香山七老今得三，疑我年者使之計。」〔註56〕相洽同
歡，融融洩洩，此即友朋交往之眞趣，直諒之友，阮氏蓋得之矣。

　　又載：

　　《大戴禮記解詁》三十卷、《目錄》一卷，南城王君齋聘珍著。其言
　　曰：「大戴與小戴受業于后倉，各取孔壁古文記，非小戴刪大戴，馬
　　融足小戴也。」禮察保傳語及秦亡，乃孔襄等所合藏，是賈誼有取
　　於古記，非古記采及《新書》也。《三朝記‧曾子》乃劉氏分屬九流，
　　非大戴所衰集也。阮元達嘗從翁覃溪（方綱）得識王君，文達稱其
　　厚重誠篤，有古人風，無南人浮競之習。延教家塾子弟有年。王君
　　書成，屬序於文達，文達謂其校經文，專守古本爲家，有懲於近日
　　諸儒妄據他說，徑改經文之失，其爲解詁，義精語潔，恪守漢法，
　　多所發明，爲孔撝約諸家所未及，能使千年孔壁古文無隱滯之義，
　　無虛造之文，用力勤而爲功鉅矣。〔註57〕

按：本篇當出《揅經室一集》卷十一〈王實齋大戴禮記解詁序〉，文末有言：

　　「王君書成，屬序于元，元更出素校大戴本付君，王君或以己所校者衡
　　量之，加以棄取，別爲《大戴記》作釋文，不更善乎。」則阮元待人，出之

〔註55〕《經學博采錄》卷三，頁84。
〔註56〕《揅經室續集》卷九，頁256。
〔註57〕《揅經室一集》卷十一，〈王實齋大戴禮記解詁序〉，頁222。

以眞，且其爲人厚重誠篤，治經確守後鄭之學，於古籍訂正，亦確切詳明，阮元謂其有古人風，無南人浮競之習，是深知王氏者。

又載：

> 歙縣程春海侍郎，凌次仲進士授經弟子也。……夫網羅六藝，貫串百家，名位巍然，說士如林而天下皆悅之者，道光以來，惟阮文達及侍郎而已。文達以文章經術受三朝殊遇，久歷封圻，入躋宰輔，所著各書，手付剞劂，年踰耄耋，神明不衰；而侍郎雖頻膺簡命，齗用甫殷，未行其志，所著諸書，未付梓人，年未中壽，遽歸道山。……
> 〔註58〕

此雖言凌廷堪弟子程春海，間亦述及阮元。所謂「網羅六藝，貫串百家，各位巍然。」者，阮氏當之爲無愧；且以「久歷封圻，入躋宰輔，所著各書，手付剞劂，年踰耄耋，神明不衰。」治學始終如一，自少至老，未嘗輟止，其忠於儒術鑽研勿替之精神，蓋足堪時人瞻仰。而先生晚年所期，乃在文學之日興，人才之日盛耳，甚獎掖後進，非謂己功，悉以儒林爲重，則其志業，當非俗吏可比，亦非庸士可知。故先生之校勘纂輯，貞定金石，所作所爲，壹在發揚儒門之幽微，與同時期諸儒相較，則先生之胸懷，可謂寬敞宏闊，飛越滌蕩，隱然而高峙！

第三節　恪守漢學，堅然卓立

《揅經室集》旨要所在，蓋即阮元自序所謂：「余之說經，推明古訓，實事求是而已，非敢立異也。」其時則爲道光三年，歲在癸未（1823），先生之年六十也。以耳順之年，而爲此語，雖云簡易，殆爲先生學術之綜述。而《續集》自序，撰於道光十九年，歲次己亥（1839），先生年已七十九，所序亦謂：「前集所自守者，實事求是四字；此續者，雖亦實是求是，……自命爲卑毋高論四字而已。」二序合而觀之，則謂之「實事求是」、「卑毋高論」者，必以「實學」爲概括其學之精要，而此學，先生仍以「考據」目之，此考據之目，謂「考證學」可，謂「樸學」亦可，謂「漢學」仍無不可；綜而言之，即乾嘉清儒之學；此清儒之考證學，與宋明儒所言義理之學，殊有別異，必所謂漢學與宋學之區分。其實，漢、宋之學，未必壁壘森然。蓋言漢者，義

〔註58〕桂文燦《經學博采錄》卷三，頁117。

理亦貫串其中；言宋者，何嘗無考證之事。惟學各有所本，各有堅持，終乃異耳。否則如漢、宋截然以異，乾嘉之後，漢宋復如何調和？以是知，謂漢學、宋學者，蓋時代趨勢，非即必然論定之說。

故阮元之學，雖云考據，亦有義理之跡可尋。惟所謂義理者，當非空談心性之道為足，乃必立於以「經」為主之說。探其源頭，當自顧炎武「經學即理學」一脈而下，即「捨經學無理學」之言。因之，阮元論心，論性，乃至論戴學淵源特深，故學之宗旨，深受戴學影響，以是探究阮氏之實學，根柢之處，仍歸本於戴學。

阮元之學，雖源自顧氏而以戴震為依歸。然其學之蘊自有可觀處，此即性命之說。蓋性命之論，於中古即為頗具爭議之題目。唐宋以來，言「性」蔚然成風，然晚明及清初以後，以性為主之「實」學，反轉推尋，駁斥以性為主之「玄」學，是此同以人性為題之實學、玄學，終成宋明與清學分歧之一大事。阮氏所重，即以《性命古訓》論述其「性論」之實，亦即以訓詁之思想史觀，還歸各時代之本來。故其性命之論，仍具史料之價值，而傅斯年先生則以為此乃中古思想史之「方法」。故欲回顧阮元古訓之說，宜先知傅氏《性命古訓辨證》之所言：

> 《性命古訓》一書，儀徵阮元之所作也。
>
> 阮氏別有〈論語論仁〉、〈孟子論仁〉諸篇，又有論性、命、仁、智諸文，均載《揅經室集》中，要以「性命古訓」一書最關重要。此中包有彼為儒家道德論探其原始之見解，又有最能表出彼此問題之看法，故是書實為戴震《原善》、《孟子字義疏證》兩書之後勁，足以表顯清代所謂漢學家反宋明理學之立場也。〔註59〕

是傅氏明指阮元〈性命古訓〉雖為史觀之說，實則乃繼戴震《原善》、《孟子字義疏證》之後，而為表顯漢學家反宋明儒之論。

傅氏又云：

> 自明末以來所謂漢學家，自始固未與宋儒立異，即其治文詞名物之方法，亦遠承朱熹、蔡沈、王應麟，雖激成於王學之末流，要皆朝宗于朱子，或明言傳為其後世。其公然掊擊程朱，以為六經、《論語》、《孟子》經宋儒所為異端所化者，休寧戴氏之作為也（漢學家掊擊宋儒始于毛奇齡，然毛說多攻擊，少建設，未為世所重）。然而戴氏

之書猶未脫乎一家之言，雖曰疏證孟子之字義，固僅發揮自己之哲
學耳。至《性命古訓》一書而方法丕變。阮氏聚積《詩》、《書》、《論
語》、《孟子》中之論「性命」字，以訓詁的方法定其字義，而後就
其字義疏爲理論，以張漢學家哲學之立場，以搖程朱之權威。〔註60〕
依傅氏之言，則反宋明儒當自戴氏《孟子字義疏證》始。而發爲字義，定爲理
論，且以爲漢學立場者，厥爲阮元之《性命古訓》。若訓詁方法，循考證之途以
進，與宋明儒之言心言性者，究竟不同。即以〈節性齋主人小像跋〉所言：

> 余講學不敢擬學案立宗旨，惟知言性則溯始〈召誥〉之節性，迄于
> 《孟子》之性善，不立空談，不生異說而已。性字之造于周召之前，
> 從心則包仁、義、禮、智等在內，從生則包味、嗅、聲、色等在內
> （此二句，第一句甚是，第二、三句則望文生義）。是故周召之時解
> 性字者樸實不亂，何也？字如此實造，事亦如此實講，周召知性命
> 有欲，必須節之。節者，如有所節制，使不逾尺寸也。〔註61〕

而〈節性齋銘〉則歸結謂：

> 周初召誥，肇言節性。周末孟子，互言性命。性善之說，秉彝可證。
> 命哲命吉，初生即定。終命彌性，求至各正。邁勉其德，品節其行，
> 復性說興，流爲主靜。由莊而釋，見性如鏡。考之姬孟，實相逕庭。
> 若合古訓，尚曰居敬。〔註62〕

以此二段觀之，則先生所謂「不敢擬學案立宗旨」者，意在隱諷宋儒之自設
藩籬而獨立門戶。其次，由於「復性」之說興，參雜釋、道之說，流爲「主
靜」，與周孔心性之學終究不一。故其別於宋儒並斥混同儒道之復性者，必以
古訓回歸周孔之道，立意非謂不可行。惟如以古訓往上推，自周孔而上，最
終之源頭何在，則又難言。此錢穆先生每以阮氏之說不免瑕疵耳，因云：

> 然則自周召乃至孔孟，不過爲幾個能解字的聖人而已。清儒唱古訓
> 明而義理明之說，自居爲解字者，今乃欲強坐周召孔孟亦與漢儒、
> 清儒同等並列，爲解字之聖人，然則彼造字之古聖人又何人乎？一
> 切最精確之義理，果包蘊於造字最先之初，而此最先造字之古聖人
> 爲後世一切義理準繩者，其人何人？若茫若昧，已在荒晦不可知之

〔註60〕頁上，頁499。
〔註61〕《揅經室再續集》卷一。
〔註62〕《揅經室續集》卷四，頁146。

域，即芸臺亦不得不僅而稱之曰：「古聖人」而已。推極古訓明而義
理明之說，終不得超越孔子而上（否則孔子義理從何而來，仍是問
題）。既超越孔子而上，終不得不極於不知誰何之造字古聖人，而古
聖人之造字又何始乎？〔註63〕

如自源頭而往上推尋，則古訓之權輿必流於茫昧。而周孔以上，溯其原始，所
謂造字之古聖人，蓋亦不可知，是古訓明而義理明之規範將有所限。由此亦知
古訓之考證，仍拘著於文字，若文字無可考，古訓之意恐不得知，謂之義理者，
又是難言。此錢氏之述，於阮元《性命古訓》應有糾謬之功。惟吾人當知，阮
元所述，乃乾嘉之世，所言必有其時代之背景，未可全然以爲非。至於傅斯年
先生謂阮氏之作有三蔽，是又漢學家普通之失。其說謂：

夫阮氏一書不能無蔽者，其故有三。

在阮氏時，漢學精詣所在，古訓古音之學耳！其於詩書之分析觀念
或不及朱子蔡沈，其于古文字之認識，則以所見材料有限之故，遠
在今人所到境界之下。

此謂義理以古訓古音爲說，析論未若宋儒之縝密；而古文字學之認識，以所
見材料之未足，字體之勘定，又不若今人之得其眞。

阮氏據〈召誥〉發揮其「節性」之論，據〈大雅・張皇其〉「彌性」
之詞，殊不知〈召誥〉所謂「節性」，按之《呂覽》本是「節生」；〈大
雅〉所謂「彌爾性」，按之金文乃是「彌厥生」，皆與性無涉。此所
用材料蔽之也，一端也。

孟子昌言道統，韓愈以後儒者皆以爲孟子直得孔門之正傳，在此「建
置的宗教」勢力之下，有敢謂孟子之說不同孔子者乎？有敢謂荀子
性論近于孔子者乎？此時代偶像蔽之也，二端也。

自西河毛氏、東原戴氏以來，漢宋門戶之見甚深。宋儒之說爲漢學家
認作逃禪羽化，漢學家固不暇計較宋儒性命論究與漢儒有無關係，亦
不暇探討禪宗之果作何說，道士之因持何論也。自今日觀之，清代所
謂宋學實是明代之官學，而所謂漢學，大體上直是自紫陽至深寧一脈
相衍之宋學，今人固有此「舥不舥」之歎，在當時環境中則不易在此
處平心靜氣。此門戶之蔽也。〔註64〕

〔註63〕錢穆《近三百年學術史下》，〈焦里堂、阮芸臺、凌次仲〉，頁483。
〔註64〕《傅斯年全集》第二冊，頁498。

則傳氏言阮學三蔽者，實即漢學之針砭。所謂「材料之蔽」、「偶像之蔽」、「門戶之蔽」者，大體言之，仍爲確當。以「節性」言，推之典籍，當爲節生，彌爾生之說，與性字未嘗相涉，即「性」之微旨，阮元之解，亦未圓熟；而直承孔孟，雖道統所在，然孔孟以外之儒者，若荀卿者流，其言性之論，未必得於參驗之例，則近似道統之「偶像」意識可知；又以隱承朱子一脈之流衍，仍未肯同於朱子之學脈，至形成漢、宋堅實之壁壘，蓋亦門戶之見。然學者就今之所見，衡諸古昔之所爲，若以古言古，所見或未必如此，是以論古必恕，言漢言宋者，皆當時勢使然，未可全然爲是或爲非。故傳氏評阮元之蔽，亦當時考證家一曲之偏，然相對而言，何嘗非考證家所據以凸顯學派之特色？王國維先生〈國朝漢學派戴阮二家之哲學說〉，亦云：

> 近世哲學之流，其膠淺枯涸有甚於國朝三百年間者哉！國初承明之後，新安、姚江二派尚相對壘，各抱一先生之言，株朱自悅，未有能發明光大之者也。雍、乾以後，漢學大行，凡不守許、慎，不口鄭元者，不足以與於問學之事。就是昔之談程朱陸王者，屏息斂足，不敢出一語。至乾、嘉之閒，而國朝學術與東漢比隆矣；然其中之鉅子亦悟其說之龐雜破碎無當於學，遂出漢學固有範圍外，而取宋學之途徑。於是孟子以來所提出之人性論，復爲爭論之問題，其中之最有價值者，如戴東原之《原善》、《孟子字義疏證》；阮文達《性命古訓》等，皆由三代秦漢之說，以建設其心理學及倫理學。其說之幽元高妙，自不及宋人遠甚，然一方復活先秦之古學；一方又加以新解釋，此我國最近哲學上唯一有興味之事，亦唯一可紀之事也。〔註65〕

是論及幽玄渺遠，漢學或不及宋學，然一則復先秦之古學，一則就古學予新之詮釋，又爲漢學者「興味」之事；而此興味事，王氏以爲前有戴震，後有阮元，二者相輔相成，使漢學之考證，別立於幽渺心性，又能振起先秦古學之風，則戴、阮二學，究其原始，限制雖或不免，然於古學之振興，則必非空言心性者所可望及。

　　再者，阮元以「性命」並稱，其性命意涵究爲如何，仍須析壘。此問題，「阮元之儒學」一章固已述之。今所述者，乃性命二字，於周初文獻所顯現之意，究爲如何？藉此可以探知先生寄意之所在。

〔註65〕《王觀堂全集‧初編》冊五，頁1784。

阮元云：

> 按性字本從心從生，先有生字，后造性字，商周古人造此字時，即
> 已諧聲，聲亦意也。〔註66〕

是先有生字，后造性字。再以西周吉金文中，命字多見，性字少出，故阮元云：「周初古人亦不必定于多說性字。」然則周初性命觀究竟爲何？又若阮元所言：「字如此實造，事如此實講。」故綜《古訓》之述，其義可爲：

1. 以古史之源觀之，殷商甲文帝祖未分，天人亦未嘗有別，天人合一之宗教意識甚切；周初則不然，乃帝與祖分隔，天與人有別，故於「周頌」之要義，殷之與周，天帝、祖宗觀念爲異。

2. 天命之意，爲周初重要思想，以「命」爲說之例，鐘鼎彝銘載之甚多，「性」字所見，反而殊少。

3. 言「性命」之詞，在於先王配天，降福後代子孫，如「有孝有德」之謂，重祖先神之義，在常人所謂禍福之性命觀，未稍涉及。

4. 即在「性」字，初民所言，亦非指爲善爲惡之念，乃昭示王室貴族依先公先王之意，以終天命，亦無深義。〔註67〕

至於處理性命之意涵，阮元所引用歸納之法，就相關性之語句繫連，論其方法，當爲無誤，然此方法究能否皆行，又值疑慮。如前諸章所述，阮元治學之法在「歸納、統計」，亦如胡適先生所言：「阮元最長於用歸納比較的發法來尋出文字訓詁的變遷。」〔註68〕憑心而論，此法未爲非，亦漢學考證必然之法，將西周、戰國之作平列相觀，而勉以「古性命之訓雖多，而大旨相同。」（《性命古訓》）依時代論證，似未必全然吻合。

再以「性」之義，阮元釋孟子「性善」之論，訓詁所由，乃承戴震而來，皆以性、欲無善惡之分，故特贊漢儒趙岐之章注，以爲趙注不若晉唐學者別欲於性之外。又以對宋儒之見，阮氏亦若戴氏，未肯贊同宋儒。王國維先生以爲戴氏之說，詳於《原善》及《孟子字義疏證》，然其說之系統，則具於〈讀易繫辭論性〉一文，由此文，一以見戴氏之說，亦以見阮氏之論，今擷其要者如下：

> 《易》曰：「一陰一陽之謂道，繼之者善也；成之者性也。」……有

〔註66〕《揅經室一集》卷十，頁208。
〔註67〕侯外廬《中國思想通史》第五冊，頁601。
〔註68〕胡適《戴東原的哲學》，頁141。

天地，然後有人物；有人物，於是有人物之性。人與物同有欲，欲
也者，性之事也。人與物同有覺，覺也者，性之能也；……所謂血
氣心知之性，發於事能者也；所謂天之性者，事能之無有失是也。
爲夫不知德者，別言之也。人與物同有欲而得之以生也。各殊人與
物同有覺，而喻大者大，喻小者小也。各殊人與物之中正，同協於
天地之德，而存乎其得之，以生存呼喻大喻小之明昧也各殊，此之
謂陰陽互行以成性，故曰：「成之者性也。」

王國維且注云：

宋儒之言性也，以性爲即理；又雖分別理義之性與氣質之性，然以
欲爲出於氣質之性，而其所謂性，概指義理之性言之（朱子《論語》
「性相近也」章，註引程子曰：「此言氣質之性，非性之本也。」若
言其本，則性即是理，理即無不善，孟子之言性善是也，何相近之
有哉！孟子「生之謂性」章，註告子不知性之爲理，而以所爲氣者
當之）。故由宋儒之說，欲者，性以外之物；又義理者，欲以外之物
也。戴氏則以欲在性中而義理即在欲中也。欲也者，性之事也；事
無有失則協於天地之德，協於天地之德，理至正也。理也者，性之
德也；又曰：「欲不流於私，則仁不溺而爲匿則義，情發而中節則和，
如是之謂天理。情欲未動，湛然無失，是爲天性；非天性自性，情
欲自情欲，天理自天理也。」（〈答彭進士書〉）又曰：「理也者，情
之不爽失也。」（《孟子字義疏證·上》）又曰：「無過情，無不情之
謂性。」此所謂情兼欲而言之。〔註69〕

然則戴氏之性即欲也，所謂情者，即此之所謂欲也。此所謂情者，有親疏、長
幼、尊卑而發於自然；然如謂欲患其過而情心其不及者，則狹義之情，非所謂
情也。此所謂情者，欲而已矣，而欲之得其平、得其節者，即謂之理。因之情
欲未動，即湛然無失，非天性自天性，情欲自情欲；亦非天理自天理，所謂理
者，非具於物先，乃存於物中，物之條分縷析者即理也。夫生生者，天地之性，
由是而有陰陽五行，由是而有山川原隰，由是而有飛潛動植，所謂生生條理者，
此即天地之理。而吾人之欲仍在依乎天理，其道在行孔子之所謂「恕」，大學所
謂「絜矩之道」也；所謂理者，自其客觀上言之，所謂恕與絜矩之道者，自主
觀上言之；所謂理者，自其究竟言之，所謂恕與矩之道者，自其手段言之，其

〔註69〕《王觀堂全集》冊五，〈國朝漢學派戴阮二家之哲學說〉，頁1787、1794。

實則一而已。而此說者，與宋儒之性究爲有別；由是觀之，戴、阮之性與宋儒
途轍相左甚遠。而阮元之「節性」者。又以爲情之與欲既存之於心，苟能節制，
不使越份，則理在其中，當無復有亂者。故如〈節性齋主人小像跋〉所謂「周
召知性中有欲，必須節之。節者，如有所節制，使不踰尺寸也。以節字制天下
後世之性，此聖人萬世可行，得中庸之道也。」由是以性爲客觀者，而出之以
節制，則此性反爲血氣心知之性，而非靈明之義理之性。至於上述之說，究何
者爲定論，此又難言。王國維先生則謂：

> 故阮氏之說，全祖戴氏，其所增益者，不過引《書·召誥》、《詩·
> 卷阿》之說，爲戴氏之未及，又分析性之字義而已。二氏之意，在
> 申三代秦漢之古義，以攻擊唐宋以後雜於老佛之新學。戴氏於《孟
> 子字義疏證》外，其攻擊新學尤詳。於〈答彭進士書〉，其弟子段若
> 膺氏謂此書：「以六經孔孟之恉，還之六經孔孟；以程朱之恉，還之
> 程朱；以陸王佛氏之恉，還之陸王佛氏。」誠哉此言也。阮氏於《性
> 命古訓》中，亦力攻李翱〈復性〉之說，又作〈塔性說〉，以爲翻譯
> 者但用典中性字，以當佛經無得而稱之物；而唐人更以經中性字當
> 之。……要之，以宋儒之說還宋儒，以三代之說還三代，而使吾人
> 得明認三代與唐宋以後之說之所以異，其功固不可沒也。〔註70〕

王氏於戴阮之說，雖不無微辭，所存乃學術之論辯，亦在求其眞而已。於二
氏者，仍然多所贊揚，且以爲漢宋相軋之爭，不若回溯本來，使宋儒還宋儒，
三代還三代，而明辨三代與唐宋之說所以異，乃爲善耳。

　　敘及阮元之性命論，所以皆舉古訓，亦在突顯漢學之術，在乎無徵不信；
性命論如此，其他諸論亦然。以思想觀點言，若釋「心」，論「格物」，述「仁」，
皆以古訓爲證，亦皆在乎徵實。故其言「心」者，取漢劉熙《釋名》：「言纖
微無物不貫。」；《易》：「坎其于木也，爲堅多心。」；《詩》：「吹彼棘心，棘
心夭夭。」，而以纖銳尖刺之意釋心，彼心有其實體，非是內在之心也。言「格
物」者，取《詩》「暴風來格」；古鐘鼎文「格于太廟」、「格于太室」；而訓格
爲至；至者，實在之踐履也。而言「仁」者，則自鄭玄「相人偶」之說來，
且謂：「學者或致新僻之疑，不知"仁"字之訓爲"人"也，乃周秦以來相傳
未失之故訓。東漢之末，猶人人皆知，并無異說。康成氏所舉相人偶之言，
亦是秦漢以來民間恆言，人人在口，是以舉以爲訓，初不料晉以后此言失傳

也。」按「人」字，就西周文獻見之，如常人，老成人，皆指族人，非爲一般之民，如《追簋》所言：「用享考于前文人。」蓋爲特定之人；且「人」字亦奴隸之稱，如《克盨》：「王令尹氏友史金典善夫克田人。」〔註71〕而《周禮·地官·大司徒》：「掌建邦之土地之圖，與其人民之數。」《左傳·隱公十一年》：「禮，經國家，定社稷，序民人，利後嗣者也。」此「人」者，始謂之民也。是西周之「人」與春秋末之「人」，其義有別。

故阮元引〈小雅·四月〉：「先祖匪人，胡寧忍予！」以爲人即仁字，即相人偶之意，且與《論語》：「人也，奪伯氏邑。」之人相同（〈論語論仁論〉）。然依上述之說，則「先祖匪人」之人，當指祖先，即尊貴之族人，與《論語》之人有異。此爲小疵，未足掩大醇。惟阮氏〈論語論仁論〉之引漢儒，其反宋學頗明；而〈孟子論仁論〉亦在反明學也。譬訓「良知良能」之良爲「實」，謂「良知即心端也，良能實事也，舍事實而專言心，非孟子本旨。」且評王陽明良知之體如明鏡說，謂「不解王文成何所取而以爲聖賢傳心之祕！」（〈孟子論仁論〉）其嚴守漢學，而與宋明理學扞格不入者，明顯可知！

綜上所言，阮云之「推明古訓，實事求是。」雖未必皆合理義，然其繼承漢學家治學之法，由考據而得結論，於宋、明理學是一反動，雖未必建構若皖派學者，如戴、段、二王及焦循等綿密體系，然先生以科學之客觀態度論斷學術，成果亦斐然。且於漢學趨微之際，廣開學舍、學堂，爲漢學而致力，其精神義旨，皆令後學淪肌浹髓而有餘！劉師培先生〈清儒得失論〉歸約阮元之業：

> ……從政之餘，兼事掇拾校勘之學，捃摭群籍，網羅放失，或考訂異文，證覈前賢，流布群籍，踵事剞劂。……及阮元督兩廣，建學海堂，聚治經之士，講習其間。……此與公孫相漢，振興儒學無異。
>
> 然阮元能建學，故所得多樸質士，猶愈於浮華者。〔註72〕

則劉氏之論，可視切中肯綮！今謹以其說爲先生之總評，并以爲是書之總結。

〔註71〕陳初生編《金文常用字典》卷八，頁766。
〔註72〕劉師培《左盦外集》卷九，頁1778。

主要徵引書目

一、阮元之論纂

1. 《揅經室集》，阮元撰，道光三年（1823）刻本。

2. 《揅經室續集》，阮元撰，道光十九年（1839）刻本。

3. 《揅經室集》，阮元撰，臺北，世界書局，民國71年（1982）3月再版。

4. 《詩書古訓》，阮元撰，《粵雅堂叢書》本，咸豐五年（1855）刻本。

5. 《詩書古訓》，阮元撰，臺北，新文豐公司，民國73年（1984）初版。

6. 《積古齋鐘鼎彝器款識》，阮元撰，嘉慶九年（1804）刻本。

7. 《積古齋鐘鼎彝器款識》，阮元撰，1934年據手稿石印本。

8. 《積古齋藏器目》，阮元撰《零鶼閣叢書》本，商務印書館1936年影印版。

9. 《小滄浪筆談》，阮元撰，光緒元年（1875）江蘇書局刻本。

10. 《定香亭筆談》，阮元撰，光緒二十五年（1899）。浙江書局重刻本。

11. 《漢延熹西岳華山碑考》，阮元撰，《叢書集成初編》本，商務印書館1936年版。

12. 《揅經室外集》，阮元撰，阮福編集，光緒光年（1882）傅以禮重編。

13. 《阮文達三家詩補遺三卷》，阮元撰。光緒壬寅（1902）年，湘潭葉德輝印行。

14. 《阮元年譜》（即《雷塘庵主弟子記》），張鑑等撰，黃愛平點校，北京，中華書局1995年版。

15. 《經籍籑詁》，阮元主編，中華書局1982年版。

16. 《經籍籑詁》，阮元主編，上海古籍出版社，1989年版。

17. 《十三經注疏》〈附校勘記〉，阮元主編，臺北，藝文印書館，民國86年（1997）8月初版，十三刷。

18. 《十三經注疏校勘記識語》，汪文台，光緒三年（1877）江西書局刻本。

19. 《皇清經解》，阮元主編，道光九年（1829）廣東學海堂刻本。

20. 《皇清經解》，阮元主編，咸豐十年（1860）補刻本。

21. 《兩浙金石志》，阮元撰，光緒十六年（1890）浙江書局刻本。

22. 《廣東通志》，阮元修，陳昌齊、劉彬華等纂，上海，古籍出版社，1990年 3 月第一版。

23. 《曾子十篇》，阮元注釋，臺北，商務印書館，民國 59 年（1970）初版。

24. 《兩浙輶軒錄》，阮元輯，光緒十六年（1890）浙江書局重刻本。

25. 《淮海英靈集》，阮元輯，《叢書集成初編》，民國 24 年（1935）上海商務印書館排印。

26. 《詁經精舍文集》，阮元編，嘉慶六年（1803）刊本。

27. 《文選樓藏書記六卷》，阮元編，李慈銘校訂，會稽李氏越縵堂烏絲欄鈔本。

28. 《文選樓藏書記》，阮元編，臺北，廣文書局，民國 58 年（1969）出版。

29. 《學海堂集》，阮元輯、張維屏續輯，道光五年（1825）廣州學海堂刊本。

二、清人文集著述

1. 《瀛舟筆談》，阮亨撰，嘉慶二十五年（1820）刻本。

2. 《文筆考》，阮福撰，臺北，世界書局，民國 68 年（1979）7 月出版。

3. 《日知錄集釋》，顧炎武著，〈清〉黃汝成集，秦克誠點校，長沙，岳麓出版社，1996 年 2 月第二次印刷。

4. 《顏氏學記》，戴望撰，臺北，世界書局，民國 69 年（1980）10 月再版。

5. 《戴東原集》，戴震撰，商務印書館 1929 年影印，乾隆 57 年（1792）金壇段氏經韻樓刻本。

6. 《戴震集》，戴震撰，臺北，里仁書局，民國 69 年（1980）1 月初版。

7. 《戴震全集》，戴震撰，黃山書社 1995 年版。

8. 《笥河文集》，朱筠撰，嘉慶八年（1803）刻本。

9. 《復初齋文集》，翁方綱撰，嘉慶刻本。

10. 《校禮堂文集》，凌廷堪撰，《安徽叢書》，嘉慶十八年（1813）刻本。

11. 《冬青館甲乙集》，張鑑撰，吳興劉氏嘉業堂刊本。

12. 《經韻樓集》，段玉裁撰，道光二年（1821）刻本。

13. 《段玉裁遺書》，段玉裁撰，臺北，大化書局，民國 66 年（1977）影印。

14. 《說文解字注》，段玉裁撰，《經韻樓藏版》，臺北，藝文印書館，民國 65 年（1976）10 月四版。

15. 《說文解字注》，段玉裁撰，《經韻樓藏版》，臺北，天工書局，民國 85 年（1996）9 月再版。

16. 《高郵王氏六葉狀碑誌集》，《高郵王氏遺書》，〈清〉羅振玉輯，1925 年版。

17. 《讀書雜志》，王念孫撰，江蘇古籍出版社，1985 年版。

18. 《讀書雜志》，王念孫撰，北京，中國書店，1985 年版。

19. 《廣雅疏證》，王念孫撰，陳維根點校，香港，中文大學，1978 年版。

20. 《經義述聞》，王引之撰，江蘇古籍出版社，1985 年版。

21. 《尚書今古文注疏》，孫星衍撰，陳抗、盛冬鈴點校，北京，中華書局，1986 年版。

22. 《問字堂集》，孫星衍撰，乾隆六十年（1795）刻本。

23. 《左海文集》，陳壽祺撰，《左海全集》本，道光三年（1823）陳氏刻本。

24. 《雕菰集》，集循撰，道光四年（1824）阮福刻本。

25. 《雕菰集》，焦循撰，臺北，鼎文書局，民國 66 年（1977）9 月初版。

26. 《孟子正義》，焦循撰，臺北，世界書局，民國 81 年（1992）4 月五版。

27. 《論語正義》，劉寶楠撰，臺北，文史哲出版社，民國 79 年（1990）11 月初版。

28. 《經義雜記》，臧琳撰，臺北，維新書局，民國 57 年元月出版。

29. 《述學》，汪中撰，江都《汪氏叢書本》，民國 14 年（1925），上海，中國書店影印本。

30. 《古經解鉤沉》，余蕭客撰，臺北，廣文書局，民國 61 年（1972）初版。

31. 《經解入門》，江藩撰，臺北，廣文書局，民國 66 年（1977）1 月初版。

32. 《國朝漢學師承記》（附《國朝經師經義目錄》、《國朝宋學淵源記》）江藩撰，上海，中華書局 1983 年版。

33. 《漢學師承記》（外二種），江藩、方東樹等，徐洪興編校，《中國近代學術名著叢書》，錢鍾書主編，朱維錚執行主編，香港，三聯書店，1998 年 7 月，香港第一版，第一次印刷。

34. 《潛研堂集》，錢大昕撰，呂友仁校點，上海古籍出版社 1989 年版。

35. 《十駕齋養新錄》，錢大昕撰，臺北，商務印書館，民國 56 年（1967）3 月台一版。

36. 《劉禮部集》，劉逢祿撰，道光十年（1830）劉氏思誤齋刻本。

37. 《養素堂文集》，張澍撰，道光十七年（1837）刻本。

38. 《抱經堂文集》，盧文弨撰，王文錦點校，北京，中華書局 1989 年版。

39. 《履園叢話》，錢泳撰，道光十八年（1838）述德堂刻本。

40. 《授堂文鈔》，武億撰，道光二十三年（1843）孫未刻《授堂遺書本》。

41. 《曝書雜記》，錢泰吉撰，同治七年（1868）刻本。

42. 《漢學商兌》，方東樹撰，臺北，廣文，民國 52 年（1963）元月初版。

43. 《廣陽雜記》，劉獻廷撰，臺北，河洛出版社，民國 65 年（1976）臺景印初版。

44. 《復禮堂文集》，曹元弼撰，1917 年刻本。

45. 《復禮堂文集》，曹元弼撰，昌彼得句讀，臺北，文史哲出版社，民國 62 年（1973）2 月初版。

46. 《筠軒文鈔》，洪頤煊撰，《邃雅齋叢書》。

47. 《讀書叢錄》，洪頤煊撰，臺北，廣文書局，民國 66 年（1977）1 月初版。

48. 《蕉聲館文集》，朱為弼撰，咸豐二年（1852）平湖朱氏刻本。

49. 《鄭堂讀書記》，周中孚撰，吳興劉氏嘉業堂刊本，臺北，世界書局，民國 54 年（1965）4 月再版。

50. 《甘泉鄉人稿》，錢泰吉撰，昌彼得主編，臺北，文史哲出版社，民國 62 年（1973）版。

51. 《揚州畫舫錄》，李斗著，汪北平，涂雨公點校，北京，中華書局 1960 年版。

52. 《夏仲子集》，夏炘撰，咸豐五年（1855）刻本。

53. 《景紫堂文集》，夏炘撰，咸豐五年（1855）刻本。

54. 《經學博采錄》，桂文燦撰，《辛巳叢編》；又民國，鄭浩撰，民國 22（1933）排印本。

55. 《定盦文集》、《續篇》、《補篇》，龔自珍撰，同治七年（1868）刻本。

56. 《龔定盦全集》，龔定盦撰，臺北，新陸書局，民國 52 年（1963）10 月初版。

57. 《天岳山館文鈔》，李元度撰，光緒六年（1880）刻本。

58. 《國朝先正事略》，李元度著，易孟醇點校，岳麓書社 1991 年版。

59. 《國朝耆獻類徵》，李桓撰，光緒中，湘陰李氏刻本。

60. 《清代碑傳全集》，錢儀吉傳，上海，古籍出版社，1987 年版。

61. 《續碑傳集》，繆荃孫纂錄，《清代傳記叢刊》，臺北，明文書局，民國 74 年（1985）5 月初版。

62. 《碑傳集補》，閔爾昌纂錄，《清代傳記叢刊》，臺北，明文書局，民國 74 年（1985）5 月初版。

63. 《籀經堂類稿》，陳慶鏞撰，光緒九年（1883）刻本。

64. 《曬書堂大集》，郝懿行撰，光緒十年（1884）刻本。

65. 《爾雅義疏》，郝懿行撰，臺北，藝文出版社，民國 76 年（1987）10 月
    四版。

66. 《東塾集》，陳澧撰，光緒十八年（1892）菊坡精舍刻本。

67. 《東塾讀書記》，陳澧撰，上海，中華書局，1969 年版。

68. 《純常子枝語》，文廷式撰，由雲龍輯，上海，商務印書館，1959 年版。

69. 《春在堂全集》，俞樾撰，光緒二十五年（1899）俞氏重編定刊本。

70. 《俞樾箚記五種》，俞樾撰，臺北，世界書局，民國 73 年（1980）再版。

71. 《癸巳類稿》，俞正燮撰，臺北，世界書局，民國 69 年（1980）三版。

72. 《周禮正義》，孫詒讓著，《國學基本叢書》，臺北，商務印書館，民國 56
    年（1967）3 月台一版。

73. 《虛受堂文集》，王先謙撰，光緒二十六年（1900）年刻本。

74. 《禮書通故》，黃以周撰，臺北，華世書局，民國 65 年（1976）版。

75. 《札迻》，孫詒讓撰，臺北，世界書局，民國 53 年（1964）9 月再版。

76. 《札樸》，桂馥撰，臺北，世界書局，民國 53 年（1964）9 月再版。

77. 《太炎文錄初編》，章太炎撰，臺北，新陸書局，民國 59 年（1970）4 月。

78. 《訄書》，章太炎撰，臺北，世界書局，民國 76 年（1987）3 月三版。

79. 《國學講演錄》，章太炎著，華東師範大學出版社，1995 年版。

80. 《章太炎學術史論集》，章太炎撰，傅杰編校，北京，中國社會科學出版
    社，1997 年 6 月第 1 版。

81. 《文始》，章太炎著，臺北，中華書局，民國 69 年（1980）台二版。

82. 《劉申叔遺書》，劉師培撰，1934 年寧武南氏排印本。

83. 《劉師培辛亥前文選》，劉師培著，李妙根篇，朱維錚校，香港，三聯書
    店，1998 年 7 月香港第 1 版第 1 次印刷。

84. 《黃侃、劉師培卷》，劉夢溪主編《中國現代學術經典》，吳方編校，河北
    教育出版社，1996 年 8 月第 1 版。

85. 《書目答問二種》，張之洞著，陳居淵編，朱維錚校，香港，三聯書店，
    1998 年 7 月第 1 次印刷。

86. 《書林清話》，葉德輝著，臺北，世界書局，民國 54 年（1965）版。

87. 《經學歷史》，皮錫瑞撰，臺北，藝文印書館，民國 76 年（1987）10 月
    二版。

88. 《定本觀堂集林》，王國維撰，民國 59 年（1970）1 月三版。

89. 《王國維先生全集》，王國維撰初編、續編、附錄，臺北，大通書局，民
    國 65 年（1976）7 月初版。

90. 《王國維論學集》，王國維，傅杰編校，北京，中國社會科學出版社，1997

年 6 月第 1 次印刷。

91. 《國朝金文著錄表》，王國維撰，臺北，文海出版社，民國 63 年（1974）十一月景印本。

92. 《瓊室金石補證》，陸增祥撰，《吳興劉氏希古樓刊》，臺北，文海出版社，民國 63 年（1974）1 月台二版。

93. 《清朝文獻通考》，高宗敕撰，浙江古籍出版社 1988 年版。

94. 《清朝續文獻通考》，劉錦藻撰，浙江古籍出版社 1988 年版。

95. 《清史稿列傳》，趙爾巽等撰，《清代傳記叢刊》，周駿富輯，臺北，明文書局，民國 74 年（1985）5 月出版。

96. 《清代學者象傳》，葉德輝編，臺北，文海出版社，民國 58 年（1969）7 月初版。

97. 《清史稿校註》，朱匯森等，臺北，國史館，民國 75 年（1986）2 月出版。

98. 《清代樸學大師列傳》，支偉成著，《清代傳記叢刊》，民國 74 年（1985）5 月初版。

99. 《四庫全書總目》，永瑢等撰，北京，中華書局，1965 年 6 月第 1 版，1995 年 4 月北京第 6 次印刷。

100. 《四庫全書簡明目錄》，紀昀等撰，臺北，世界書局，民國 64 年（1975）11 月三版。

101. 《四庫全書考證》，臺北，鼎文書局，民國 67 年（1978）3 月初版。

三、近人論著

1. 《清儒學案》，徐世昌等編纂，臺北，燕京文化公司，民國 75 年（1986）初版。

2. 《清儒學案小傳》，徐世昌纂、周駿富編，《清代傳記叢刊》，臺北，明文書局，民國 74 年（1985）5 月初版。

3. 《中國近三百年學術史》、《清代學術概論》，梁啓超著，臺北，里仁書局，民國 84 年（1995）2 月初版。

4. 《中國近三百年學術史》，錢穆著，臺北，商務印書館，民國 26 年（1937）5 月初版，民國 65 年（1976）10 月台六版。

5. 《中國近三百年學術思想論集》，存粹社編集，1978 年 6 月。

6. 《中國思想通史》，侯外廬、趙紀彬、杜國庠著，北京，人民出版社，1995 年 10 月北京第 7 次印刷。

7. 《中國思想史綱》，侯外廬主編，原出版者：中國青年出版社；臺北，五南圖書出版公司，民國 82 年（1993）9 月初版一刷。

8. 《中國哲學思想史·清代篇》，羅光著，臺北，學生書局，民國 70 年（1981）

11 月初版，民國 79 年（1990）11 月修訂版一刷。

9. 《十三經概論》，夏傳才著，臺北，萬卷樓圖書公司，民國 85 年（1996）年 6 月初版。

10. 《詩經研究史概要》，夏傳才著，臺北，萬卷樓圖書公司，民國 83 年（1994）1 月出版。

11. 《詩經通解》，林義光註解，臺北，中華書局，民國 75 年（1986）11 月台二版。

12. 《詩經今注》，高亨注，臺北，里仁書局，民國 70 年（1981）10 月初版。

13. 《詩經通釋》，李辰冬，臺北，水牛出版社，民國 60 年（1971）12 月。

14. 《詩經研究》，李辰冬，臺北，水牛出版社，民國 63 年（1974）10 月。

15. 《三禮通論》，錢玄著，南京師範大學出版社，1996 年 10 月 1 版。

16. 《尚書流衍及大義探討》，李振興著，臺北，文史哲出版社，民國 71 年（1982）6 月。

17. 《論語新詮》，方驥齡著，臺北，中華書局，民國 67 年（1978）12 月出版。

18. 《兩漢經學史》，章權才著，臺北，萬卷樓圖書公司，民國 84 年（1995）5 月初版。

19. 《中國經學史》，本田成之著，臺北，廣文書局，民國 79 年（1990）7 月再版。

20. 《經學史》，〈日〉安井小太郎等著，連清吉、林慶彰合譯，臺北，萬卷樓圖書公司，民國 85 年（1996）10 月初版。

21. 《經學源流考》，甘鵬雲撰，臺北，廣文書局，民國 85 年（1996）10 月再版。

22. 《潛廬續編》，甘鵬雲著，《甘氏潛雅堂家藏存稿》，臺北，大華印書局，民國 29 年（1940）景印本。

23. 《經學研究論集》，王靜芝等著，《孔孟學說叢書》，臺北，黎明出版公司，民國 71 年（1982）10 月初版。

24. 《經學淺談》，楊伯峻等著，臺北，萬卷樓圖書公司，民國 82 年（1993）初版。

25. 《群經要義》，陳克明著，北京，東方出版社，1996 年 12 月。

26. 《中國經學史的基礎》，徐復觀著，臺北，學生書局，民國 85 年（1996）4 月三刷。

27. 《兩漢思想史》，徐復觀著，臺北，學生書局，民國 82 年（1993）9 月初版第四次印刷。

28. 《中國人性論史》，徐復觀著，臺北，商務印書館，民國 58 年（1969）1

月初版。

29. 《中國哲學原論‧原道篇》，唐君毅，香港，新亞書院研究所，民國 62 年（1973）5 月出版。

30. 《周公孔子研究》，黃彰健著，臺北，中央研究院，民國 86 年（1997）4 月出版。

31. 《經學通論》，王靜芝撰，臺北，國立編譯館，民國 61 年（1972）版。

32. 《詩經通釋》，王靜芝撰，臺北，輔仁大學文學院叢書，民國 84 年（1995）3 月十四版。

33. 《國學導讀》，王靜芝，蔡興濟合著，臺北，輔仁大學文學院叢書，民國 84 年（1995）3 月十五版。

34. 《國學概論》，錢穆著，臺北，商務印書館，1995 年 9 月台 2 版。

35. 《國學概論》，程發軔，臺北，正中書局，民國 77 年（1988）台初版第八次印行。

36. 《戴東原的哲學》，胡適自校本，臺北，商務印書館，1996 年 2 月 1 版，第 6 次印刷。

37. 《古籍探義》，胡楚生著，臺北，華正書局，民國 70 年（1981）5 月初版。

38. 《儒行研究》，胡楚生著，臺北，華正書局，民國 75 年（1986）3 月初版。

39. 《清代學術史研究》，胡楚生著，臺北，學生書局，民國 77 年，（1988）2 月出版，82（1993）3 月初版二刷。

40. 《清代學術史研究續編》，胡楚生著，臺北，學生書局，民國 83 年（1994）12 月初版。

41. 《中國目錄學研究》，胡楚生著，臺北，華正書局，民國 76 年（1987）元月增訂一版。

42. 《訓詁學大綱》，胡楚生著，臺北，華正書局，民國 84 年（1995）9 月六版。

43. 《訓詁學導論》，何宗周著，臺北，香蕉山出版社，民國 70 年（1981）10 月版。

44. 《經學通論》，葉國良、夏長樸著。李隆獻編著，臺北，空中大學，民國 86 年（1997）8 月初版二刷。

45. 《經學通論》，劉百閔著，臺北，國防研究院出版部，民國 59 年（1970）3 月初版。

46. 《清儒學案新編》，楊向奎主編，山東，齊魯書社，1985～1994 版。

47. 《清儒傳略》，嚴文郁編，臺北，商務印書館，民國 79 年（1990）7 月初版。

48. 《清儒學記》，張舜徽著，上海，人民出版社，1991 年版。

49. 《清代揚州學記》，張舜徽著，上海，人民出版社，1962 年版。

50. 《清代文人別集》，張舜徽著，上海，中華書局，1963 年版。

51. 《清人筆記條辨》，張舜徽著，上海，中華書局，1986 年版。

52. 《中國古代史籍校讀法》，張舜徽等，上海，中華書局，1962 年版。

53. 《舊學輯存》，張舜徽著，山東，齊魯出版社，1988 年 10 月第 1 版。

54. 《張舜徽學術論著選》，張舜徽著，張君和選編，武漢，華中師範大學出版社 1997 年版。

55. 《中國學術史大綱》，林尹著，臺北，正中書局，民國 53 年（1964）版。

56. 《訓詁學概要》，林尹編著，臺北，正中書局，民國 83 年（1994）11 月，第十六次印行。

57. 《文字學概說》，林尹編，臺北，正中書局，民國 58 年（1996）年 6 月第二十一次印行。

58. 《中國聲韻學通論》，林尹著，林炯陽注釋，臺北，黎明文化事業公司。民國 84 年（1995）5 月改版。

59. 《形聲多兼會意考》，黃永武著，民國 81 年，（1992）10 月版六刷。

60. 《中國訓詁學史》，胡樸安著，北京，商務印書館，1998 年第 1 次印刷。

61. 《訓詁方法論》，陸宗達、王寧著，北京，中國科學社會出版社，1983 年版。

62. 《訓詁學概論》，齊佩瑢著，臺北，華正書局，民國 80 年（1991）9 月版。

63. 《訓詁學》，應裕康、王忠林、方俊吉編著，高雄，文化出版社，民國 82 年（1993）5 月初版。

64. 《中國訓詁學》，周何著，臺北，三民書局，民國 86 年（1997）11 月。

65. 《訓詁學》上，陳新雄著，臺北，學生書局，民國 85 年（1996）9 月增訂版。

66. 《訓詁學》，楊端志，山東大學，臺北，五南出版公司印行，民國 86 年（1997），11 月初版。

67. 《古籍知識手冊》，高振鐸主編，臺北，萬卷樓圖書公司，民國 86 年（1997）8 月初版。

68. 《金石學》，朱劍心著，臺北，商務印書館，1995 年 7 月台二版。

69. 《中國金石學》，陸和九，臺北，明文書局，民國 70 年（1981）3 月版。

70. 《凡將齋金石叢稿》，馬衡撰，臺北，明文書局，民國 70 年（1981）9 月版。

71. 《周代金文圖錄及釋文》，郭沫若著，臺北，大通書局，民國 23 年（1934）11 月景印本。

72. 《兩周金文辭大系圖錄考釋》，郭沫若著，北京，中國社會科學出版社，1985 年。

73. 《商周彝器通考及圖錄》，容庚編著，臺北，文史哲出版社，民國 74 年（1985）元月出版。

74. 《金石契》，張燕昌過眼，劉蒽石校刊，臺北，文史哲出版社，民國 60 年（1971）5 月景印。

75. 《金石叢刊》，許東方主編，臺北，信誼書局，65 年（1976）7 月景印版。

76. 《金文詁林》，周法高、張白昇、徐芷儀、林潔明等編，香港中文大學，1978 年版。

77. 《金文常用字典》，陳初生編纂，曾憲通審校，高雄，復文出版社，民國 81 年（1982）5 月初版。

78. 《古學叢刊》，前北京古學院編輯，臺北，文海出版社，民國 56 年（1967）7 月景印版。

79. 《中國古文字學通論》，高明著，北京大學；臺北，仰哲出版社印行。

80. 《中國字例》，高鴻縉編著，臺北，三民書局，民國 81 年（1992）10 月九版。

81. 《積微居甲文金文說》，楊樹達撰，臺北，大通書局，民國 63 年（1974）3 月再版。

82. 《積微居論語疏證》，楊樹達撰，臺北，大通書局，民國 63 年（1974）3 月再版。

83. 《傅斯年全集》，臺北，聯經圖書公司，民國 69 年（1980）9 月初版。

84. 《性命古訓辨證》，傅斯年撰，《傅斯年全集・二集》，臺北，聯經圖書公司，民國 69 年（1980）版。

85. 《書傭論學集》，屈萬里著，臺北，聯經出版公司，民國 58 年（1969）3 月初版。

86. 《詩經詮釋》，屈萬里著，臺北，聯經出版公司，民國 85 年（1996）7 月出版第十刷。

87. 《尚書今註今釋》，屈萬里註釋，臺北，商務印書館，民國 60 年（1971）10 月三版。

88. 《尚書異文彙錄》，屈萬里著，臺北，聯經出版公司，民國 72 年（1983）2 月出版。

89. 《先秦文史資料考辨》，屈萬里著，臺北，聯經出版公司，民國 73 年（1983）2 月出版。

90. 《儀禮宮室考、儀禮車馬考、儀禮樂器考》，鄭良樹、曾永義著，《儀禮復原研究叢刊》，臺北，中華書局，民國 75 年（1986）9 月二版。

91. 《士昏禮服飾考、先秦喪服制度考》，陳瑞庚、章景明著，中華書局，民國 75 年（1986）9 月二版。

92. 《高明文輯》，高明著，臺北，黎明文化公司，民國 67 年（1978）3 月初版。

93. 《禮學新探》，高明著，臺北，學生書局，民國 67 年（1978）9 月台二版。

94. 《高明孔學論叢》，高明著，臺北，黎明文化公司，民國 75 年（1986）2 月台三版。

95. 《高明小學論叢》，高明著，臺北，黎明文化公司，民國 75 年（1986）2 月台三版。

96. 《慕廬雜著》，王叔岷著，臺北，華正書局，民國 77 年（1988）3 月初版。

97. 《斠讎學》，王叔岷著，臺北，中央研究院，民國 48 年（1959）3 月。

98. 《諸子斠證》，王叔岷著，臺北，世界書局，民國 53 年（1964）4 月初版。

99. 《校讎別錄》，王叔岷著，臺北，華正書局，民國 76 年（1987）5 月初版。

100. 《周金石釋例》，王讚源譔，臺北，文史哲出版社，民國 71 年（1982）5 月初版。

101. 《金文釋例》，胡自逢，臺北，文史哲出版社，民國 72 年（1983）7 月初版二刷。

102. 《論戴震與章學誠》，余英時著，臺北，東大圖書公司，民國 85 年（1996）11 月初版。

103. 《中國思想傳統的現代詮釋》，余英時著，臺北，聯經出版公司，民國 84 年（1995）12 月初版第七刷。

104. 《中國哲學思想論集·清代篇》，余英時等著，臺北，水牛出版社，民國 81 年（1992）5 月再版印刷。

105. 《亭林學術述評》，何貽焜，臺北，正中書局，民國 60 年（1971）12 月台四版。

106. 《阮元與小學》，陳東輝著，北京，中國文聯出版社，1999 年 12 月。

107. 《揅經室集釋詞例釋》，劉玉田撰，香港中文大學，1995 年版。

108. 《學人游幕與清代學術》，尚小明著，北京，社會科學文獻出版社，1999 年 10 月第 1 版。

109. 《校讎廣義》〈板本篇〉、〈校勘篇〉、〈目錄篇〉、〈典藏篇〉，程千帆、徐有富著，《中國傳統文化研究叢書》，山東，齊魯書社，1999 年 12 月第 3 次印刷。

110. 《焦循儒學思想與易學研究》，陳居淵，山東，齊魯書社，2000 年 5 月版。

111. 《清代名人軼事》，萬盧存編，〈一函四冊〉北京，中國書店，1996 年 3 月出版。

四、徵引論文

1. 《清代學術論集》，羅炳錦著，臺北，食貨出版社，民國 67 年（1978）4月初版。

2. 《戴震研究》，鮑國順著，臺北，國立編譯館，民國 86 年（1997）5 月初版。

3. 《高郵王氏父子學之研究》，方俊吉著，臺北，文史哲出版社。民國 63 年（1974）2 月初版。

4. 《爾雅義疏釋例》，方俊吉著，臺北，文史哲出版社，民國 69 年（1980）5 月出版。

5. 《阮元學術之研究》，劉德美著，臺北，國立台灣師範大學歷史研究所，民國 64 年（1975）。

6. 《阮元與疇人傳》，王萍，《中央研究院近代史研究所集刊》，第四期下冊，民國 63 年（1974）。

7. 《阮元的訓詁方法和成就》，郭明道、田漢雲撰，《揚州師院學報》，民國 68 年（1979）。

8. 《清代揚州學者阮元》，朱戟，《揚州師院學報》第四期，民國 70 年（1981）。

9. 《阮文達事述》，迎彌撰，《中和月刊》，第一卷，民國 28 年（1939）。

10. 《阮元的經學其及其治學方法》，何佑森撰，《故宮文獻》二卷一期，民國 59 年（1970）。

11. 《清代吳派經學研究》，孫劍秋撰，國立政治大學中文研究所博士論文，民國 81 年（1992）12 月。

12. 《揚州研究》，〈江都陳軼群先生百齡冥誕紀念論文集〉，馮爾康等著，臺北，聯經出版社，民國 85 年（1996）出版。

13. 《說儒》，故適撰，《故適文存》，第四集第一卷，臺北，遠流出版社，1986 年 7 月 1 日版。

14. 《宛委別藏》簡介，吳哲夫撰，《故宮文物月刊》，二卷三期，民國 73 年（1984）。

15. 《阮元與宛委別藏業書》，吳哲夫撰，《故宮文物月刊》，二卷三期，民國 73 年（1984）。

16. 《阮元重刊宋本十三經注疏考》，汪紹楹撰，《文史》第三輯，民國 52 年（1963）。

17. 《阮元倡讀孝經之背景與影響》，姚垚撰，《孔孟月刊》十八卷三期，民國 68 年（1979）。

18. 《阮元的交遊與哲學》，陳振風撰，《台南家專學報》第三期，民國 70 年（1981）。

19. 《論阮元對乾嘉漢學的貢獻》，郭明道撰，《史學月刊》，第二期，民國 81 年（1992）。

20. 《阮元學術述論》，黃愛平撰，《史學季刊》，第一期，民國 81 年（1992）。

21. 《阮元的小學成就及治學方法》，顧之川，《青海師範大學學報》第二期，民國 80 年（1991）。

22. 《學海堂考》，容肇祖撰，《嶺南學報》三卷四期，民國 23 年。

23. 《詁經精舍志初稿》，張崟，《文瀾學報》，二卷一期，民國 25 年（1936）。

24. 《詁經精舍與十九世紀中國教育學術的變遷》，黃克武，《食貨月刊》（社），（復刊）三卷五～六期，民國 72 年（1983）。

25. 《論性命古訓》，楊向奎，《史學集刊》第一期，民國 81 年（1992）。

26. 《中國經學史論文選集》，林慶彰編，臺北，文史哲出版社，民國 82 年（1993）3 月出版。

27. 《經學研究論叢》，林慶彰主編，桃園，聖環圖書公司，民國 83 年（1994）3 月初版。

28. 《經學研究論叢》，林慶彰主編，桃園，聖環圖書公司，民國 83 年（1994）10 月。

29. 《經學研究論叢》，林慶彰主編，桃園，聖環圖書公司，民國 86 年（1997）4 月

30. 《訓詁論叢》，左松超等著，〈第二屆中國訓詁學學術討論會〉，臺北，文史哲出版社，民國 86 年（1997）4 月出版。

31. 《第五屆清代學術研討會論文集》，高雄，國立中山大學中國文學系，民國 86 年（1997）11 出版。

32. 《清代學術研究研究通訊》，劉昭明主編，高雄，國立中山大學中國文學系，民國 86 年（1997）11 月出版。

33. 《清代學術研究通訊》，劉昭明主編，高雄，國立中山大學中國文學系，民國 88 年（1999）11 月出版。

34. 《第二屆近代中國學術研討會論文集》，岑溢成，〈傅斯年《性命古訓辨證》之方法意義〉，國立中央大學文學院中國文學系、所，萬卷樓圖書公司，民國 85 年（1996）3 月初版。

附　圖

阮公五十七歲

阮
元

阮公手札